CONTEMPORARY CZECH

by

Michael Heim

UCLA Slavic Studies
Volume 3

This volume was prepared for publication under the auspices of the U.S. Department of Education. It was designed and typeset by Randy Bowlus at the Slavic and East European Composition Center, supported by the Department of Slavic Languages and Literatures and the Center for Russian and East European Studies at UCLA with grants from the Joint Committee on Eastern Europe of the American Council of Learned Societies and Social Sciences Research Council and the Research and Development Committee of the American Association for the Advancement of Slavic Studies.

CONTEMPORARY CZECH

by

Michael Heim

Slavica Publishers, Inc.
Columbus, Ohio

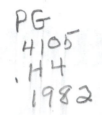

Text designed and typeset by Randy Bowlus.

Printed in the United States of America.

Slavica publishes a wide variety of books and journals dealing with the peoples, languages, literatures, history, folklore, and culture of the peoples of Eastern Europe and the USSR. For a complete catalog with prices and ordering information, please write to:

Slavica Publishers, Inc.
P.O. Box 14388
Columbus, Ohio 43214
USA

ISBN: 0-89357-098-2.

PREFACE

Contemporary Czech aims to give the beginning student a solid working knowledge of the language. It consists of two parts: a grammar and a series of review lessons. The grammar is designed to be covered in one semester, the review lessons — supplemented by reading materials of the instructor's choosing — in another.

The student will be able to master the essentials of Czech grammar in one semester because the grammar section of the book avoids nearly all irregularities. He can therefore devote his efforts to the rules rather than the exceptions. Furthermore, the presentation of the declensions and conjugations differs substantially from the conventional presentation in that its goal is purely pedagogical. As a result the student spends much less time memorizing paradigms.

Once the student has worked his way through the grammar section, he is ready to begin reading. The text he or his instructor chooses depends on his background and interests. At the same time, however, he needs to review the grammar. The review lessons serve both to foster an active knowledge of basic forms and constructions and to introduce the most common irregularities.

Since *Contemporary Czech* has the double objective of developing ready fluency and laying a foundation for active use of the language, the sentences and exercises in both parts include elements from both written literary Czech (*spisovná čeština*) and spoken literary Czech (*hovorová čeština*).

Many students bring a knowledge of Russian to their study of Czech, and *Contemporary Czech* contains short notes explaining important differences between the two languages. Because the notes are set off by indentation, they will not disturb the student with no Russian. They include no information he needs; whenever a Czech phenomenon resembles a Russian one, it is explained without reference to Russian.

At this point it is my pleasure to thank the many people who assisted me in the preparation of *Contemporary Czech*. Alena Trnková — whose excellent exercises provided the basis for many of my own — and Jan Holub, both of the Department of Czech as a Second Language at Charles University in Prague, read and gave me valuable comments on the sentences. Others — Josef Staša, Vladimír and Irena Smetáček, Alexander Stich, Hana Kunstová-Pariser, and especially Jana Rozehnalová-Julian — helped at various points along the way. Henning Andersen and later Michael Flier, C. James Gallant, and Ľubomír Ďurovič carefully perused the grammar explanations. Randy Bowlus, assisted by Kathleen McDermott, did an excellent job of designing and composing a difficult multilingual text. Last but not least, the students who worked with the book during its preliminary stages gave me much sound advice.

Michael Heim
University of California, Los Angeles

Spring 1982

TABLE OF CONTENTS

PART ONE

PART TWO

PART ONE

LESSON ONE

PRONUNCIATION

1.1   Czech has five vowels. Arranged according to place of articulation and spelled according to the standard orthography, they are:

	FRONT		BACK
HIGH	i í (y ý)		u ú
MIDDLE	e é		o ó
LOW		a á	

1.11   Czech vowels differ from English vowels in that they are pure, that is, they have no off-glides (English *pay, low,* etc.).

1.12   Length plays an important part in the Czech vowel system. Each vowel may be either short or long. Long vowels are held approximately twice as long as short vowels and are designated by an acute accent mark.

1.13   With British Received Pronunciation as an approximate guide for vowel quality, i and í are pronounced like the vowel in *eat,* e and é are pronounced like the vowel in *get,* a and á like the vowel in *far,* o and ó like the vowel in *off,* u and ú like the vowel in *troop*:

zim   vím   ven   fén   baf   mák   nos   Gót[1]   suk   dům[2]

These vowel pairs differ in quantity, not quality.

1.131   Czech y and ý are pronounced the same as i and í, respectively:

syn   dým

> They do not represent the sound of Russian ы, which does not exist in Czech.

---

[1]g and ó occur exclusively in loanwords.

[2]When a long u is the first sound in a word, it is written ú (úl). In all other positions it is written ů.

1.14   Czech has three diphthongs: **au eu ou**.[1] All three are held as long as long vowels. They are produced by pronouncing both vowels in quick succession without introducing any sound in between:

saun   pneu   vous

1.15   At the beginning of a word unit Czech vowels are preceded by a glottal stop:

on   um

1.2   Arranged according to place of articulation and spelled according to the standard orthography, the Czech consonantal system is:

	OBSTRUENTS				SONORANTS		
LABIALS	p	b	f	v	m		
DENTALS	t	d	c	s	z	n	r	l
PALATALS	ť	ď	č	š	ž	ň	ř	j
VELARS	k	g		ch	h			

1.21   **b m d f v n s z g** are pronounced similarly to their English counterparts.

1.22   **p t k** differ from their English counterparts in that they are never accompanied by aspiration:

pot   tak   kus   tet   kout

1.23   c is pronounced like the consonant cluster in English *its*, č like the initial consonant in English *cheese*, š like the consonant in English *she*, ž like the second consonant in English *measure*, j like the initial consonant in English *yes*:

cop   cit   čest   čin   šest   žok   žnu   jen   boj   víš   máj   číst
žák   péct

> Be careful not to articulate Czech š and ž as far back in the mouth and č as far front as their Russian counterparts.

1.24   l is pronounced like the first consonant in English *lit*. Whereas English has two varieties of l—a light l in the immediate pre-vowel position (*lit, follow, quickly*) and a dark l in all other positions (*bell, belt*)—Czech has only the light l:

lom   žel   len   zval   lék   sál   úl

> This sound is not to be confused with the Russian л or ль.

1.25   r is flapped:

ret   dar   trakt   čert   brouk   bróm

---

[1]au and eu occur as diphthongs exclusively in loanwords.

1.251   l and r form syllables when between consonants or—at the end of a word—when following a consonant:

vlk   mlč   vrt   trn   nesl   Petr

1.26   ř is produced by pronouncing r and ž simultaneously:

řeč   dři   říp

1.27   ť, ď, and ň differ from t, d, and n in that the tip of the tongue rests against the *lower* row of incisors and the back of the tongue arches up to meet the hard palate. When an e follows ť, ď, and ň, the combination is written tě, dě, and ně:

stať[1]   těl   děj   něm   daň   síň

> These sounds are not to be confused with the Russian *mь, дь, нь*. The Russian sounds are palatalized, that is, the tongue makes contact with the upper row of incisors and arches toward the palate simultaneously. The Czech sounds are palatal; the back of the tongue is in contact with the palate.

1.28   ch resembles the first consonant in *help*, but requires a greater expenditure of breath:

chat   duch   chrám

> ch is pronounced like the first consonant in Russian *хлеб*.

ch has a voiced counterpart (see 1.31 below), h, in which the vocal chords produce voicing and fricative noise simultaneously. A first approximation can be achieved by trying to sing the English *ha*:

host   haf   huk

1.29   n + k is pronounced like the final consonants in English *sink*:

bank   tank

1.3   In general, the letters in the spelling system correspond to the sounds on a one-to-one basis. In some instances, however, the relationship between letter and sound requires further clarification.

1.31   The Czech obstruents come in voiced (accompanied by vibration of the vocal chords) and voiceless (accompanied by breath alone) pairs:

b	v	d	z	ď	ž	g	h
p	f	t	s	ť	š	k	ch

Sometimes one member of the pair is written when the other is pronounced. Two rules govern this phenomenon:

---

[1] ť and ď appear in handwriting with a hook (ˇ) rather than an apostrophe.

a. Voiced consonants become voiceless in word final position.

b. The final consonant of consonant clusters composed of paired consonants determines whether all the consonants will be pronounced voiced or voiceless.

According to rule (a), *let* and *led* will both be pronounced [let]; *duh* and *duch* both [duch].

According to rule (b), *vstaň* will be pronounced [fstaň], *sbor* [zbor].[1]

1.311   Rule (b) does not apply when the last consonant in the cluster is unpaired (**m n l r ň j**) or **v**. These consonants have no effect on the consonants that precede them. *snít* is therefore pronounced with an initial [s], *znít* with an initial [z], *brát* with an initial [b], *prát* with an initial [p].

1.32   When the letter **ě** follows **m**, it indicates the presence of an **ň** between the consonant and the vowel. *mě* is therefore pronounced [mně].

When the letter **ě** follows all other labials (**p b f v**), it indicates the presence of a **j** sound between the written consonant and vowel. *pět* is therefore pronounced [pjet]:

měch   měst   věc   běs   pěst

N.B.   The **ě** introduced in 1.27 fulfills a separate function. The former indicates that the preceding consonant, written **t**, **d**, or **n**, is pronounced **ť**, **ď**, or **ň**; the latter that **ň** has been inserted after **m**, and **j** after **p**, **b**, and **v**.

1.33   As mentioned in 1.131, the letters **i** (**í**) and **y** (**ý**) represent the identical sound. In most instances the choice between **i** and **y** depends on etymological considerations.

> Czech orthography, not Czech pronunciation, distinguishes between *být*/*быть* and *bít*/*бить*.

The **i** vs. **y** spelling distinction affects the relationship between sound and letter in one instance only: when **t**, **d**, and **n** precede **i** or **í**, they are pronounced as if written **ť**, **ď**, and **ň**. When **t**, **d**, and **n** precede **y** or **ý**, they are pronounced as usual. The value of the *vowel* remains constant:

vtip   typ   nic   nýt   dík   dýk

1.4   Every word unit in Czech is stressed on the first syllable. Difficulties often arise in distinguishing this stress from vowel length. To overcome them, practice the following patterns until they feel natural:

---

[1]**ř** [r + ž] devoices in final position to voiceless **ř** [r + š]. It also devoices after voiceless obstruents. In *třít* the **ř**, like the **t**, is voiceless; in *dřít* the **ř**, like the **d**, is voiced.

>dada
>dáda
>dadá
>dádá

The third combination usually gives the most trouble. The pattern may be expressed rhythmically as a stressed sixteenth note followed by an eighth.

1.5   Double vowels and vowel sequences other than the diphthongs presented in 1.14 are separated by a glottal stop:

naoko   naučit   dvaadvacet

Double consonants, on the other hand, are not generally distinguished from single consonants:

Anna   netto

1.51   A [j] sound is generally pronounced between i and a following vowel. The pronunciation of *biologie* is therefore [bijologije].

1.6   There is no vowel reduction in Czech. The quality of a vowel does not vary with its position in a word. Moreover, every syllable must be clearly and individually enunciated; the stress on the first syllable should not be allowed to swallow up the rest of the word (as it has a tendency to do in English and Russian, where stress is stronger than in Czech).

VOCABULARY

1.	**Dobrý den.**	Hello (literally, Good day).
	Jak se máte?	How are you?
	Děkuji, dobře.	Fine, thank you (literally, Thank you, fine).
	na shledanou[1]	good-bye
	ano	yes
	ne	no

---

[1]Contrary to rule (b) in 1.31, **sh** is pronounced [sch].

2. Czech letter names:

a	á	o	ó
b	bé	p	pé
c	cé	q	kvé
č	čé	r	er
d	dé	ř	eř
e	é	s	es
f	ef	š	eš
g	gé	t	té
h	há	u	ú
ch	chá	v	vé
i	měkké í	w	dvojité vé
j	jé	x	iks
k	ká	y	tvrdé í
l	el	z	zet
m	em	ž	žet
n	en		

VOCABULARY NOTES

To indicate that a vowel is long, modify it by the word *dlouhé/long*. The word *máte* is spelled: *em dlouhé á té é*. To stress that a given vowel is short, precede it by the word *krátké/short*.

The letters **ť, ď, ň,** and **ě** are alphabetized together with **t, d, n,** and e. Their names are *ťé, ďé, eň,* and *é s háčkem* (also called *ije*).

The diacritical marks ˇ ´ ° are called *háček, čárka,* and *kroužek*.

EXERCISES

1. Read the following words aloud until you feel comfortable with them. The number preceding each group refers to the paragraph in which the sounds are discussed.

   1.22 paf pop pes pec pum pac
   pane pobyt pažit popis podat pumpa
   tuk tyč toč taj tep tak tuš
   teta tato tedy tomu teč tašek topas
   kyt kuš kam kup kos keks
   kazit kyne kupec konec kudy kata kokos

1.24   let lak lis lip loket leden lyže lumek
       pil bral jel byl topol mluvil kalkul mozol
       volba selka pilno lulka

1.25   ret rak ros spor jer kur bar
       zrak graf frank brus tremp krom vrak
       prorok tvorba bratry prostor tyran

1.251 pln plst klk slza vlna klnul vezl padl pletl klovl
       krk prst srp trn držet vrstva brzo frkat mistr cukr

1.26   řas Řek řeč řičet řemen řada řimbaba
       peřej vařit moře bořit
       břit dřep zavřel modřina dveřmi

1.27   těm tisk těžba ťukat těšit ťapat
& 1.33 potit kotě pasti ještě stěna
       div děl ďas vadit vidě zdivo najdi
       nit peň žně sněm zapni tajně šňupat

1.28   choť chuť dech chyba chochol chechtat socha kožich
       host hejl Hus hec hele hudba heslo Hynek hola hoboj
       lehat duha mnoho nahoře zahni mohl tehdy
       chodit hodit pochyby pohyby tucha tuha vrchy vrhy

1.31a viz myv zub bav zab bob sov mez
       chud choď važ řiď muž buď řad lid
       břeh ohař pepř tah keř vrh

1.31b zkus vtip při zpil vše sbor kdo vsaj dři
       prosba viďte nadšen četba obsahat

1.311 sviť žatva bavme znal smysl sněm

1.32   měna měkčit měřič země poměr podmět
       pět vět běl věřit běžec pěna běsnit pěješ

1.13   dam dám mam mám sad sát vaz vás
       dyk dýk mys mís sil síl vid výs
       den déšť met mést snes snést kvet kvést
       dum dům mul můr snul sůl kus vůz

1.14   zvou vous kout doufat couvat kouknou pošlou řeknou

1.4   mimo cípy tyká mává
       zima dýmu nové býčí
       mezi touto nemá žáků
       boso půda němá stárnou

2a. In the following question and answer pairs **Milan, Honzík,** and **Lída** are names and **jede** is the third person singular of the present of the verb "to go" (by vehicle). Read them aloud several times:

Jede Milan? Ano, jede. Ne, nejede.

Jede Honzík? Ano, jede. Ne, nejede.

Jede Lída? Ano, jede. Ne, nejede.

2b. Now replace **jede** with **píše,** the corresponding form of the verb "to write," and read the sentences aloud again.

2c. Do the same with **učí/**teaches and **kývá/**nods.

3a. Write out the names of the Czech letters for your full name and the city in which you live.

3b. Put the following words in alphabetical order:

břeh nadranc žrát delfín breptat dělat cirkus řád hrát uvozovka zřít ňadra rád chrám číše úvoz déle

4. Read the following sentences aloud. Translate them into Russian if you can:

1. Každý den slyšel, jak jeho mladší sestra pláče.

2. Kdo tam tancuje s přítelem tvého bratra?

3. Okolo jezera leží překrásné hory, odkud vidíme celý kraj.

4. Tři Němci šli včera hrát tenis. Dva z nich hráli starými raketami, třetí měl novou.

5. V sobotu bylo doma ticho. Matka šila, otec pil pivo, děti seděly v husté, vysoké trávě. V šest večer přišel soused. Přinesl s sebou poslední román mladého českého autora Ivana Čermáka.

LESSON TWO

NOUN DECLENSION (SINGULAR)

2.1   All Czech nouns belong to one of three genders: masculine, feminine, or neuter. Masculine nouns generally end in a consonant. Feminine nouns end in **-a**, **-e**, or a consonant. Neuter nouns end in **-o**, **-e**, or **-í**. Nouns may be either singular or plural. In this lesson we will deal only with the singular.

Czech has no articles, definite or indefinite. The noun *kniha*, therefore, corresponds to "book," "the book," or "a book."

2.11   In the vocabularies nouns ending in a consonant are masculine unless otherwise noted. Feminine nouns in **-e** will be identified as such; other nouns in **-e** are neuter.

2.2   Czech nouns have seven cases:

1. Nominative
2. Genitive
3. Dative
4. Accusative
5. Vocative
6. Prepositional
7. Instrumental

In Czech dictionaries and grammars they are usually referred to by the above numbers. Cases have abstract grammatical meanings, some of the more specific of which are listed below.

The nominative case expresses the subject or predicate nominative of the sentence:

A *friend* wrote.   He is a *friend*.

The genitive case expresses possession:

>   A friend *of our family*.

The dative case expresses the indirect object:

>   A friend of our family wrote *(to) us*.

The accusative case expresses the direct object:

>   A friend of our family wrote us *a letter*.

The vocative expresses direct address:

>   *Ann!* A friend of our family wrote us a letter.

The prepositional case expresses the object of certain prepositions:

>   Ann! A friend of our family wrote us a letter *about his car*.

The instrumental case expresses the means by which an action is performed:

>   Ann! A friend of our family wrote us a letter about his car *with a fountain pen*.

or the agent by whom it was performed:

>   Ann! The letter about the car was written *by a friend*.

2.21   The prepositional is not the only case that can follow prepositions, but it is the only one that cannot stand without them. All cases but the nominative and vocative may occur after prepositions. You must memorize the case or cases a preposition requires along with the preposition itself.

2.22   To decline a noun, you must first determine which of the declensions it belongs to. This lesson will introduce the singular paradigms of the three most common declensions: the hard feminine, the hard masculine-neuter, and the soft -e in the genitive singular.

2.221   A noun always belongs to a soft declension if its stem (the nominative singular minus the ending) ends in

>   c č š ž ř ď ť ň j.

A noun with a stem ending in another consonant generally belongs to a hard declension. Exceptions will be noted as they arise.

>   Modern Czech pronunciation does not distinguish hard and soft paired consonants as Russian does; however, remnants of a *former* phonological distinction in Czech make it necessary to distinguish hard and soft types of declension.

2.3   Hard feminine:

1. kniha
2. knihy
3. knize
4. knihu
5. kniho
6. knize
7. knihou

2.31   In the dative and prepositional cases the following changes take place:

labials	**p b f v m**	+ *e	>	pě bě fě vě mě	*Eva/Evě*
dentals	**t d n r**	+ *e	>	tě dě ně ře	*voda/vodě*
velars	**k g ch h**	+ *e	>	ce ze še ze	*kniha/knize*

The remaining consonants are not affected.

Hereafter any ending that requires the above consonant alternations will be designated * (**knih–** + ***e** > *knize*). The alternations themselves will be called Type 1.

2.4   Hard masculine-neuter.

1. most	student	slovo
2. mostu	studenta	slova
3. mostu	studentovi	slovu
4. most	studenta	slovo
5. moste	studente	slovo
6. mostě	studentovi	slově
7. mostem	studentem	slovem

2.41   In the genitive and accusative singular and dative and prepositional singular, Czech distinguishes between masculine inanimate (*most/bridge*) and animate (*student/student*) nouns.

2.411   The genitive and accusative animate ending is **-a**.

2.412   The dative and prepositional animate ending is **-ovi**. When several animate nouns follow one another, however, only the last one takes **-ovi**; the rest have **-u**:

Petrovi/Petru Zemanovi   to Petr/to Petr Zeman
o Petrovi/o Petru Zemanovi   about Petr/about Petr Zeman

2.42   Although the basic ending for the masculine vocative case is **-e**, stems ending in velars (**k g ch h**) take **-u**: *Novák/Nováku*.

2.421   The vocative of neuter nouns is always identical to the nominative/ accusative.

2.43   The basic prepositional ending for inanimate nouns is ⁺e, though -u is also common after certain consonants.

2.431   The group of hard masculine inanimate nouns with -u in the prepositional singular generally includes those that end in velars (**k g ch h**), labials (**p b f v m**), and **r**. Other masculine nouns with -u in the prepositional singular will be noted as such in the vocabularies.

2.5   Soft with -e in the genitive singular.[1]

1. pokoj *(m.)*	muž *(m.)*	moře *(n.)*	kolej *(f.)*
2. pokoje	muže	moře	koleje
3. pokoji	muži	moři	koleji
4. pokoj	muže	moře	kolej
5. pokoji	muži	moře	koleji
6. pokoji	muži	moři	koleji
7. pokojem	mužem	mořem	kolejí

2.51   The dative and prepositional of soft proper names is -ovi: *o panu Macháčovi/about Mr. Macháč, o Milošovi/about Miloš*, but *o muži/ about the man.*

2.52   The feminine pattern differs from the masculine pattern in that its instrumental ends in í.
The neuter pattern differs from the masculine pattern in that its vocative (see 2.421) and direct cases[2] end in **-e**.

2.6   Prepositions plus the word immediately following are treated as one word unit. Like the first syllable of any word unit (see 1.4), the preposition receives the stress. Thus *bez školy* follows the same prosodic pattern as *hodina*, that is, only the first syllable—*bez*—is stressed.

> In Russian too the preposition combines with the following word to form a single word unit. Thus in the Russian *без школы* the *e* in *без* undergoes the same type of reduction as the *e* in *немецкий*.

---

[1] For a number of regular correspondences between the hard and soft declensions, see Appendix B.

[2] The direct cases (the nominative and accusative) are commonly opposed to the oblique cases (the genitive, dative, prepositional, and instrumental).

2.61   This rule does not apply to prepositions of two or more syllables. Thus **naproti škole** follows the same prosodic pattern as **knihovna školy**: each word has its own stress.

2.62   Voicing rule b (see 1.31) applies across a preposition boundary. Thus **v pokoji** is pronounced [fpokoji].

2.63   The glottal stop rule (see 1.15 and 1.5) also applies across a preposition boundary. Thus **na okně** is pronounced [na'okně] ('indicates a glottal stop). Moreover, when a preposition ending in a voiced consonant precedes a noun beginning with a vowel, the consonant of the preposition becomes voiceless and separated from the vowel by the glottal stop. Thus **v angličtině** is pronounced [f'angličťiňe].

2.7   The verb **být**/to be:

jsem	I am
jsi	you are (familiar singular)
je	he/she/it is
jsme	we are
jste	you are (plural or polite singular)
jsou	they are

In normal colloquial speech, initial **j** is not pronounced when followed by a consonant. Thus **jsem** is pronounced [sem], **jsi** [si], but **je** [je].

> Contrary to Russian usage the copula is never omitted: *Vladimír je student*/ Владимир студент.

2.8   The verb **mít**/to have:

mám	I have
máš	you have (familiar singular)
má	he/she/it has
máme	we have
máte	you have (plural or polite singular)
mají	they have

> Related etymologically to the Russian verb *иметь*, Czech *mít* covers a broader semantic range. Notably, it translates the Russian *у кого-л. (есть)* construction: *Mám knihu*/ *У меня есть книга*.

2.9   Questions may be formed by placing the verb before the subject: **Má Karel knihu?**/Does Karel have a book?   **Proč má Karel knihu?**/Why does Karel have a book?

VOCABULARY

a	and
ale	but
angličtina	English, the English language
bez *(genitive)*	without
bratr[1]	brother
být	to be
co	what
čas	time
čeština	Czech, the Czech language
dnes	today
doma	at home
hodina	1. hour 2. lesson, class
kde	where
kdo	who
kdy	when
kniha	book
knihovna	library
kolej[2] *(f.)*	dormitory, student hostel
na koleji	
matka	mother
mít	to have
moře	sea
most	bridge
muž[3]	1. man 2. husband
na *(prepositional)*	on
naproti *(dative)*	opposite
nebo	or
o *(prepositional)*	about, concerning
otec[1][4]	father
pán[5]	1. Mr., sir 2. gentleman
píseň *(f.)*[6]	song
po *(prepositional)*	after
pokoj	room
Praha	Prague
pro *(accusative)*[7]	for
problém	problem
proč	why
profesor	professor
protože	because
před *(instrumental)*	before, in front of
román	novel
s *(instrumental)*[8]	with

sestra	sister
slovo	word
student	student *(m.)*
studentka[9]	student *(f.)*
škola	school
tady	here
tam	there
teď	now
u *(genitive)*	1. at the house of 2. near
v *(prepositional)*	in
vždycky	always
za *(instrumental)*	behind, in back of
žena[3]	1. woman 2. wife
Jan, Karęl,[4] Milan, Miloš, Václav, Vladimír	common male Christian names
Eva, Hana, Jana, Milena, Věra, Vlasta	common female Christian names

VOCABULARY NOTES

1. The vocative forms of ***bratr*** and ***otec*** are ***bratře*** and ***otče***, respectively.

2. With some words Czech translates English "in, at" with ***na***. These "***na***-words" will be indicated as such in the vocabularies.

3. Czech *muž* translates both *муж* and *мужчина*, *žena* both *жена* and *женщина*.

4. Many nouns in -e plus consonant drop the -e- whenever an ending is added: *otec, otce, otci,* etc.; ***Karel, Karla, Karlovi.*** Nouns with the fleeting -e- will appear in the vocabularies and glossaries as follows: *otęc, písęň, Karęl.* The dot under the -e- is not part of Czech orthography.

5. Before a name the -á- in *pán* loses its length: ***pan Novák, s panem Novákem.*** In the vocative it is short even when by itself: ***Dobrý den, pane.*** Like all titles in Czech, it begins with a small letter.

6. For the spelling of the genitive—*písně*—see 1.27. For the spelling of the dative, vocative, and prepositional—*písni*—and instrumental—*písní*—see 1.33.

7. Czech *po* takes the prepositional and translates the Russian *после*. Also note the differences between Czech *pro* and *naproti* and Russian *про* and *против*.

8. The Czech instrumental expresses English "with" without *s* when "with" means "by means of": ***Píše perem/****He is writing with (by means of) a pen.* *s* is used when "with" means "together with": ***Píše s matkou/****He is writing with (together with) his mother.*

9. -ka is a common feminine suffix: ***profesor/****professor* (m.), ***profesorka/****professor* (f.).

SENTENCES

1. Proč jsi dnes doma, Mileno?

   Protože nemáme školu.

2. Vladimír má pokoj s Milošem, a Hana s Evou.

3. Kdo má teď slovo?

   Pan profesor Jelínek.[1]

4. Máte dnes po škole čas?

   Ne, dnes mám hodinu angličtiny.

5. Knihovna Klementina je naproti mostu.

6. Se sestrou[2] je vždycky problém.

7. Mají v knihovně román o Praze?

   Ano, mají.

8. Ve slově[2] "být" je ý, ale ve slově "mít" je í.

9. Miloši, je kolej před mostem?

   Ne, je za mostem, naproti škole.

10. Sestra je po otci, a bratr po matce.

11. Kdy jste na koleji?

    Kdy jsme na koleji? Před hodinou nebo po hodině.

12. Václav je ve škole, Milan je za školou.

13. Tady je[3] píseň pro matku a otce.

14. Knihu o ženě Karla Čapka máme v češtině.

15. Je tady s mužem nebo bez muže?

1. Why are you home today, Milena?

   Because we don't have school.

2. Vladimír has a room with Miloš, Hana with Eva.

3. Who has the floor now?

   Professor Jelínek.

4. Do you have time after school today?

   No, today I have an English lesson.

5. The Clementinum Library is across the street from the bridge.

6. My sister is always a problem.

7. Do they have a novel about Prague in the library?

   Yes, they have.

8. There is an ý in the word *být*, but an í in the word *mít*.

9. Miloš, is the dormitory on this side of the bridge?

   No, it's on the other side of the bridge, across from the school.

10. My sister takes after my father, my brother after my mother.

11. When are you in the dorm?

    When are we in the dorm? Before the lesson or after the lesson.

12. Václav is in school. Milan is playing truant.

13. Here is a song for Mother and Father.

14. We have the book about Karel Čapek's wife in Czech.

15. Is she here with or without her husband?

SENTENCE NOTES

1. *pan* often precedes a title as a sign of deference: ***Dobrý den, pane doktore!***

2. When a single-consonant preposition precedes a word beginning with the same or the paired consonant (cf. 1.31), an -e is added to the preposition: *se sestrou, ve Venezuele, ve filmu.* The -e is also frequently added if the preposition creates a cluster of three consonants: *ve slově, ve škole.*

3. This sentence could also read: ***Tady máte píseň*** .... In the first instance the speaker is merely stating a fact; in the second, he is holding out the song for someone to take.

EXERCISES

1. Number index cards from 1 to 7. Shuffle well. Each number stands for a Czech case (see 2.2).

    Supposing the first number that comes up is 4. Say aloud the fourth (accusative) case of *kniha*, the first model noun. Then turn to the next card and repeat the process.

    Continue working on each model noun until your reaction becomes automatic.

2a. Copy the following nouns, one to a line:

1. věta	5. pole	9. píseň
2. město	6. jih	10. dopis
3. ústav	7. jaro	11. kluk *(animate)*
4. Tomáš	8. koruna	12. muž

2b. Read them aloud several times.

2c. Note each noun's gender.

2d. Determine the stem for each noun.

2e. Assign each noun to a declension category.

2f. Be ready to put each one into any case orally in class.

3. Write out prepositional phrases using the prepositions *s, pro, naproti, u,* and *v* with *román, píseň, pokoj, matka, slovo, Karel,* and *muž.*

4a. Rewrite the following sentence three times, substituting *Karel* for each name in turn:

    Mileno, kdo je s Evou u Vladimíra?

4b. Now do the same with *Miloš, Věra,* and *pan profesor.*

5. Translate into Czech:

1. I have here a book about Czech.
2. Is the English lesson in the library or at school?
3. Miloš and Mr. Holan are opposite Věra and Mr. Novák.
4. Here is a novel about Prague.
5. Jana and Eva have a room.
    Where? At Milena's?
    No, in the dormitory.

LESSON THREE

THE THREE CONJUGATIONS

3.1   We will divide the Czech verb system into three conjugations according to the ending of the third person plural form of the present tense: **-jí, -í, -ou**.

The following verbs represent the most productive types of each conjugation.

3.11   First conjugation: **-jí**.

dělat/to do		*rozumět/to understand*
dělám	I do	rozumím
děláš	you do	rozumíš
dělá	he/she/it does	rozumí
děláme	we do	rozumíme
děláte	you do	rozumíte
dělají	they do	rozumějí

3.12   Second conjugation: **-í**.

mluvit/to speak	*slyšet/to hear*
mluvím	slyším
mluvíš	slyšíš
mluví	slyší
mluvíme	slyšíme
mluvíte	slyšíte
mluví	slyší

Infinitives in **-it** always give a third person plural form in **-í**. Infinitives in **-et** may have a third person plural form in either **-jí** or **-í**: *rozumět* gives *rozumějí* (first conjugation), while *slyšet* gives *slyší* (second conjugation). Since most infinitives in **et** belong to the first conjugation, however, only those that do not will be noted as such in the vocabulary. *slyšet* will be entered as *slyšet* (*-í*); *rozumět* without any further specification will imply a third person plural of *rozumějí*.

3.13   Third conjugation: **-ou.**

pracovat/to work	*prominout/to pardon*
pracuju/pracuji	prominu
pracuješ	promineš
pracuje	promine
pracujeme	promineme
pracujete	prominete
pracujou/pracují	prominou

If the third person plural ending *-ou* is preceded by a "soft" consonant (see 2.221), the first person singular and third person plural have two possible forms: *pracuju* and *pracujou* belong to the spoken language; the written language favors *pracuji* and *pracují*.

3.131   All verbs in **-ovat** follow the *pracovat* pattern (e.g. *studovat*: *studuju, studuješ, studuje*, etc.; *kupovat*: *kupuju, kupuješ, kupuje*, etc.). They are not to be confused with verbs in **-at** (e.g. *dělat*: *dělám, děláš, dělá*, etc.).

3.2   Prefixing the particle **ne-** to a verb form negates the verb. Because **ne-** thereby becomes the first syllable of the word unit, it receives stress. **ne-** and the verb are written as one word: *nemluvím*.

> The use of a genitive object after negative verbs—the norm in Russian—is archaic in Czech and as such is to be avoided: *Nevidím most/ Я не вижу моста.*

3.21   When **ne-** is prefixed to the present tense forms of *být* (see 2.7), the **j-** (in *jsem, jsi*, etc.) receives its normal pronunciation value because it is no longer in initial position. Thus *nejsem* is pronounced [nejsem].

3.211   The negative form of *je* is *není*: *Je doma? Ne, není doma.*

3.3   The third person forms of *být* translate the English "there is/there are":

Je na obraze muž?/Není na obraze muž?	Is there a man in the picture?/Isn't there a man in the picture?
Jsou na obraze muž a žena?/ Nejsou na obraze muž a žena?	Are there a man and a woman in the picture?/Aren't there a man and woman in the picture?

> Russian requires *нет* plus the genitive in these negative constructions and the negative construction in 3.211.

3.4   All Czech verbs are either perfective or imperfective. Perfective forms denote an action viewed as a whole with respect to a single point in time. Imperfective forms give no such information; they neither affirm nor deny the totality of the event. They may therefore connote such concepts as (1) an ongoing process, (2) a series of repeated actions, (3) the ability (or lack of ability) to perform an action.

Perfective: I wrote her a letter.

Imperfective: I was writing her a letter (when the phone rang and interrupted me).

I wrote her a letter every day.

I wrote well.

The same distinction may be made in the future tense.

This system of perfective and imperfective verbs is called the aspect system.

3.41   The aspect of all verbs introduced in the vocabularies may be determined as follows: Wherever two infinitves are given together, the first is imperfective, the second perfective; wherever one infinitive is given, it is imperfective. According to the vocabulary in this lesson, therefore, *dělat* is the imperfective infinitive of the *dělat/udělat* pair; *přednášet*, which is listed by itself, is also imperfective.

3.42   Aspect pairs are related in one of three ways:

1. *kupovat/koupit*: The imperfective and perfective verbs have different suffixes.

2. *dělat/udělat*: The perfective verb has a prefix, the imperfective does not.

3. *brát/vzít*: The imperfective and perfective verbs have different roots.

This last category is rare.

3.5   Because the present tense expresses either an ongoing process—"I am writing a letter," a repeated action—"I write a letter every day," or the ability to perform an action—"I write well," it is rendered by the imperfective aspect.

Dělám úlohu.	I am doing the assignment.
Dělám úlohu každý den.	I do the assignment every day.
Dělám úlohu dobře.	I do the assignment well.

3.6   The future tense is rendered by the future tense of the verb *být* plus the imperfective infinitive for the imperfective future, and the present tense forms of the perfective verb for the perfective future:

dělat/to do	*udělat/to do*
budu dělat	udělám
budeš dělat	uděláš
bude dělat	udělá
budeme dělat	uděláme
budete dělat	uděláte
budou dělat	udělají

Budu dělat úlohu.	I will do (that is, work on, but not necessarily complete) the assignment.
Úlohu budu dělat každý den.	I will do the assignment every day.
Úlohu budu dělat dobře.	I will do the assignment well.
Úlohu udělám.	I will do the assignment (and get it done).

Future tense verbs are negated by prefixing the conjugated verb with **ne-**: *nebudu dělat, neudělám*.

3.7   The past tense in Czech translates the English present perfect "I have done," simple past "I did," imperfect "I was doing," and pluperfect "I had done." It is rendered by the *l*-participle plus the present tense of the verb *být* in the first and second persons:

dělat/to do	*udělat/to do*
dělal jsem	udělal jsem
dělal jsi	udělal jsi
dělal	udělal
dělali jsme	udělali jsme
dělali jste	udělali jste
dělali	udělali

Dělal úlohu?	Did he do (work on) the assignment? Did he do the assignment (every day)?
Udělal úlohu?	Did he do the assignment (and get it done)?

Past tense verbs are negated by prefixing the *l*-participle with **ne-**: *nedělal jsem, neudělal jsem*.

3.71   The *l*-participle is formed by (1) dropping the **t-** of the infinitive, (2) shortening the vowel thus exposed (if it is not already short), and (3) adding the **-l**.

dát:	dá-	da-	dal
slyšet:	slyše-	slyše-	slyšel
pracovat:	pracova-	pracova-	pracoval

3.711   Infinitives in **-nout** shorten the diphthong **-ou-** in one of two ways:

a. If **-nout** is preceded by a vowel, **-ou-** shortens to **-u-**.

prominout:	prominou-	prominu-	prominul

b. If **-nout** is preceded by a consonant, **-nou-** drops entirely.

poslechnout:	poslechnou-	poslech-	poslechl

3.712   *být* forms its *l*-participle regularly and has *byl*. *mít* has the irregular *měl*.

3.72   The *l*-participle must agree with the subject of the sentence in gender and number. The masculine singular form remains as is; the feminine singular has **-a**; the neuter singular, **-o**.

Student/Muž byl		The student/The man was	
Most/Pokoj byl	tam.	The bridge/The room was	there.
Byl jsem		I (m.) was	
Kniha/Kolej byla	tam.	The book/The dormitory was	
Byla jsem		I (f.) was	there.
Slovo/Moře bylo	tam.	The word/The sea was	there.

The masculine animate plural has **-i**; the masculine inanimate plural and the feminine plural, **-y**; the neuter plural, **-a**.

Studenti/Muži[1] byli		The students/The men were	
Mosty/Pokoje byly	tam.	The bridges/The rooms were	
Byli jsme		We (m.) were	there.
Knihy/Koleje byly	tam.	The books/The dormitories were	
Byly jsme		We (f.) were	there.
Slova/Moře byla	tam.	The words/The seas were	there.

---

[1]The plural forms, given here for the sake of reference, will be introduced in Lesson IV.

3.721   If the subject of the second person (the "polite you") form is singular, the *l*-participle will also be singular.

Včera jste studoval?	Did you (m.) study yesterday?
Včera jste studovala?	Did you (f.) study yesterday?
Včera jste studovali?	Did you (m.pl.) study yesterday?
Včera jste studovaly?	Did you (f.pl.) study yesterday?

> In Russian these four sentences would all read: *Вы вчера занимались?*

3.73   When accompanying the *l*-participle to form the past tense, *jsem, jsi, jsme,* and *jste* are always the second element in the clause.

Viděl jste most?	Did you see the bridge?
Most jsem neviděl.	I didn't see the bridge.

Words like these that depend on preceding words for their position in the sentence are called enclitics.

Note that when they mean "to be," these forms are not enclitics.

Je teď doma?	Is he at home now?

3.731   *a* and *ale* do not count as elements for the purpose of determining enclitic position.

Nemluvil jsem, ale rozuměl jsem.	I didn't speak, but I understood.
A udělal jsi úlohu?	And did you do the assignment?

VOCABULARY

anglicky	in English
česky	in Czech
dávat, dát	to give
dělat, udělat	to do, make
dokonce	even
francouzština/francouzsky	French/in French
historka[1]	story
hledat	to look for
i[2]	also, even
ještě[3]	still, yet
kupovat, koupit	to buy
místo	1. place 2. job
mluvit	to speak, talk
mluvit česky	to speak Czech

němčina/německy	German/in German
obraz	picture
na obraze	in the picture
otázka[4]	question
poslouchat, poslechnout	to listen to, obey
povídka[1]	story
pracovat[5]	to work
promíjet, prominout *(dative)*	to forgive
přednášet	to lecture
přednáška	lecture
na přednášce	at the lecture
rozumět *(dative)*	to understand
ruština/rusky	Russian/in Russian
říkat, říci[6]	to say, tell
slovník	dictionary
slyšet (-í), uslyšet (-í)[7]	to hear
studovat	to study
taky, také[8]	also, too
třída[9]	1. class 2. classroom 3. avenue
úloha	(homework) assignment
už[3]	already
včera	yesterday
věřit *(dative)*	to believe
vidět (-í), uvidět (-í)	to see
vyprávět[10]	to tell
vysvětlovat, vysvětlit	to explain
zítra	tomorrow
ztrácet, ztratit	to lose
že[11]	that

VOCABULARY NOTES

1. *historka* is a story told orally ("I heard an interesting story from Milan the other day"), while *povídka* refers to the literary genre of the short story ("Henry James wrote novels and stories").

2. *i* means *také* or *dokonce* according to the context:

Mají tam i knihovnu.	They have a library there too. They even have a library there.

When connecting two nouns, *i* means *a také*:

Mají tam školu i knihovnu.	They have a school there and a library as well.

The normal conjunction is *a*:

Mají tam školu a knihovnu.	They have a school and a library there.

3. Differentiate clearly between *ještě/still* and *už/already*:

Je ještě tam.	He's still there (I didn't think he'd stay so late).
Je už tam.	He's already there (I didn't think he'd come so soon).

ještě ne means "not yet," *už ne* means "no longer":

Ještě nemá pokoj.	He doesn't have a room yet. He still doesn't have a room.
Už nemá pokoj.	He doesn't have a room anymore. He no longer has a room.

4. "to ask a question" is *dávat, dát otázku*:

Student dal profesorovi otázku.	The student asked the professor a question.

5. "to work on" is *pracovat na* (prepositional):

Pan Jelínek pracuje na románě.	Mr. Jelínek is working on a novel.

6. *říci* is conjugated as if its forms came from the rarely used *řeknout*: *řeknu, řekneš,* etc., *řekl.*

7. When used in the past tense, *uslyšet* and *uvidět* have the connotation of instantaneous perception.

Včera jsem viděl Václava.	I saw Václav yesterday.
Včera jsem uviděl Václava.	I caught a glimpse of Václav yesterday.

8. *také* is more formal than *taky*.

9. *třída* means "class" in the sense of "a group of students" and "caste, social rank."

Kdo je ve třídě češtiny?	Who are the members of the Czech class?
Máte tady hodiny angličtiny?	Do you have English classes here?
Přednáší o sociálních třídách.	He is lecturing on social classes.

10. *vyprávět* means "to tell" as a synonym of "to narrate": *vyprávět historku, anekdotu/to tell a story, joke.* When *říkat, říci* means "to tell," it is a synonym of "to say."

11. The subordinating conjunction *že* is always preceded by a comma. Unlike its English counterpart "that," it can never be omitted:

Říkají, že je tady.   They say he is here.

SENTENCES

1. Včera jsem viděl pana Nováka před školou, ale dnes tam není.

1. Yesterday I saw Mr. Novák in front of the school, but today he isn't there.

2. Proč posloucháte "Ruštinu slovem i obrazem"? Studujete ruštinu?

2. Why are you listening to *Russian by Sight and Sound*? Are you studying Russian?

3. Včera jsem Janě vysvětloval přednášku profesora Pospíšila.

3. Yesterday I explained Professor Pospíšil's lecture to Jana.

4. Panu profesorovi jsem nerozuměl. Přednášel německy.

4. I didn't understand the professor. He lectured in German.

5. Hledám Karla, Mileno.

   Slyšela jsem, že po škole bude pracovat v knihovně. Už tam je.

   Vidíš? Tam za Vlastou.

5. I'm looking for Karel, Milena.

   I heard that after school he would be working in the library. There he is now.
   Do you see him? There, behind Vlasta.

6. Dobrý den. Byl jste dnes na angličtině?

   Ano, byl.[1]

   Co jste dělali?

   Mluvili jsme anglicky. Hana dokonce vyprávěla anglicky historku. Zítra máme hodinu už ne v knihovně, ale ve třídě.

   Aha, rozumím. Děkuji. Na shledanou.

6. Hello. Were you in English today?

   Yes, I was.

   What did you do?

   We spoke English. Hana even told a story in English. Tomorrow we are having class in the classroom, and not in the library any more.

   Aha, I see. Thanks. Good-bye.

7. Román dám bratrovi. Otci jsem koupil slovník.

    A co dáš matce? Taky knihu?

    Ne, matce dám obraz.

7. I'm going to give the novel to my brother. I bought Father a dictionary.

    And what are you going to give your mother? Are you going to give her a book too?

    No, I'm going to give Mother a picture.

8. Co dělá Věra v knihovně?

    Věro, co tam děláš? Nestuduješ němčinu?[2]

    Ne, němčinu jsem dělala už na koleji. Teď hledám knihu o Janu Husovi.

8. What is Věra doing in the library?

    Věra, what are you doing there? Do you happen to be studying German?

    No, I did German back at the dorm. Now I'm looking for a book about Jan Hus.

9. Mluvíte anglicky?

    Ne, ale rozumím. Matka vždycky doma mluvila anglicky s bratrem a se sestrou.

9. Do you speak English?

    No, but I understand it. Mother always spoke English at home with my brother and sister.

10. Proč hledáš slovník? Se slovníkem vždycky ztrácíš čas.

    Ano, ale bez slovníku nebudu povídce rozumět.

10. Why are you looking for the dictionary? You always waste time with the dictionary.

    Yes, but without a dictionary I won't understand the story.

11. Prominu Karlovi, že nevěří otci. Prominu i Janě. Bratrovi ale ne.

11. I'll forgive Karel for not believing Father. I'll even forgive Jana. But not my brother.

12. Pracujete ještě na slovníku, pane Machek?[3]

    Už ne. Neslyšela jste, že jsem ztratil místo?

12. Are you still working on the dictionary, Mr. Machek?

    Not any more. Hadn't you heard I lost my job?

13. Proč jsi neposlouchala?
    Ale poslouchala jsem!
    A slyšelas,[4] co jsem řekl?

    Ano, slyšela. Vyprávěls, co bylo dnes ve škole. Vidíš?

13. Why weren't you listening?
    But I was listening!
    And did you hear what I said?

    Yes, I did. You were telling about what happened in school today. There, you see?

14. Eva říká, že jsi ztratil knihu.

    Ano, Vladimíre, slovník.

14. Eva says you've lost a book.

    Yes, Vladimír, a dictionary.

Kdes byl včera? Nebyl jsi se ženou u Miloše a Mileny?	Where were you yesterday? Weren't you with your wife at Miloš and Milena's?
Ano, byl.	Yes, I was.
A tam jsi slovník hledal?	And did you look there for the dictionary?
Hledal, ale nebyl tam.	Yes, I did, but it wasn't there.
15. Slovo dělá muže.	15. The word makes the man. (Czech saying.)

SENTENCE NOTES

1. The *l*-participle stands alone in the answer to a yes-and-no question.

2. A negative question such as *Nestuduješ němčinu?* has two meanings: "Aren't you studying German? (I thought you were)," or "Do you happen to be studying German?"

3. In colloquial usage a name remains in the nominative after *pane*.

4. When accompanying the *l*-participle as an auxiliary verb, *jsi* often shortens to **-s** and attaches itself onto the preceding word:

Cos říkal? (Co jsi říkal?)	What did you say?
Rozuměls přednášce? (Rozuměl jsi přednášce?)	Did you understand the lecture?

EXERCISES

1. Repeat Exercise 1 of Lesson 2, applying the numbers to verb forms. 1 to 6 will designate the three persons in the singular followed by the three persons in the plural; 7 will be the *l*-participle. If 3 happens to be the number to come up, say aloud the third person singular; if 5, the second person plural, and so on. Work through each model verb.

2. Rewrite ten sentences from Lesson 2 in the past tense. Be sure the sentences you choose make sense after being converted.

3. Identify the following verbs by conjugation pattern, giving the third person plural present tense form and *l*-participle of each:

   1. platit
   2. zajímat
   3. myslet (-í)
   4. cvičit
   5. napadnout
   6. děkovat
   7. znát
   8. trnout
   9. vyslovovat
   10. nacházet

4a. Rewrite the following sentences four times, replacing *vidět* with the appropriate forms of *rozumět, mluvit o, hledat,* and *pracovat s*:

Vidíte Vladimíra?   Ano, vidím.   Ne, nevidím.

4b. Do the same with *Miloš a Věra*, then *pan profesor*.

4c. Be prepared to answer the questions orally in both the affirmative and the negative.

5. Change *včera* to *zítra* and vice versa, making the necessary change in tense. Do not change the aspect.

   1. Co jste včera koupila?
   2. Kdo byl včera na přednášce?
   3. Včeras řekl, že ne.
   4. Studoval jste včera ruštinu?
   5. Zítra nebudou mít čas.
   6. I zítra budete poslouchat povídky?
   7. Včera jsem hledal Monu Lisy v Louvru.
   8. Haně vysvětlovali obraz už včera.
   9. Dáš zítra otázku?
  10. Zítra dokonce budeme mluvit německy.

LESSON FOUR

NOUN DECLENSION (PLURAL) AND ADJECTIVES

4.1   Hard feminine.

         1&5. knihy
         2. knih
         3. knihám
         4. knihy
         6. knihách
         7. knihami

4.11   The ending for the genitive plural is **-∅**, a zero ending, i.e., no letter or sound: ***kniha/knih***. An **-e-** is inserted to break up most consonant clusters in final position: ***povídka/povídek***.

4.2   Hard masculine-neuter.

1&5.	mosty	studenti	slova
2.	mostů	studentů	slov
3.	mostům	studentům	slovům
4.	mosty	studenty	slova
6.	mostech	studentech	slovech
7.	mosty	studenty	slovy

Note that the nominative plural of masculine animate nouns has a different ending from the nominative plural of inanimate nouns: *studenti/mosty, студенты/мосты*. Moreover, animate plural nouns have their own accusative forms; they do not use the genitive forms as in Russian.

Vidíte studenty?   Вы видите студентов?
Vidíte studentky?   Вы видите студенток?
Vidíte muže?   Вы видите мужчин/мужей?

4.21   The *i nominative plural ending for hard masculine animate nouns calls for Type 1 alternations

k ch h + *i > ci ši zi
t d n + *i > ti di ni
r + *i > ři

hoch/hoši, student/studenti, profesor/profesoři.

4.22   The principles stated in 4.11 concerning the genitive plural of hard feminine nouns hold true for the genitive plural of hard neuter nouns: *slovo/slov.*

4.23   Masculine nouns ending in velars (k g ch h) have *ích instead of -ech in the prepositional plural, and the velar undergoes Type 1 alternations: *slovník/slovnících.*

4.3   Soft with -e in the genitive singular.

1&5. pokoje	muži	moře	koleje
2. pokojů	mužů	moří	kolejí
3. pokojům	mužům	mořím	kolejím
4. pokoje	muže	moře	koleje
6. pokojích	mužích	mořích	kolejích
7. pokoji	muži	moři	kolejemi

4.31   Note that the feminine pattern differs from the masculine and neuter patterns in that its instrumental ends in -emi. The masculine pattern differs from the feminine and neuter patterns in that its genitive and dative have -ů-.

4.4   Czech adjectives must agree with the nouns they modify in gender, case, and number. They may be used either attributively: *nová kniha/new book*; or predicatively: *Kniha je nová/The book is new.* The nominative singular masculine forms of all Czech adjectives end in -ý or -í; the former are called hard adjectives, the latter soft.

4.5   Hard adjective declension

		m. inan.	*m. anim.*	*n.*	*f.*
Singular	1&5.	nový	nový	nové	nová
	2.	nového	nového	nového	nové
	3.	novému	novému	novému	nové
	4.	nový	nového	nové	novou
	6.	novém	novém	novém	nové
	7.	novým	novým	novým	novou

		m. inan.	m. anim.	n.	f.
Plural	1&5.	nové	noví	nová	nové
	2.	nových	nových	nových	nových
	3.	novým	novým	novým	novým
	4.	nové	nové	nová	nové
	6.	nových	nových	nových	nových
	7.	novými	novými	novými	novými

4.51   The principle stated in 4.21 concerning Type 1 alternations in the nominative plural of hard masculine animate nouns holds true for hard adjectives modifying these nouns: *jaký student*, but *jací studenti*. However, if the adjective ends in **-ský**, its nominative plural will be **-ští**; if the adjective ends in **-cký**, its nominative plural will be **-čtí**: *čeští/američtí studenti*.

4.52   Czech surnames in **-ý** and all Slavic surnames which are adjectival in form follow the hard adjective pattern: *Pokorný/u Pokorného, Czerwiński/naproti Czerwińskému, Gorkij/pro Gorkého, Tolstoj/s Tolstým.*

4.521   Animate nouns used in conjunction with these surnames take **-u** in the dative and prepositional (cf. 2.412):

panu Petru Pokornému   to Mr. Petr Pokorný
o panu Petru Pokorném   about Mr. Petr Pokorný

4.53   Feminine surnames end in **-ová** or **-á** and are declined like hard feminine adjectives.

4.531   If the masculine form of the surname ends in a consonant, the feminine form will end in **-ová**: *Milan Toman, Vlasta Tomanová*. If the masculine form has a fleeting **-e-**, the feminine will lose it: *profesor Čapek, profesorka Čapková*.

4.532   If the masculine form of the surname ends in **-ý**, the feminine form will end in **-á**: *pan Nový, paní Nová*.

Viděl jsem dnes paní Novou   I saw Mrs. Nový and Mrs. Čapek
a paní Čapkovou.   today.

4.6   Soft adjective declension.

		m. inan.	m. anim.	n.	f.
Singular	1&5.	hlavní	hlavní	hlavní	hlavní
	2.	hlavního	hlavního	hlavního	hlavní
	3.	hlavnímu·	hlavnímu	hlavnímu	hlavní
	4.	hlavní	hlavního	hlavní	hlavní
	6.	hlavním	hlavním	hlavním	hlavní
	7.	hlavním	hlavním	hlavním	hlavní

		m. inan.	m. anim.	n.	f.
Plural	1&5.	hlavní	hlavní	hlavní	hlavní
	2.	hlavních	hlavních	hlavních	hlavních
	3.	hlavním	hlavním	hlavním	hlavním
	4.	hlavní	hlavní	hlavní	hlavní
	6.	hlavních	hlavních	hlavních	hlavních
	7.	hlavními	hlavními	hlavními	hlavními

The soft adjective declension differs from the hard adjective declension only in the -í- of the endings.

4.61   Soft adjectives often derive from nouns and adverbs: *ráno/ranní, večer/ večerní, univerzita/univerzitní, literatura/literární.*

4.62   The name *Jiří/George* follows the soft adjective pattern:

Neviděl jsem Jiřího, ale Karla.   I didn't see Jiří; I saw Karel.

4.7   *který*, which follows the hard adjective pattern, corresponds to the English relative pronouns "who, which, that." Its gender and number are the same as those of its antecedent, while its case depends on the function it fulfills in its own clause.

Viděl jsem studenta. Mluvili jsme o studentovi.   I saw the student. We spoke about the student.

Viděl jsem studenta, o kterém jsme mluvili.   I saw the student we spoke about (about whom we spoke).

4.71   *který* also means "which one?"

Kterého studenta jste viděl?   Which student did you see?

4.8   Declension of *ten/this, that.*

		m. inan.	m. anim.	n.	f.
Singular	1&5.	ten	ten	to	ta
	2.	toho	toho	toho	té
	3.	tomu	tomu	tomu	té
	4.	ten	toho	to	tu
	6.	tom	tom	tom	té
	7.	tím	tím	tím	tou
Plural	1&5.	ty	ti	ta	ty
	2.	těch	těch	těch	těch
	3.	těm	těm	těm	těm
	4.	ty	ty	ta	ty
	6.	těch	těch	těch	těch
	7.	těmi	těmi	těmi	těmi

4.81   Like adjectives, the demonstrative pronoun *ten* agrees with the noun it modifies: *ta kniha*/this book, that book; *o těch knihách*/about these books, about those books.

4.82   Suffixing the particle -**hle**, or, in formal style, -**to**, to any form of *ten* narrows its meaning: *tahle kniha*/this book (right here), that book (over there), *o těchhle knihách*/about these books (right here), about those books (over there). -**hle/to** words mean only "this" when contrasted to **tam-** plus any form of *ten*:

Tenhle obraz je nový, a tamten starý.	This picture is new; that one is old.

4.83   The invariable *to* plus the verb *být* conveys the English "this, that, it is/these, those, they are" construction:

Co je tohle? Je to sešit?	What is this? Is it a notebook?
Ne, to není sešit, ale kniha povídek.	No, it's not a notebook; it's a book of stories.

4.831   The verb agrees with the noun, not with *to*:

To byly sešity.	They were notebooks.

4.832   *To je ale ...!* corresponds to the English "What a ...!" or "How ...!":

To je ale historka!	What a story!
To jsou ale velká okna!	How big those windows are!

4.84   *to* also conveys "it," "this," or "that" in sentences like:

Říkají, že mluví německy. Věříš tomu?	They say he speaks German. Do you believe it?
Budu to hledat.	I'll look for that.

4.9   *kolik*/how much, *tolik*/so much, *několik*/several, *mnoho*/much, a great deal, *trochu*/a little bit, some, *málo*/very little, not much at all, express an indefinite quantity:

Mluvíte trochu česky?	Do you speak a little Czech?
Málo.	Very little.

A dependent noun stands in the genitive:

Je tady málo místa.	There isn't much room here.
Kolik amerických studentů studovalo na univerzitě?	How many American students were studying at the university?

The verb is in the third person singular, with -**o** in the past.

4.91   *trochu* is used with uncountable nouns: *trochu místa/some room.*

Its counterpart for countable nouns is *několik/some, several, a few*: *několik míst, několik slov/some places, some words.*

4.92   In oblique cases *kolik, tolik, několik,* and *mnoho* take -a. *trochu* and *málo* are invariable:

Kolika slovům jste rozuměl?   How many words did you under-
Mnoha? Málo?   stand? Many? Only a few?

VOCABULARY

americký (anglický, český, fran-couzský, německý, ruský)	American (English, Czech, French, German, Russian)
cizí	foreign
často	often
Čech, Češka	Czech (m.), Czech (f.)
důležitý	important
hlavní	main, principal
chyba	mistake
jaký	what kind of
jazyk[1]	language, tongue
jen, jenom	only
kolik	how much/many
který	which, that, who
literatura	literature
literární	literary
málo	very little/few, not much/many
malý[2]	small
mezi *(instrumental)*	between, among
mnoho	much/many, a great deal (of)
muset (-í)[3]	to have to
několik	several, a few
nový	new
opakovat	to repeat, review
paní[4]	1. Mrs. 2. woman, lady
poslední	last, latest
potřebovat	to need
ráno[5]	1. morning 2. in the morning
rozdíl	difference
sešit	notebook
slečna	1. Miss 2. young, unmarried woman

smět[3]	to be allowed to
starý	old
střední[6]	central, middle, medium-sized
tak	thus, in this way, so
takový	of this kind, such a
tolik	so much
trochu	a little, some
univerzita[7]	university
na univerzitě	at/in the university
ústav[8]	institute
večer[5]	1. evening 2. in the evening
velký[2]	large, great
velmi	very
věta	sentence
volat, zavolat[9]	to call, phone
znamenat	to mean
zvláštní	1. special 2. strange
zvlášť	especially

VOCABULARY NOTES

1. A small group of inanimate nouns has -a in the genitive singular: *bez jazyka*. They will be followed by (-a) in the vocabularies. These nouns usually have *ᵉe in the prepositional singular, regardless of their final consonant: *ve kterém jazyce*.

2. *malý* corresponds to the Russian маленький, *velký* to both большой and великий.

3. Note the usage of the modal verbs *muset* and *smět*. Pay special attention to their meanings in the negative.

Musím to udělat.	I have to do it. I must do it.
Nemusím to dělat.	I don't have to do it. There is no need for me to do it.
Smím to udělat.	I am allowed to do it. I may do it.
Nesmím to dělat.	I am not allowed to do it. I must not do it.

4. *paní* follows the *hlavní* feminine adjective pattern, except for the genitive plural, which drops the -ch. Like its masculine counterpart it may precede a title.

5. *dnes ráno* and *dnes večer* render the English "this morning" and "this evening, tonight." *včera ráno/večer* and *zítra ráno/večer* mean "yesterday morning/evening" and "tomorrow morning/evening."

6. *střední* occurs in such fixed expressions as *střední škola/secondary school* and *střední Evropa/Central Europe.*

7. In international words, **ti di ni** are pronounced as if written **ty dy ny.** The pronunciation of *univerzita* is [unyverzita].

8. An *ústav* is an institute for scholars engaged in research rather than university teaching. The dichotomy is not hard and fast, however, and ties between institutes and the university are close.

9. *volat/zavolat* can take either the dative or the accusative. With the dative it generally means "to phone," with the accusative "to call out to."

Volám bratrovi/bratra.   I'm phoning/calling my brother.

SENTENCES

1. Dobrý den, slečno Kohoutová.

1. Hello, Miss Kohout.

Dobrý den, pane Vlček. Jak se máte?

Hello, Mr. Vlček. How are you?

Děkuji, velmi dobře. Slyšela jste už, že mám nové místo?

Very well, thank you. Have you heard that I have a new job?

Neslyšela. A kde?

No, I haven't. Where?

V Ústavu jazyků a literatur v Praze.

At the Language and Literature Institute in Prague.

A jejej! Tak to znamená, že už jste pan doktor, ne? A co tam budete dělat?

Well, well! So that means you're *Dr.* Vlček now, doesn't it? What will you be doing there?

Budu pracovat na cizích slovnících, a zvlášť na tom novém anglicko-českém.

Working on foreign dictionaries, and especially the new English-Czech one.

Jaký to bude slovník? Velký nebo malý? Takový[1] solidní slovník velmi[2] potřebuju.

What is it going to be like? Large or small? I very much need a dependable dictionary.

Tenhle bude jen střední, ale uvidíte, bude mít mnoho slov. Máte ještě[3] otázky?

This one will only be medium-sized, but you'll see, it will have a lot of words. Do you have any more questions?

Mám, mám, ale nemám čas. Musím pracovat.

Oh, yes, but I don't have any more time. I have to work.

Tak na shledanou, slečno Kohoutová.

Well, then, good-bye, Miss Kohout.

Na shledanou, pane doktore.

Good-bye, Dr. Vlček.

2. Studenti už rozumějí hlavním rozdílům mezi češtinou a ruštinou.

2. The students already understand the main differences between Czech and Russian.

3. Kolik románů Dostojevského a Tolstého máte?

3. How many novels by Dostoevsky and Tolstoy do you have?

Mám ty[4] hlavní romány, ale povídek mám jen velmi málo.

I have the main novels, but only very few short stories.

Povídky jsou také důležité.

The short stories are important too.

4. Na které univerzitě studují noví cizí studenti?

4. What university do new foreign students study at?

Na té univerzitě,[4] kterou teď uvidíte tam za mostem.

At the one you're going to catch sight of now on the far side of the bridge.

5. Na hodině češtiny nesmíme mluvit anglicky.

5. At our Czech lesson we are not allowed to speak English.

6. Musím koupit několik sešitů.

6. I have to buy several notebooks.

Jaké hledáš?

What kind are you looking for?

Takové velké.

The large kind.

Ty mají naproti.

They have them across the street.

7. Zavoláš dnes otci?

7. Are you going to call Father today?

Ano, dnes večer.

Yes, this evening.

Ale večer není doma. Pracuje v univerzitní knihovně.

But he isn't at home in the evening. He works at the university library.

Teď už ne. Teď tam pracuje jenom ráno.

Not any more. Now he only works there in the morning.

Aha, už rozumím.

Aha, now I see.

8. Ve kterých jazycích máte ty knihy, paní profesorko?

Jenom v jazycích, kterými mluvím: v češtině, němčině, angličtině a v ruštině.

9. Proč potřebuješ ty knihy?

Protože studuju českou otázku.

Nerozumím, co znamená "česká otázka".

Teď nemám čas to vysvětlovat.

Ale nemusíš. Bude to ve slovníku, ne?

10. Vždycky mluví o starých časech, ale jen opakuje historky, které už často vyprávěl.

11. Rozumíte teď chybám, které jste udělal v posledních větách?

Ještě ne. Je tady věta, které ještě nerozumím.

To je ale zvláštní! Několik takových vět jsme viděli včera.

12. Pan Černý je tak starý, že už nesmí pracovat.

Paní Černá je také velmi stará, ale ještě má velmi důležité místo.

13. Smím dnes ráno mluvit s panem profesorem Novákem?

Dnes nemá konzultační hodiny.

14. O moderních cizích literaturách bylo málo přednášek.

8. What languages have you got those books in, Profesor?

Only in languages I speak: Czech, German, English, and Russian.

9. Why do you need those books?

Because I'm studying the Czech question.

I don't understand what "the Czech question" means.

I haven't got time to explain it.

Oh, you don't have to. It will be in the dictionary, won't it?

10. He always speaks about the old days, but all he does is repeat stories he's often told before.

11. Now do you understand the mistakes you made in the last sentences?

Not yet. There's a sentence here I still don't understand.

How strange! We saw several sentences like that yesterday.

12. Mr. Černý is so old he is no longer allowed to work.

Mrs. Černý is very old too, but she still has a very important job.

13. May I speak to Professor Novák this morning?

He doesn't have office hours today.

14. There were few lectures on modern foreign literatures.

15. Opakujeme ta slova, o kterých   15. We are reviewing the words we
    jsme mluvili dnes ráno.   talked about this morning.

SENTENCE NOTES

1. Czechs often use *takový* as a means of hesitating before committing
    themselves to an adjective:

    Je takový zvláštní.   He's ... strange.

2. When modifying a verb, *velmi* can mean "very much, a lot":

    Velmi mě to zajímá.   That interests me a lot.

3. Besides the temporal meaning "still, yet," *ještě* has the meaning "more,
    else" as in:

    Kdo potřebuje ještě místo?   Who needs more room?

    Kdo ještě potřebuje místo?   Who else needs room?

4. The demonstrative pronoun without **-hle, -to,** or **tam-** sometimes
    approaches the English definite article in meaning. This tendency is
    especially strong when, as in sentences 4 and 15, it anticipates a
    který-clause.

EXERCISES

1. Repeat Exercise 1 of Lesson 2, applying the numbers to the plural
    declensions.

2. Using *mezi, na, naproti, o, po, pro, před, s, u, v,* and *za,* change each word
    between slash marks into two prepositional phrases that make reasonable
    sense in the context of the sentence. Do not change singular to plural or
    vice versa.

    1. Hledal jste Karla /hodina/?
    2. Kolik studentů bylo /třída/?
    3. Opakujeme /Jiří/ nová slova.
    4. /Češi/ mluvíme česky.
    5. Tady máte literaturu /cizí jazyky/.

3. Rewrite the following sentences, making all verbs, nouns, and adjectives plural.

   1. Říká, že mezi touhle povídkou a tamtím románem není zvlášť velký rozdíl.
   2. Včera ráno jsem ztratil knihu i sešit.
   3. Studuje jazyk, protože bude pracovat s cizí literaturou.
   4. Tady je ta věta, ve které jsem udělala chybu.
   5. Doma jsem studoval bez slovníku, v knihovně se slovníkem.

4. Connect the following sentences with *který*:

   1. Potřebuju knihu. Knihu mám na koleji.
   2. Jan má knihu. V knize je mnoho českých písní.
   3. Studenti často dávají otázky o chybách. Dělají chyby.
   4. Pracuje na historickém románě. Román bude o Josefině Bonapartové.
   5. Pro ty studenty mají speciální střední školy. Studenti budou studovat na univerzitě.

5. Insert the proper forms of *který/which one* or *jaký/what sort of*, depending on the sense:

   1. ___ studenti ještě nejsou tady? Jiří, Milena a Věra.
   2. ___ je rozdíl mezi románem a povídkou? Velký.
   3. ___ jsou univerzity v střední Evropě? Staré.
   4. ___ povídky Boženy Němcové máte? Tuhle a tamtu.
   5. ___ máte teď hodinu? Hodinu francouzštiny.
   6. ___ chyby děláte? Gramatické.
   7. ___ máte problém? Jen takový malý.
   8. V ___ ústavu pracuje pan doktor Štěpánek? V Ústavu pro jazyk český.
   9. ___ slovo znamená "velmi"? Tohle.
   10. Na ___ univerzitě studujete? Na Univerzitě J. E. Purkyně v Brně.

6. Change all masculine animate nouns into their feminine counterparts and vice versa:

   1. Pan Holeček nesměl mluvit.
   2. Studentky opakovaly nové věty.
   3. Uvidíte dnes slečnu Jesenskou?
   4. Řekli to paní Havlové?
   5. Bylo tam dokonce několik cizích profesorů.
   6. Muži nerozuměli studentkám.
   7. Udělám to jen pro matku a sestru.
   8. Pane profesore, kde je paní profesorka?

7. Insert the correct forms of the demonstrative pronoun:

1. ___ rozdíly nejsou zvlášť velké.
2. Potřebujeme několik ___ sešitů.
3. Viděli jsme ___ ženy už včera večer.
4. Co znamená ___ slovo?
5. Nemusím ___ opakovat.
6. ___ píseň jsem slyšel jen v Praze.
7. ___ je ___ slečna, o které jsi tolik mluvil!
8. Kolika ___ Čechům voláte?
9. Kolik ___ Čechů voláte?
10. Pracuju v ___ knihovně, ale studuju v ___.
11. Rozumíš ___? Ne, ale udělám ___.
12. ___ slova nesmíte říkat.
13. Studentům dají ___ i ___ knihu.
14. Jsou ___ profesoři nebo studenti?
15. S ___ nebudou mít problémy.

8. Translate into Czech. Write out each sentence in full.

1. The professor gave Eva several pictures.
2. The professor gave Mr. Kožík several pictures.
3. The professor is giving Mr. Kožík several pictures.
4. The professor is giving Mr. Kožík several books.
5. The professor is giving Mr. Kožík new books.
6. The professor is giving several libraries new books.
7. The institutes are giving several libraries new books.
8. The institutes are giving several libraries foreign books.
9. The institutes will buy several libraries foreign books.
10. The institutes will buy the evening school foreign books.

LESSON FIVE

PRONOUNS, REFLEXIVE VERBS AND ADVERBS

5.1 First and second person pronouns are declined as follows:

	Singular		*Plural*	
1&5.	já	ty	my	vy
2.	mne/mě	tebe/tě	nás	vás
3.	mně/mi	tobě/ti	nám	vám
4.	mne/mě	tebe/tě	nás	vás
6.	mně	tobě	nás	vás
7.	mnou	tebou	námi	vámi

5.11 The genitive, dative, and accusative singular have two forms: one long, one short. Long forms serve (a) as the object of a preposition: *pro tebe/for you*; (b) as a means of providing emphasis: ***Mně nerozumí. Proč rozumí tobě?/He doesn't understand me. Why does he understand you?***

Short forms are used in all other instances.[1]

5.12 Neutral Czech style uses nominative personal pronouns for emphasis only:

Já jsem tam nebyl, byl tam *on.* *I* wasn't there; *he* was.

> Neutral Russian style requires the use of the personal pronoun: *Mluvíte česky?/ Вы говорите по-чешски?* Omission of the personal pronoun in Russian generally signals either colloquial or high style.

---

[1] The form *mne* is considered rather bookish and has given way in speech and informal writing to *mě*: *pro mne/pro mě*. The form *mi* may be replaced by *mně* in speech and informal writing: *Proč mi nerozumí?/Proč mně nerozumí?*

5.2   Third person pronouns are declined as follows:

	m.	*n.*	*f.*	*Plural*
1&5.	on	ono	ona	oni, ony, ona, ony
2.	jeho/něj/ho	jeho/ho	jí	jich
3.	jemu/mu	jemu/mu	jí	jim
4.	jeho/něj/ho	je/ho	ji	je
6.	něm	něm	ní	nich
7.	jím	jím	jí	jimi

After prepositions the **j-** becomes **ň**: *bez nich, s ním.*

5.21   Parallel to first and second person singular pronouns, *on* and *ono* have long and short forms. In the genitive and accusative, however, *on* has two long forms: *jeho* in emphatic position, *něj* after prepositions.[1]

Jeho potřebujeme, tebe ne.   He's the one we need, not you.

Potřebujeme to pro něj.   We need it for him.

5.22   A long form can occur in emphatic position only when its antecedent is animate. When its antecedent is inanimate, usage requires the appropriate form of the demonstrative pronoun:

Máte česko-francouzský   Have you got the Czech-French
slovník?   dictionary?

Ten nemám, ale mám několik   I haven't got *it*, though I have
jiných.   several others.

5.3   The reflexive pronoun is declined like *ty*:

1&5.	—
2.	sebe/se
3.	sobě/si
4.	sebe/se
6.	sobě
7.	sebou

---

[1]There is a great deal of vacillation in the masculine and neuter forms. Learn the forms above for active use, but keep in mind that formal texts tend to have *něho* in the masculine after prepositions taking the genitive (*bez něho*) and in the masculine animate after prepositions taking the accusative (*pro něho*), *je* in the short neuter accusative, and *jej* in the short masculine accusative.

It refers back to the subject of the sentence or clause.

Nemáte s sebou ten slovník?	Do you happen to have the dictionary with you?
Nemá s sebou ten slovník?	Does he happen to have the dictionary with him?

5.31   When the accusative or dative short form reflexive pronouns *se* or *si* combine with verbs, they perform a number of functions.

5.311   *se*

a. *Reflexivity Proper*

A teď se představím.	And now let me introduce myself.

b. *Reciprocity*

Neposlouchají se.	They don't listen to each other.

c. *Lexicalized Reflexivity* (i.e., the verb occurs only with the reflexive pronoun)

Zeptám se vás zítra.	I'll ask you tomorrow.

d. *Passivity*

To se nedělá.	That isn't done.

e. *Indefinite Agency* (i.e., the verb expresses what is happening without specifying a subject)

Tady se pracuje.	There is work going on here.

A possible Russian translation is *Здесь работают.*

5.312   *si*

a. *Reflexivity Proper*

Co jste si koupil?	What have you bought (for yourself)?

b. *Reciprocity*

Nerozumíme si.	We don't understand each other.

c. *Lexicalized Reflexivity*

Nepamatuju si ho.	I don't remember him.

5.4   Short personal pronouns and *to* are enclitics, the second element in the sentence (see 3.73):

Potřebujeme tě.	We need you.
Potřebujeme to.	We need it.
Budeme tě potřebovat.	We'll need you.
Zítra to budeme potřebovat.	We will need it tomorrow.

When a sentence contains both an auxiliary verb and a short personal pronoun, the auxiliary verb precedes the pronoun:

| Potřebovali jsme tě. | We needed you. |
| Včera jsme tě potřebovali. | We needed you yesterday. |

5.41 When a sentence contains both reflexive and non-reflexive pronoun complements, the reflexive *se* or *si* always comes first.

| Včera jsme se ho na to ptali. | We asked him about it yesterday. |

When a sentence contains both accusative and dative non-reflexive pronoun complements, the dative pronoun comes first:

| Nedal jsem ti to? | Haven't I given it to you? |

5.42 When a sentence contains both *jsi* and *se* or *si*, they may contract to *ses/sis*.

| Neptal ses? | Didn't you ask? |
| Nepamatoval sis? | Didn't you remember? |

5.5 *kdo* and *co* are declined as follows:

1.	kdo	co
2.	koho	čeho
3.	komu	čemu
4.	koho	co
6..	kom	čem
7.	kým	čím

5.51 *kdo* and its compounds are grammatically masculine singular animate:

| Kdo vás zajímal? | Who interested you? |

co and its compounds are grammatically neuter singular:

| Co vás zajímalo? | What interested you? |

5.52 Czech dictionaries indicate the case governed by a preposition or verb by citing the appropriate form of *kdo* and/or *co* along with it: *bez koho čeho, rozumět komu čemu.*

5.6 Question words become indefinite answers when prefixed by **ně-** and negative answers when prefixed by **ni-**:

co/what	něco/something	nic/nothing
kdo/who	někdo/someone	nikdo/no one
kde/where	někde/somewhere	nikde/nowhere
kdy/when	někdy/sometime	nikdy/never
jak/how	nějak/somehow	nijak/in no way
jaký/what sort	nějaký/some sort of	žádný/no, none
který/which	některý/a few	

Někdo přednáší.	Someone is lecturing.
Koupil jsem si nějaké knihy.	I bought some books.
Nikdo nepřednáší.	No one is lecturing.
Nekoupil jsem si žádné knihy.	I didn't buy any books.

Note that the verb must be negated when there is a **ni**-word in the sentence.

> Czech does not make the Russian *-то/-нибудь* distinction:
> Pracuje někde.   Он работает где-то.
> Pracuje někde?   Он работает где-нибудь?

5.61   *něco* and *nic* are declined like *co: něčeho/ničeho, něčemu/ničemu,* etc.; *někdo* and *nikdo* like *kdo*; *nějaký* and *žádný* like *nový*.

5.62   *něco/nic* and *někdo/nikdo* have *co* and *kdo* respectively as their relative pronouns.

Hledám něco, co nebylo v knihovně.	I'm looking for something that wasn't in the library.
Hledám někoho, kdo pracuje v knihovně.	I'm looking for someone who works in the library.

5.63   In phrases composed of *co, něco,* or *nic* plus adjective, the adjective goes into the genitive singular:

Co je nového?	What's new?
Něco/Nic zajímavého.	Something/Nothing interesting.

5.7   Adverbs are formed from adjectives in one of three ways.

5.71   The large majority drop the adjective ending and add **ᵉe**:

> *dobrý* (a) dobr- (b) *dobře,*
> or   *hlavní* (a) hlavn- (b) *hlavně.*

5.72   Adjectives in **-cký, -ský,** and **-zký** have adverbs in **-cky, -sky,** and **-zky**: *prakticky, česky, hezky.*

5.73   Other adjectives in **-ký** and adjectives in **-hý** and **-chý** drop the adjective ending and add either **-o** or **ᵉe**:

> *dlouhý* (a) dlouh- (b) *dlouho/dlouze.*

The **-o** forms generally express literal meaning, the **ᵉe** forms figurative meaning:

Pracuje velmi daleko./Jak dalece ho znáte?	He works very far away./To what extent do you know him?
Dlouho studoval na univerzitě./Tato samohláska se vyslovuje dlouze.	He studied at the university for a long time./This vowel is pronounced long.

VOCABULARY

cvičit	to exercise
cvičit se v čem	to practice sth
daleký	far away
dějiny *(f. pl.)*[1]	history
dívka	girl
dlouhý	long
dobrý	good
hezký	pretty, nice
hoch	boy
hudba	music
jak	how
jako	as, like
jiný	other
jmenovat se[2]	to be called
každý	each, every
když[3]	when
kromě koho čeho	except, besides sby, sth
myslet (-í)[4]	to think
obor	field (of endeavor)
pád	(grammatical) case
pamatovat si, zapamatovat si	to remember
pokrok[5]	progress
povídat si, popovídat si	to chat, have a talk
představovat, představit	1. to introduce 2. to represent
ptát se, zeptat se koho *(2. pád)*	to ask sby about sby, sth
na koho co[6]	
snad	perhaps, possibly
špatný	bad
učit, naučit koho čemu[7]	to teach sby sth
učit se, naučit se čemu[7]	to learn sth
umět[8]	to know how to
vyslovovat, vyslovit	to pronounce
zabývat se kým čím	1. to deal with, be concerned with sby, sth 2. to be at work on, study sby, sth
zajímat	to interest
zajímat se o koho co	to be interested in sby, sth
zájem o koho co	interest in sby, sth
zajímavý	interesting
žádný	no, none

See 5.6 for indefinite pronouns.

VOCABULARY NOTES

1. **dějiny** is always in the plural:

    Studujeme české dějiny.   We are studying Czech history.

2. In everyday speech the initial **j-** in **jmenovat** is silent (cf. 2.7).

    Note the following expression:

    Jak se jmenujete?   What is your name?

3. **když** translates the English "when" in statements:

    Když není přednáška, nemáme   When there's no lecture, we have no
    úlohu.   assignment.

    kdy translates the English "when" in questions, direct or indirect:

    Kdy bude přednáška?   When will the lecture be?
    Zeptali jsme se, kdy bude   We asked when the lecture would
      přednáška.   be.

    i když means "even though."

4. **myslet na koho co** means "to think about, have in mind sby, sth":

    Na co myslíte?   What are you thinking about?
    Myslí jen na sebe.   All he thinks about is himself.

    myslet o kom čem means "to think of, have an opinion of sby, sth" and is
    usually accompanied by the reflexive pronoun **si**.

    Co si o tom myslíte?   What do you think about that?
                                         What is your opinion of that?
    Mnoho si o sobě myslí.   He thinks a lot of himself.
    Myslím si, že málo studuje.   In my opinion/I think he studies
                                         very little.

5. **dělat pokroky, udělat pokrok** means "to make progress":

    Každý den děláme velké pokroky.   We are making great progress every
                                         day.
    Udělal jste pokrok v češtině?   Have you made progress in Czech?

6. Note that **koho** here stands for the genitive and **na** here takes the
    accusative.

7. The accusative is used colloquially for the dative here:

    Učím studenty ruštině/ruštinu.   I'm teaching the students Russian.
    Učím se ruštině/ruštinu.   I am learning Russian.

    Učím se rusky is also common in the latter meaning.

8. **umět česky** means "to (know how to) speak Czech."

SENTENCES

1. Říkají, že se tahle kniha zabývá zajímavými problémy české i ruské literatury. Slyšel jste o ní někdy?

   Jak se jmenuje? Slyšel jsem o některých takových knihách.

1. They say that this book deals with interesting problems of both Czech and Russian literature. Have you ever heard of it?

   What is it called? I've heard of several books of that type.

2. Ve kterém pádě je tohle slovo? Jak se vyslovuje? Ach, umím tak špatně česky!

2. What case is this word in? How is it pronounced? Oh, I speak Czech so badly!

3. Každý už ztratil někoho, kdo pro něj mnoho znamenal.

3. Everyone has lost someone who meant a lot to him.

4. Dlouho učil dějinám hudby na univerzitě, ale zajímá se i o jiné obory. Kromě toho umí anglicky, francouzsky a německy. Nemáte u vás pro někoho takového místo?

4. For a long time he taught music history at the university, but he's also interested in other fields. Besides, he speaks English, French, and German. Do you happen to have a position for someone like him where you work?

5. Symbol nás zajímá nejen pro to, co představuje, ale i pro to, co je.

5. A symbol interests us not only for what it represents, but also for what it is.

6. Nikdy jsem se českými dějinami zvlášť nezabýval, i když jsem měl jako hlavní obor českou literaturu. Teď ale vidím, že to byla chyba.

6. I've never done any special work in Czech history, even though I majored in Czech literature. Now, however, I see it was a mistake.

7. Když jsme se jich zeptali, jak se jmenují, představili se nám. Mluvili jsme česky, protože oni neuměli anglicky a my jsme neuměli německy.

7. When we asked them what their names were, they introduced themselves to us. We spoke Czech because they didn't know English and we didn't know German.

8. U pana profesora vám představím hochy a dívky, kteří mluví dobře anglicky.

   Ale já se musím cvičit v češtině. Takhle nikdy neudělám pokrok.

8. At the professor's house I'll introduce you to boys and girls who speak good English.

   But I have to practice my Czech. The way things are going I'll never make any progress.

9. Ty staré české písně jsem už někde slyšel. Co si o nich myslíte? Je to zajímavá ḥudba, ne?

9. I've heard those old Czech songs somewhere before. What do you think of them? It's interesting music, isn't it?

10. Povídali jsme si ještě několik minut před kolejí. Zeptala se mě, oč[1] se zajímám a čím se momentálně zabývám.

10. We chatted for a few more minutes in front of the dormitory. She asked me what I was interested in and what I was working on at the moment.

11. Nepamatuju si ho dobře. Nikdy mi ho nikdo nepředstavil.

11. I don't remember him well. Nobody ever introduced him to me.

12. Dala jsem ty sešity tobě? Ne, tys je dala jemu.

12. Did I give the notebooks to you? No, you gave them to him.

SENTENCE NOTES

1. After prepositions governing the accusative, *co* may take the form *-č*:
    Nač myslíš? (Na co myslíš?)   What are you thinking about?

EXERCISES

1. Repeat Exercise 1 of Lesson 2, applying the numbers to *co, kdo*, and the long and short forms of the personal pronoun. (For this exercise you may set aside card number 5.)

2a. Translate into Czech:

1. They understand me.
2. They understand you (sg.).
3. They understand each other.
4. They need each other.
5. They need me.
6. They ask me.
7. They ask you (pl.).
8. They ask you (sg.).
9. They ask him.
10. They deal with him.

2b. 1. I speak with him.
2. I speak with them.
3. I speak with you (pl.).
4. I speak with you (sg.).
5. I am interested in you (sg.).
6. I am interested in her.
7. I ask about her.
8. I ask about them.
9. I lecture about them.
10. I lecture about myself.

3. Replace *my* forms with *já* forms and vice versa:

1. Včera nám představil tu dívku.
2. Nám to neřekli.
3. Bratr s námi často pracuje.

    4. Nějak si nás nepamatuje.
    5. Volal jste mně?
    6. Říkal, že to pro nás udělá.
    7. Matka mi dala hezkou knihu.
    8. Co vám o nás vyprávěl?

4.   Replace *vy* forms with *ty* forms and vice versa:

    1. Snad jsem vám dobře nerozuměl.
    2. Co si o vás bude myslet?
    3. Učí vás Češka?
    4. Opakoval s tebou větu po větě, slovo po slově.
    5. Proč ti o tom nic neřekl?
    6. Vás to nezajímá?
    7. Nepředstavoval jsem tě Ludvíkovi?
    8. Kdo je po vás?

5.   Replace *ona* forms with *on* forms and vice versa:

    1. Jak s ní mluvíte?
    2. Kromě něj tam byli jen profesoři.
    3. Zajímá se o něj.
    4. Říkali o něm něco dobrého?
    5. Ji jsem tu píseň naučil včera.
    6. Pamatuju si dobře, co jí hoši vyprávěli.
    7. To nesmíš dělat, zvlášť ne jí.
    8. Někdo mu to snad vysvětlí.

6.   Insert *se* or *si* if possible:

    1. Nepamatujeme ____ každý obraz.
    2. Velmi ____ mě zajímá ten obor.
    3. Říkal ten hoch, že ____ jmenuje Karel nebo Jiří?
    4. Nějak ____ s nimi nikdy nepovídám.
    5. Co jste ____ dnes koupil?
    6. Smím ____ vás na něco zeptat?
    7. Myslím ____, že vyslovujete hezky.
    8. Prominuli ____ už?
    9. Učím ____ taky německy.
   10. Smím ____ představit?
   11. Umí ____ dobře vyprávět.
   12. Museli jste ____ dlouho hledat?
   13. Jak ____ máte? Děkuji, dobře.
   14. Udělal jsem ____ dnes jen malý pokrok.
   15. Dějinami jsem ____ nikdy nezabýval.

7. Ask the questions that the italicized words answer:

    Given: Zavolám vám *zítra.*
              Kdy mi zavoláte?

    1. Učí nás *české literatuře.*
    2. Učí české literatuře *nás.*
    3. Už umí dobře vyslovovat "*ř*".
    4. Večer jsme si vyprávěli *staré* anekdoty.
    5. Budeme muset cvičit *s nimi.*
    6. Zabývám se *tímhle* oborem.
    7. Po hodině jsme mluvili o *hudbě.*
    8. Jmenuji se *Jaroslav Němec.*
    9. Zajímám se *o Dobrovského a o Jungmanna.*
    10. Myslím na *otce.*

8. Put the indefinite pronouns into the negative:

    1. Máš něco hezkého?
    2. Naučil jste se dnes něčemu?
    3. Poslouchali jsme nějakou hudbu.
    4. To jsem někde viděl.
    5. Někdy si s ním povídám.
    6. Je tady někde nějaký most.
    7. To je nějak zvláštní.
    8. Něco si pamatuju.
    9. S někým se musím cvičit.
    10. Ptala se na vás nějaká dívka.

LESSON SIX

SHORT ADJECTIVES, POSSESSIVE PRONOUNS, AND CARDINAL NUMERALS

6.1   A limited number of Czech adjectives have a set of forms that function only as predicates:

Jsem zvědav.   I'm curious, I wonder.

They are called short in contrast to the "long" adjectives introduced in Lesson IV. The masculine singular short adjective is formed by dropping the -ý of the masculine singular long adjective (adjectives in -í have no short adjective forms). Endings are the same as those used with the *l*-participle.

	m. inan.	*m. anim.*	*n.*	*f.*
Singular	zvědav	zvědav	zvědavo	zvědava
Plural	zvědavy	zvědavi	zvědava	zvědavy

The corresponding Russian short adjective category is still productive, and therefore much more common.

6.12   The short adjective generally denotes a temporary state, the long adjective an inherent quality. Note that the short adjective often takes a complement:

Jsem zvědav na ten nový román.   I'm curious about that new novel.

Jsem zvědav, kdy zavolají.   I wonder when they'll call.

Jsem zvědavý.   I am inquisitive (i.e., a naturally curious person).

Adjectives with short forms still in common use will be noted in the vocabularies as follows: **zvědavy (zvědav)**

6.2   One adjective, *rád/glad,* has short forms only:

Jsem rád(a), žes zavolal.   I'm glad you phoned.

6.21   *rád* may also accompany *mít* and a noun object in the sense of "to like, love." Here too it agrees with the subject:

Máte rád(a, i, y) literaturu?   Do you like literature?

Mám tě rád(a). Mají se rádi.   I love you. They love each other.

To express "to like" as a result of an early impression, Czech uses *líbit se komu*:

Praha se mi líbí.   I like Prague.

Jak se ti líbí ta kniha?   How do you like that book?

"I like Vlasta" may therefore be translated both as *Vlasta se mi líbí* and *Mám Vlastu rád*, but the latter implies a much greater emotional commitment.

To express "to love" unequivocally, Czech uses *milovat*:

Miluji tě. Milují se.   I love you. They love each other.

6.22   With verbs other than *být* and *mít, rád* conveys the idea of "to like to." In this construction *rád* generally precedes the verb.

Rád/Ráda mluví česky.   He/She likes to speak Czech.
Rádi cvičíme.   We like to exercise.

6.221   The negative of *rád* is *nerad*:

Nerad/Nerada mluví česky.   He/She doesn't like to speak Czech.

6.23   The following examples summarize the various meanings of *rád*:

Jsem rád, že . . .   I'm glad that . . .

Mám tě rád.   I like/love you.

Rád mluvím česky.   I like speaking Czech.

> The Russian equivalents are *Я рад, что ...* / *Я тебя люблю* / *Я люблю говорить по-чешски. líbit se* corresponds to *нравить-ся*, but has no perfective.

6.3   *můj/my, mine,* and *tvůj/your, yours,* the first and second person singular possessive pronouns, are declined like hard adjectives:

		m. inan.	m. anim.	n.	f.
Singular	1&5.	můj	můj	mé/moje	má/moje
	2.	mého	mého	mého	mé
	3.	mému	mému	mému	mé
	4.	můj	mého	mé/moje	mou/moji
	6.	mém	mém	mém	mé
	7.	mým	mým	mým	mou
Plural	1&5.	mé/moje	mí/moji	má/moje	mé/moje
	2.	mých	mých	mých	mých
	3.	mým	mým	mým	mým
	4.	mé/moje	mé/moje	má/moje	mé/moje
	6.	mých	mých	mých	mých
	7.	mými	mými	mými	mými

Note that some cases have alternate forms in -je and -ji. These forms are more common in everyday speech.

6.4   *náš/our, ours,* and *váš/your, yours,* the first and second person plural possessive pronouns, are declined as follows:

		m. inan.	m. anim.	n.	f.
Singular	1&5.	náš	náš	naše	naše
	2.	našeho	našeho	našeho	naší
	3.	našemu	našemu	našemu	naší
	4.	náš	našeho	naše	naši
	6.	našem	našem	našem	naší
	7.	naším	naším	naším	naší
Plural	1&5.	naše	naši	naše	naše
	2.	našich	našich	našich	našich
	3.	našim	našim	našim	našim
	4.	naše	naše	naše	naše
	6.	našich	našich	našich	našich
	7.	našimi	našimi	našimi	našimi

6.5   *jeho/his, its* (masculine and neuter), *její/her, hers, its* (feminine), and *jejich/their, theirs,* are the third person possessive pronouns. *jeho* and *jejich* are not declined; *její* follows the **hlavní** pattern:

bez jejich úloh   without their assignments
bez jejích úloh   without her assignments

6.6   The reflexive possessive pronoun *svůj* is declined like **můj**. It refers back to the subject of the sentence and can therefore be translated by any possessive adjective, "my, your, his, etc.," or pronoun, "mine, yours, his, etc.":

Já mám svoje sešity. Ty svoje nemáš?

I have my notebooks. Don't you have yours?

moje and *tvoje* would be impossible in the above sentences.

6.61   *svůj* enables Czech to make a distinction in the third person which English does not make:

Má svůj sešit.

He has his notebook (i.e., his own).

Má jeho sešit.

He has his notebook (i.e., someone else's).

6.7   The cardinal numerals from 1 to 90 are:

1 jeden/jedno/jedna	11 jedenáct	20 dvacet
2 dva/dvě	12 dvanáct	30 třicet
3 tři	13 třináct	40 čtyřicet
4 čtyři	14 čtrnáct	50 padesát
5 pět	15 patnáct	60 šedesát
6 šest	16 šestnáct	70 sedmdesát
7 sedm	17 sedmnáct	80 osmdesát
8 osm	18 osmnáct	90 devadesát
9 devět	19 devatenáct	
10 deset		

6.71   *jeden* is declined like *ten* (see 4.8), with **jedn-** as the stem: *kromě jednoho/jedné, s jedním/jednou.*

6.72   *dva* is masculine, *dvě* neuter and feminine: *dva muži/dvě slova, dvě ženy.*

> Where Czech has *dvě slova*, Russian has *два слова. dva/dvě, tři* and *čtyři* are the nominative and accusative forms. For their oblique declension, see 14.431 and 14.56. These forms need not be learned now.

6.73   Numerals from *pět* to *devatenáct* as well as *dvacet, třicet, čtyřicet ... devadesát* take -i in all oblique cases: *s patnácti studenty, o padesáti studentech.*

devět and *deset* have *devíti* and *desíti*: *kromě devíti/desíti studentů.*

6.74   There are two ways of forming two-digit numerals above 20. One is to join the masculine form of the unit to the ten by an -a-: *jedenadvacet/21, dvaadvacet/22.* Only the tens decline in oblique cases: *o třiadvaceti.*

The other way—generally preferred for counting and for dictating addresses, timetables, telephone numbers, etc.—is to place the unit after the ten: *dvacet jedna/21, dvacet dva/22.* Both the ten and the unit decline in oblique cases: *o dvaceti třech.*

6.75   When used alone in counting, the numerals "one" and "two" are generally feminine: *jedna, dvě.*

Jedna a dvě jsou tři.   One and two are three.

Compound numerals ending in "one" also use the feminine form in this context: *dvacet, dvacet jedna,* but *dvacet dva.*

6.76   *jeden/jedno/jedna* takes a singular verb:

Ve třídě je/byl/bude jeden   This is/was/will be one student in
student.   the class.

Ve třídě je/byl/bude dvacet   There are/were/will be twenty-
jeden student.[1]   one students in the class.

6.77   *dva/dvě, tři, čtyři* take a plural verb:

Ve třídě jsou/byli/budou dva   There are/were/will be two
studenti.   students in the class.

Ve třídě jsou/byli/budou   There are/were/will be twenty-
dvacet dva studenti.[1]   two students in the class.

6.78   All other numerals take a (neuter) singular verb:

Ve třídě je/bylo/bude pět   There are/were/will be five
studentů.   students in the class.

Ve třídě je/bylo/bude dvacet   There are/were/will be twenty-
pět studentů.   five students in the class.

Ve třídě je/bylo/bude jedena-   There are/were/will be thirty-
třicet studentů.   one students in the class.

6.8   Kolik je hodin?   What time is it?
        V kolik hodin?   At what time?

        Je jedna hodina.   It is 1:00.
        V jednu hodinu.   At 1:00.

        Je jedna hodina pět minut.   It is 1:05.
        V jednu hodinu pět minut.   At 1:05.

---

[1]This construction is considered quite bookish. In everyday speech all compound numbers take the genitive plural and a singular verb: *Ve třídě bylo dvacet jedna studentů. Ve třídě bude dvacet dva studentů.*

Jsou dvě hodiny.	It is 2:00.
Ve dvě hodiny.	At 2:00.
Jsou dvě hodiny dvě minuty.	It is 2:02.
Ve dvě hodiny dvě minuty.	At 2:02.
Je pět hodin.	It is 5:00.
V pět hodin.	At 5:00.
Je pět hodin dvacet pět minut.	It is 5:25.
V pět hodin dvacet pět minut.	At 5:25.

Note that *v* in these expressions governs the accusative.

Another way of telling time will be introduced in 11.4 to 11.44.

6.9   The verbs *vědět/to know, and moci/to be able to* are irregular:

Present:	vím		Present:	mohu/můžu[1]
	víš			můžeš
	ví			může
	víme			můžeme
	víte			můžete
	vědí			mohou/můžou[1]
Past:	věděl		Past:	mohl

VOCABULARY

ani ..., ani[1]	neither ... nor
báseň *(f.)*	poem
básník	poet
buď ..., nebo	either ... or
celý	whole
čí[2]	whose
divadlo	theater
dívat se, podívat se na koho co	to look at sby, sth
haléř[3]	heller
hodinky[4]	watch
hodiny[4]	clock
hra	play
jestli[5]	if, whether
jistý (jist)[6] **kým čím**	certain, sure of sby, sth
koruna[3]	crown
laskavý (laskav)	kind
líbit se (komu)[7]	to like

---

[1]*mohu* and *mohou* are formal in style, *můžu* and *můžou* colloquial. The infinitive *moci* has the colloquial variant *moct*.

milovat	to love
moci[8]	to be able to
návštěva	visit
navštěvovat, navštívit	to visit
odpovídat, odpovědět[9]	to answer
platit, zaplatit za co	to pay for sth
pomáhat, pomoci komu[10]	to help
prostý	simple, plain
překlad[11]	translation
překládat, přeložit	to translate
příliš	too, too much
přízvuk[12]	accent
rád	glad
rozhlas[13]	radio
spokojený (spokojen) s kým čím	satisfied with sby, sth
vědět[14]	to know
znát[14]	to know
zvědavý (zvědav) na koho co	curious, nosy about sby, sth

See 6.7 for the cardinal numbers from 1 to 90.

VOCABULARY NOTES

1. Like the negative pronouns *nic, nikdo,* etc., *ani* requires a negative verb:

   Neměl ani otce, ani matku.   He had neither father nor mother.

   ani by itself means "not even":

   Ani já jsem to nevěděl.   Not even I knew that.

2. Though it originally had all the forms of *hlavní, čí* now occurs mainly in direct cases:

   Čí jsou to knihy?   Whose books are these?

3. The *koruna,* abbreviated *Kčs,* "*koruna československá,*" is the basic monetary unit of Czechoslovakia. A *haléř* is one hundredth of a *koruna.*

4. *hodiny* and *hodinky,* like *dějiny,* are feminine and always plural.

5. Note that when the result-clause is in the future, the if-clause is also in the future:

   Jestli to řekneš Karlovi, nebudu s   If you say that to Karel, I'll never
   tebou už nikdy mluvit.   speak to you again.

   In this meaning of "if," *když* may replace *jestli*: *Když to řekneš Karlovi, nebudu s tebou už nikdy mluvit.*

   > Czech can use *jestli* where Russian requires a *ли* construction: *Nevím, jestli mluví česky. Я не знаю, говорит ли он по-чешски.*

6. *jistý* means "certain" in several senses: *jistý pan Havlíček/a certain Mr. Havlíček*, *vědět jistě/to know for certain*. Its short form is usually accompanied by *si*:

Jsem si tím jist.	I'm certain of it.

7. The thing liked is the subject of the sentence and therefore in the nominative, while the person doing the liking is an indirect object and therefore in the dative:

Ta povídka se mi velmi líbila.	I very much liked that story.
Líbíš se nám.	We like you.

8. *moci* has no perfective: *Budete moci zavolat?/Вы сможете позвонить?*

9. "to answer sby" is *odpovídat, odpovědět komu*:

Odpovídáme Čechům česky.	We answer Czechs in Czech.

    "to answer sth" is *odpovídat, odpovědět na co*:

Odpovídáme na otázky česky.	We answer questions in Czech.

    odpovědět is conjugated like *vědět*.

10. *pomoci* is conjugated like *moci* and has the same colloquial variants.

11. *překlad* has **-u** in the prepositional singular.

12. *přízvuk* means "accent" both in the sense of *cizí přízvuk/foreign accent*, and *Kde je v tomhle slově přízvuk?/Where is the accent (i.e., stress) in this word?*

13. "on the radio" is *v rozhlase*.

14. "to know" is translated by *vědět*

    a. when accompanied by complementary clauses:

Ví, že jsme tady?	Does he know we are here?
Nevím, co dělat s časem.	I don't know what to do with my time.

    b. when accompanied by *o*:

O tom nic nevím.	I know nothing about it.

    c. when accompanied by an indefinite expression like *co, něco, to, mnoho,* etc.:

Já vím něco, co nevíš ty.	I know something you don't.

    Otherwise it is translated by *znát*:

Znáte jistého pana Havlíčka?	Do you know a certain Mr. Havlíček?

    Russian uses *знать* in all these contexts.

SENTENCES

1. Budu moci navštívit vaše divadla? Budu mít čas se podívat na několik vašich nových her i na ty cizí hry, které tady u vás dávají?

1. Will I be able to visit your theaters? Will I have time to take a look at several of your new plays and also the foreign plays being performed here?

2. Kromě her překládám rád povídky takových českých autorů, jako jsou Neruda a Hermann. Rozdíl mezi divadelními hrami a některými jejich povídkami není zvlášť velký, protože v povídkách je mnoho dialogů.

2. Besides plays I like to translate the stories of such Czech authors as Neruda and Hermann. The difference between plays and some of their stories is not especially great, because the stories have many dialogues.

3. Znáš jistého pana Vencla? Myslím, že s námi pracoval v ústavu v Brně.

3. Do you know a certain Mr. Vencl? I think he worked with us at the institute in Brno.

Jak se jmenuje? Vencl? V našem ústavu? Ne, vím jistě, že jsem o něm nikdy neslyšel.

What's his name? Vencl? In our institute? No, I know for certain I've never heard of the man.

4. Jak se vám ta hra líbila?

4. How did you like the play?

Nelíbila se mi, i když má dvě nebo tři dobré scény. Prostě byla příliš dlouhá.

I didn't, even though it does have two or three good scenes. It was simply too long.

5. Co myslíš? Mám český přízvuk, když mluvím anglicky?

5. What do you think? Do I have a Czech accent when I speak English?

Ano, máš, i když každé slovo vyslovuješ velmi dobře. Ještě neslyšíš melodickou hru anglické věty. Posloucháš někdy anglický rozhlas? To jistě pomůže.

Yes, you do, even though you pronounce each word very well. You still don't hear the melodic play of the English sentence. Do you ever listen to English radio? That will certainly help.

6. Dals za ten obraz koruny nebo dolary?

Dolary.

A kolik jsi za něj zaplatil, jestli se smím ptát?

Ale jistě. Devadesát pět dolarů.

To je zajímavé. Znám někoho, kdo říká, že sis ho koupil za pětaosmdesát.

6. Did you pay for that picture in crowns or dollars?

In dollars.

And how much did you pay for it, if I may ask?

Of course. Ninety-five dollars.

That's interesting. I know some-one who says you bought it for eighty-five.

7. Nevím, proč se takoví špatní bás-níci překládají. Kdo si jejich básně kupuje? Prostě si to nemůžu vy-světlit.

7. I don't know why such bad poets are translated. Who buys their poems? I just can't figure it out.

8. V kolik hodin dávají u vás na koleji ten nový německý film?

Slyšel jsem, že v osm. Kolik je teď hodin?

Nevím. Nemám hodinky.

Ale tamhle jsou hodiny. Už je šest hodin.

8. At what time are they showing that new German film at your dormitory?

I heard it was at eight. What time is it now?

I don't know. I don't have a watch.

But there is a clock. It's already six.

9. Známe se už dlouho.[1] Znali jsme se už, když pracoval na těch svých hrách. Celý ten čas se příliš nezajímal o to,[2] jestli se jiným líbí, co dělá. Zajímal se jen o jedno: o divadlo.

9. We've known each other for a long time. We knew one another way back when he was working on those plays of his. All that time he was never too interested in whether other people liked what he was doing. He was inter-ested in one thing only: the theater.

10. Kdy nám budete moct vysvětlit, čím se zabýváte?

Nevím, jestli vás to bude zajímat.

Ale jsem si jist, že to bude velmi zajímavé.

10. When will you be able to explain to us what you're working on?

I don't know whether it will inter-est you.

Oh, I'm sure it will be very inter-esting.

11. Jsem zvědav, v kolik hodin bude jeho hra v rozhlase.

11. I wonder what time his play is going to be on the radio.

Mně říkali, že bude buď ve tři, nebo ve čtyři.

I was told it would be on either at three or four.

12. Neznáte tady nikoho? Můžu vám pomoct já?

12. You don't know anyone here, do you? Can *I* help you?

Nevím, kde jsou tady hotely, ani které jsou dobré. Kromě toho ještě neumím dobře anglicky.

I don't know where the hotels are or which are the good ones. Besides, I don't speak English well yet.

Já anglicky umím, a tak se zeptám.

I speak English, so I'll ask.

Jste velmi laskav.

You are very kind.

Nejste ani trochu zvědava, proč se o vás tak zajímám?

Aren't you even slightly curious as to why I'm taking such an interest in you?

SENTENCE NOTES

1. *už* plus a time expression and a present tense verb renders the English present perfect progressive:

    Posloucháme rozhlas už celé dvě hodiny.

    We have been listening to the radio for two whole hours.

2. When an entire subordinate clause takes the place of a noun, either in an oblique case or as the object of a preposition, the appropriate form of *to* is used to indicate the case in which the clause is functioning:

    Jste spokojen s tím, co jste viděl?

    Are you satisfied with what you have seen?

    Zabýváme se tím, jak se učí cizí jazyky na našich středních školách.

    We are concerned with how foreign languages are taught in our secondary schools.

EXERCISES

1a. Count aloud from 1 to 70, substituting the nonce word *bzum* for every number that has a 7 in it (7, 17, 27, etc.) or is a multiple of 7 (14, 21, 28, etc.).

1b. Count aloud by 2's, starting first from 1, then from 2.

1c. Count backwards from 99.

2. Change all singular possessive pronouns to the plural and vice versa:

1. Vaše sestra je hezká.
2. Víte, že takové slovo v jejím jazyce není?
3. Díval jsem se na vaše obrazy moře.
4. Voláte našim studentům?
5. Pracuješ dokonce v mém oboru.
6. Tvoje překlady jejích nových básní se mi líbí.
7. Včera jsem mohl navštívit vašeho otce.
8. V čím zájmu je to? Ne v našem?
9. Volám naše studenty.
10. To je mé poslední slovo.
11. Čí je to sešit? Můj nebo váš?
12. Na jejich otázku odpověděl prostě a dobře.
13. Líbí se mi vaše sestra.
14. Miluji vaši sestru.
15. Pomáhám vaší matce.

3. Write out the prices below according to the following model:

15,70 Kčs = patnáct korun, sedmdesát haléřů.

1.	14,40 Kčs	5.	12,20 Kčs
2.	99,50 Kčs	6.	6,60 Kčs
3.	53,30 Kčs	7.	82,70 Kčs
4.	19,90 Kčs	8.	13,30 Kčs

4. Insert an appropriate present tense verb:

1. Rád ___ rozhlas.
2. ___ tu píseň rádi.
3. ___ ráda, že se dobře učíš.
4. ___ rád Milenku.
5. ___ ráda, že jste s tím spokojen.
6. Rád ___ studentům.
7. Byl jsem si jist, že ji ___ rádi.
8. Ráda ___ pokroky.
9. ___ velmi rádi češtinu.
10. Velmi rádi ___ česky.

5. Translate:

1. How do you like my watch?
2. Their boy likes to listen to music.
3. I love you.
4. She doesn't like to visit her mother.
5. I'm glad you phoned.

LESSON SEVEN

THE IMPERATIVE,
THE CONDITIONAL

7.1   All Czech verbs form first and second person imperatives from one of
       two sets of endings:

(a)	2nd singular	–ǿ	*mluv/speak*
	1st plural	–me	*mluvme/let's speak*
	2nd plural	–te	*mluvte/speak*
(b)	2nd singular	–i	*řekni/say*
	1st plural	*eme	*řekněme/let's say*
	2nd plural	*ete	*řekněte/say*

7.11   Set (a) is used when a single consonant is exposed after the removal
       of -í or -ou from the third person plural: *mluv < mluví, rozuměj <
       rozumějí, pracuj < pracujou.*

7.111 Verbs whose third person plural ends in -ají follow the above proce-
       dure, but change a to e: *dělej < dělají.*

7.112 When the vowel in the syllable preceding -í or -ou is long, it is
       shortened: *navštiv < navštíví, kup < koupí.*

7.113 When the consonant immediately preceding -í or -ou is -t, -d, or -n, it
       goes to -ť, -ď, or -ň, respectively: *ztrať < ztratí, promiň < prominou.*

7.12   Set (b) is used when two or more consonants are exposed after the
       removal of -í or -ou: *mysli < myslí, řekni < řeknou.*

7.13   The following imperative forms are irregular:

měj	<	mít
odpověz	<	odpovědět
pomoz	<	pomoci
věz	<	vědět
viz	<	vidět

The last two are rare.

7.131   The plural of irregular imperatives follows set (a).

7.132   **buď** is formed from **budou**, the future of **být**.

7.2   For the third person imperative, "Let/Have him phone tomorrow," Czech uses **ať** plus the third person: *Ať zavolá zítra.*

>   The *ať*-construction parallels the Russian *пусть*-construction.

7.3   In positive commands, aspect fulfills its usual function.

The perfective stresses completion of the action:

Nauč se německy.	Learn German.

The imperfective stresses repeated action or ongoing action:

Uč se každý večer.	Study every evening.
Uč se tak, jak se učí Karel.	Study the way Karel does.

7.31   In negative commands, the imperfective is the usual choice:

Neuč se německy.	Don't learn German.
Neuč se každý večer.	Don't study every evening.
Neuč se tak, jak se učí Karel.	Don't study the way Karel does.

The perfective may be used with a negative imperative, however, to express a warning:

Nenauč se to vyslovovat špatně.	(Make sure you) don't learn to pronounce it wrong.

7.4   Czech expresses the conditional mood with the enclitic **by** plus the *l*-participle:

Pomohl by nám.	He would help us (if he could).

7.41   **by** agrees with the subject of the *l*-participle:

pomohl bych	pomohli bychom
pomohl bys[1]	pomohli byste
pomohl by	pomohli by

Řekl byste, že zavolá?	Would you say that he'll call?
Ano, řekl bych.	Yes, I would.
Ne, neřekl bych.	No, I wouldn't.

---

[1]With reflexive pronouns *se* and *si* the form is **by ses** and **by sis**:

Koho by ses zeptal?	Whom would you ask?

Otherwise *se* and *si* follow the auxiliary:

Zeptal bych se Milana.	I'd ask Milan.

7.42   A common use of the conditional is to soften otherwise peremptory requests. Note the hierarchy of politeness in the following series of sentences:

Pomozte mu.	Help him.
Pomůžete mu?	Will you help him?
Pomohl byste mu?	Would you help him?
Nepomohl byste mu?	Wouldn't you help him?

7.5   *kdyby* means "if" in contrary-to-fact "if"-clauses:

Kdybych měl čas, koupil bych si knihu.	If I had time, I would buy a book.

Compare with:

Jestli budu mít čas, koupím si knihu.	If I have time, I will buy a book.

> Russian *если бы* must be translated into Czech by the correct form of *kdyby*. *jestli* cannot combine with *by*.

7.51   Contrary-to-fact statements may also have a past tense—"I would have done" as well as "I would do"—though the distinction in Czech is more strictly maintained in the written than in the spoken language. Czech forms the conditional past by combining the proper form of *byl* with the proper form of *by*:

Kdybych byl měl čas, byl bych si koupil knihu.	If I had had time, I would have bought a book.
Kdybych to nebyl viděl, nebyl bych tomu věřil.	If I hadn't seen it, I wouldn't have believed it.

Although students should learn to recognize this construction, they need not use it actively at this point. The simple conditional (see 7.5) will suffice to translate *both* 'If I had time, I would buy a book' and 'If I had had time, I would have bought a book.'

> Russian has no formal device for expressing the past conditional, and sentences of the *если бы у меня было* type must be translated *byl* or *byl by* according to context.

7.511   When the verb *být* must go into the conditional past, its *l*-participle becomes *býval*:

Byl bych býval velmi rád.	I would have been very glad.

7.6   One meaning of *aby* + the *l*-participle is "in order to, so as to":

Abyste odpověděl na otázku, musíte znát jeho knihu.	To answer the question, you must know his book.

Unlike its Russian counterpart *чтобы*, Czech *aby* cannot be followed by an infinitive; it agrees in person and number with its antecedent in the main clause.

7.61   *aby* also introduces indirect commands, wishes, requests, etc.:

Chci, abyste mu pomohl.	I want you to help him.
Říkám vám, abyste mu pomohl.	I tell you to help him.
Dovoluji vám, abyste mu pomohl.	I allow you to help him.
Radím vám, abyste mu pomohl.	I advise you to help him.
Prosím vás, abyste mu pomohl.	I ask you to help him.

7.7   Besides its basic meaning "to have," the verb *mít* has a modal meaning:

Mám to udělat.	I am (supposed) to do it. I have to do it.
Měl jsem to udělat.	I was (supposed) to do it. I had to do it. I should have done it.
Měl bych to udělat.	I should/ought to do it.

7.8   The verb *chtít* is irregular:

Present: chci
          chceš
          chce
          chceme
          chcete
          chtějí

Past: chtěl

VOCABULARY

ahoj[1]	hi, see you
až[2]	1. when 2. not until
brzo, brzy	1. soon 2. early
článek	article
děkovat, poděkovat komu za co	to thank sby for sth
docela	quite, entirely
dovolovat, dovolit komu	to allow sby
fakulta[3]	faculty
na fakultě	at/in the faculty

hned	immediately
hodně čeho[4]	a lot of sth
chtít	to want
kamarád[5]	friend
katedra[3]	university department
na katedře	at/in the department
lid[6]	the people
národ (-a)[6]	nation
názor na koho co	opinion of sby, sth
opravdu	really
pak	then
podle koho čeho	according to sby, sth
potom	then
pravda	truth
právě[7]	just, precisely
prosit, poprosit koho o co	to ask sby for sth
prosím[8]	please, you're welcome
přítel (-e)[5]	friend
radit, poradit komu	to advise sby
skoro	almost
Slovák, Slovenka	Slovak (m.), Slovak (f.)
slovanský	Slavic, Slavonic
slovenský	Slovak
snažit se	to try to
soudruh,[5] **soudružka**	comrade (m.), comrade (f.)
stejný	same
stejně	all the same, nevertheless
sto[9]	hundred
strana	1. side 2. page 3. (political) party
teprve[2]	not until
tisíc[9]	thousand
vůbec	1. at all 2. in general
význam	meaning, significance
zase, zas	again
život (-a)	life

VOCABULARY NOTES

1. *ahoj* is an informal "hello" or "good-bye" among people on *ty* terms.

2. When the main clause is in the future or imperative, the "when" clause must begin with *až* instead of *když*:

   Až zavolá, tak mu to řeknu.   When he phones, I'll tell him.

   Řekni mu to, až zavolá.   Tell him when he phones.

Before an expression of time, *až* means "not until":

Zavolá až zítra ráno.	He won't phone until tomorrow morning.

In this meaning it is close to *teprve*:

Zavolá teprve zítra ráno.	He won't phone until tomorrow morning.

3. *fakulta* means "faculty" in the sense of a school or division of a university. Thus the *filozofická fakulta* of Charles University corresponds more or less to a College or Faculty of Arts and Letters. A *fakulta* is divided into departments, *katedry*, such as the *katedra slavistiky, katedra fyziky,* etc.

4. *hodně* is more colloquial than *mnoho*:

Má hodně kamarádů.	He has a lot of friends.
Hodně překládá.	He does a lot of translating.

5. The stylistically neutral word for "friend" is *přítel*; *kamarád* means "a close friend, an old friend"; *soudruh* is "comrade" only in the political sense. The plural of *přítel* is irregular and will be introduced in 14.54.

6. *lid* means "the folk," "the people." Its adjective, *lidový*, has two meanings: "folk" as in *lidová hudba*, and "people's" as in *lidová republika*.

   lid has **-u** in the prepositional singular.

   > Czech *lid* corresponds to Russian народ, Czech *národ* to Russian нация.

7. *právě* emphasizes the aspect of the verb. With an imperfective verb, it heightens the idea of process:

Právě jsem se díval na její knihu, když zavolala.	I was just looking at her book when she phoned.

With a perfective verb, it indicates that the action has just been completed:

Právě jsem se podíval na její knihu, když zavolala.	I had just taken a look at her book when she phoned.

8. When following an expression of thanks, *prosím* means "You're welcome":

Děkuji. Prosím.	Thank you. You're welcome.

In this meaning it is synonymous with *není zač*.

When accompanied by an interrogative intonation, it means "Excuse me? (I didn't quite catch what you said)." It can also mean "After you," "Go right ahead," "Here you are," or "Please have some." On the telephone it is synonymous with *Haló/Hello.*

9. | | |
|---|---|
| sto jedna, sto dva, sto tři ... | 101, 102, 103 ... |
| dvě stě, tři sta, čtyři sta, pět set ... | 200, 300, 400, 500 ... |
| tisíc jedna, tisíc dva, tisíc tři ... | 1,001, 1,002, 1,003 ... |
| dva tisíce, tři tisíce, čtyři tisíce, pět tisíc ... | 2,000, 3,000, 4,000, 5,000 ... |

Note that *tisíc* has the irregular genitive plural *tisíc*.

SENTENCES

1. Vždycky, když si na fakultě povídáme, snaží se hledat zvláštní význam v každé mé větě, v každém mém slově. Rád bych[1] věděl, proč to dělá.

   1. Whenever we chat at the Faculty, he tries to look for a special meaning in every sentence, in every word of mine. I'd like to know why he does it.

2. Jejich básně vám brzy dám—až je přeložím.

   2. I'll be giving you their poems soon—when I translate them.

   Jestli je nebudete moct přeložit ani dnes večer, ani zítra ráno, dejte mi je teď a já vám je hned přeložím.

   If you can't translate them either this evening or tomorrow morning, give them to me now and I'll translate them for you right away.

   Děkuju, ale je jich patnáct.[2] Opravdu byste s nimi ztratil hodně času.

   Thank you, but there are fifteen of them. You'd really waste a lot of time on them.

   Aha, nevěděl jsem, že je jich tolik.

   Aha, I didn't know there were so many.

3. Dokonce mě poprosil, abych ho představil své sestře Věře. Jestli zavolá zase zítra, ať mu někdo řekne, že ho už nechci vidět.

   3. He even asked me to introduce him to my sister Věra. If he phones again tomorrow, have somebody tell him I don't want to have anything more to do with him.

4. Jak byste charakterizoval rozdíl mezi termíny "lid" a "národ"?

   4. How would you characterize the difference between the terms "people" and "nation"?

   "Lid" je hlavně etnografický termín, ale u některých filozofů má i politický význam. Termín "národ" má význam jenom politický nebo historický.

   "People" is mainly an ethnographic term, but for certain philosophers it also has a political meaning. The term "nation" has a solely political or historical meaning.

5. Poraď mi, prosím tě. Co bych podle tebe měl dělat? Měl bych hned zavolat jeho otce? Nikdy v životě bych nebyl věřil, že by ten hoch něco takového mohl udělat.

5. Give me some advice, please. What do you think I should do? Should I call his father right away? Never in my life would I have believed that that boy could do something like that.

6. Ani mi nepoděkoval za články o svých básních.

Ale to je právě ono. Nikomu nikdy neděkuje. Poradil bych ti, abys na něj už nemyslel. Když nechce pomoct on tobě, proč bys pomáhal ty jemu? Co je to, prosím tě, za přítele![3]

6. He didn't even thank me for the articles about his poems.

But that's just it. He never thanks anybody. I'd advise you to forget about him. If he won't help you, why should you help him? What kind of a friend is that, anyway!

7. Po přednáškách si skoro vždycky povídá se studenty a máme jich na katedře dobrých dvě stě. Opravdu se zajímá o to, co si myslí o jeho článcích, co se právě učí a jaké dělají pokroky.

7. After his lectures he almost always chats with students—and we have a good two hundred in the department. He is genuinely interested in what they think about his articles, what they are studying, and the sort of progress they are making.

8. Dovolte, prosím, abych se představil. Jsem americký student slavistiky. Byl jsem na vašich přednáškách o jazyce lidových písní a myslím, že se zabývám stejnými otázkami jako vy. Nemohl byste mi poradit, kde bych měl hledat nový materiál o slovenských dialektech a o slovanských dialektech vůbec. Slyšel jsem, že tady na katedře máte malou seminární knihovnu. Je to pravda?

8. Allow me to introduce myself. I am an American student of Slavic languages. I've been to your lectures on the language of folk songs and I think I am working on the same problems as you. Could you possibly advise me where I ought to look for new material on Slovak dialects and on the Slavic dialects as a whole. I've heard you have a small departmental library here. Is that true?

9. V osm hodin vždycky cvičí. Pak poslouchají několik minut rozhlas a v devět už jsou ve škole. Vůbec to[4] není špatný život.

9. They always do their exercises at eight. Then they listen to the radio for a few minutes, and by nine they're at school. It's not a bad life at all.

Není, ale pro mě by byl snad příliš monotónní.

No, it isn't. But it might be too monotonous for me.

10. Hned po tom, co jsem slyšel o jeho nové pokrokové metodě, poprosil jsem svou sekretářku, aby mu zavolala. Hodně profesorů mu věří, když mluví o významu svých experimentů. Já jsem ale skeptik.

10. Right after I heard about his new progressive method, I asked my secretary to call him. Many professors believe him when he speaks about the significance of his experiments. But I am a skeptic.

11. Dobrý den, pane Němec. Jak se máte?

11. Hello, Mr. Němec. How are you?

Děkuju, dobře. A vy?

Fine, thanks. And you?

Také dobře. Koho to tam za sebou máte?

Fine. Who is that there behind you?

To je náš malý Ivan.

That's our little Ivan.

Ahoj, Ivane. Jak se máš? Podívej se, mám pro tebe něco. Tady máš.

Hi, Ivan. How are you? Look, I have something for you. Here.

Poděkuj panu Holečkovi, Ivane.

Thank Mr. Holeček, Ivan.

Poslechni otce, Ivane. Řekni mi: Děkuji.

Listen to your father, Ivan. Tell me thank you.

Děkuju vám za knihu. Na shledanou.

Thank you for the book. Goodbye.

Ahoj, Ivane. Měj se hezky![5] Na shledanou, pane Němec.

Bye, Ivan. See you soon. Goodbye, Mr. Němec.

Na shledanou, pane Holeček.

Good-bye, Mr. Holeček.

12. Prosím, buďte tak laskav a odpovězte nám na několik otázek.

12. Please be kind enough to answer a few questions.

Rád bych na ně odpověděl, kdybych měl čas, ale už vás znám. Když říkáte, že máte jen několik otázek, máte jich tisíce.

I'd be only too glad to answer them if I had the time, but I know you. When you say you have only a few questions, you have thousands.

Jenom jsem se vás chtěl zeptat na soudruha Bartoše.

I only wanted to ask you about Comrade Bartoš.

Můžu vám jenom říct,[6] že je to[4] dobrý básník i dobrý kamarád.

I can only tell you that he's a good poet and a good friend too.

13. Víte, co jsem slyšela dnes ráno v osm v rozhlase? Koncert slovenské lidové hudby.

13. Do you know what I heard this morning at eight on the radio? A concert of Slovak folk music.

Opravdu? Já často poslouchám ranní hudební rozhlasové programy, ale právě dnes jsem nebyla doma. A mám slovenskou lidovou hudbu tak ráda!

Really? I often listen to morning music programs on the radio, but today of all days I wasn't home. And I do so like Slovak folk music!

14. Prosím, promiňte mi, jestli budu dělat hodně chyb. Umím jen málo česky.

14. Please excuse me if I make a lot of mistakes. I speak only a little Czech.

Ale žádné chyby neděláte. Já vás poslouchám už skoro hodinu.

But you're not making any mistakes at all. I've been listening to you for almost an hour.

Jste velmi laskav.

You're very kind.

Ale nejsem, říkám jenom pravdu.

No, I'm not. I'm only telling the truth.

15. Už jste hledal slovo "přítel" v slovníku?

15. Have you looked up the word "přítel" in the dictionary yet?

Ano, definuje se jako "kdo si s někým dobře rozumí".

Yes, it's defined as "one who gets along well with someone."

Podle mého názoru je to stejné jako "kamarád".

In my opinion that's the same as "kamarád."

Podle slovníku taky. Vidíš? Mají tady "kamarád" jako synonymum.

According to the dictionary too. See? They have "kamarád" here as a synonym.

SENTENCE NOTES

1. *rád* + *by* + the *l*-participle means the same as *chtít* + *by* + the infinitive: "would like to."

Rádi by pomáhali (Chtěli by pomáhat), ale nesmějí.

They would like to help, but they are not allowed to.

2. Note the following use of the genitive pronoun:

Kolik vás je? Jsme čtyři. Bylo nás pět. Je nás mnoho.	How many of you are there? There are four of us. There were five of us. There are a lot of us.
Kolik jich chcete? Chceme čtyři. Chceme jich pět. Chceme jich hodně.	How many of them do you want? We want four of them. We want five of them. We want a lot of them.

3. *co je to za koho co?* means "What sort of sby, sth is that?"

Co je to za knihu?	What sort of book is that?

> In the Russian equivalent, *Что это за ...,* *за* takes the nominative: *Что это за книга?*

4. Inverting *to je* and *to není* does not change the meaning of the sentence:

To je opravdu zajímavé. Je to opravdu zajímavé.	That's really interesting.

5. *Měj(te) se hezky* is an informal way of saying "Good-bye."

6. *říci*, like *moci* and other infinitives in **-ci**, has a colloquial variant in **-ct**: *říct*.

EXERCISES

1. Review the declensions introduced in Lessons Two and Four.

2. Write out the negative imperative if the positive is given and vice versa, using the perfective for positive commands and the imperfective for negative commands:

    1. představ
    2. přeložte
    3. nedovoluj
    4. nenavštěvuj
    5. odpovězte
    6. nepomáhejme
    7. ztraťte
    8. nekupuj
    9. nedávejte
    10. nevysvětlujte

3. Make up sentences based on the following pattern:

    Given: udělám to/zavolám vám
             Jestli to udělám, zavolám vám.
             Kdybych to udělal, zavolal bych vám.

    1. zaplatíme za jejich pokoj/poděkujou nám
    2. budete se snažit/budete dělat pokroky
    3. budu mít čas/vysvětlím vám to
    4. poprosíte mě o deset korun/dám vám je

    5. pomůže mi/představím vám ho
    6. bude navštěvovat každou přednášku/naučí se rusky
    7. odpoví na moji otázku/popovídám si s ní
    8. zeptají se na otce/budu o něm vypravovat
    9. vyslovíš to špatně/nebudou ti rozumět
   10. ztratíš knihu/budeš za ni muset zaplatit

4.   Make up sentences based on the following pattern:

    Given: Proč mi nevoláte?
              Zavolejte mi. Chci, abyste mi zavolal.

    1. Proč se na mě nedíváte?
    2. Proč nám nepomáháš?
    3. Proč se nepředstavujete?
    4. Proč si to nekupujeme?
    5. Proč se na ni neptáte?
    6. Proč mi neodpovídá?
    7. Proč to neplatíme korunami?
    8. Proč nejste spokojen?
    9. Proč nestuduješ na koleji?
   10. Proč mu neděkuje?
   11. Proč mu nepromíjíte?
   12. Proč jim to neříkáte?

5.   Translate the pronouns between slash marks:

    1. Jsem spokojen s vámi i s /your/ bratrem.
    2. Milujeme /our/ matku i /our/ otce.
    3. Máš /my/ slovo.
    4. Každý má /his/ pravdu.
    5. Už jsem ti řekl /my/ názor na /her/ přítele.
    6. Líbí se vám /our/ články o Praze?
    7. Dělá ve /his/ oboru pokroky.
    8. Jste si jisti /your/ slovy?
    9. Kolik vám zaplatili za /your/ slovníky?
   10. Ztratil jsem u Slováků /my/ hodinky.

6.   Rewrite the following sentences in the non-past conditional:

    Given: Kdybych to byl věděl, byl bych vás zavolal.
              Kdybych to věděl, zavolal bych vás.

    1. Kdybych je byl navštívil, byl bych vám to řekl.
    2. Byla bych bývala velmi ráda, kdyby se mě byl na nic neptal.
    3. Kdybychom mu byli pomohli, nikdy by tu chybu nebyl udělal.
    4. Kdyby se byli trochu snažili, snad by mu byli rozuměli.
    5. I kdybys ho byl o ten svůj překlad poprosil, stejně by ti ho nebyl dal.

6. Kdybych byl chtěl, byl bych přednášel o něčem docela jiném.
7. Kdyby se byli opravdu milovali, nebyli by mohli něco takového udělat.
8. Kdybych byl věděl, že se mu ta kniha povídek bude tak líbit, jistě bych mu ji byl koupil.

7. Write out the following time expressions:

1.	3:04	5.	at 1:09
2.	14:55[1]	6.	at 4:12
3.	2:27	7.	at 20:38
4.	1:02	8.	at 15:40

8a. Insert the appropriate pronoun objects in the space below:

1. Prosí ___, abychom se mu představili.
2. Prosí ___, abyste mu už zaplatily.
3. Prosí ___, abys vždycky říkal pravdu.
4. Prosí ___, aby se podívala i na básně.
5. Prosí ___, abych jim dal slovo.
6. Prosí ___, aby necvičil před školou.
7. Prosí ___, abyste si to dobře zapamatoval.
8. Prosí ___, abych myslel jen na svůj obor.

8b. Now do the same, substituting *říkají* for **prosí**.

---

[1] Timetables and the like use a twenty-four hour scale.

LESSON EIGHT

NEW THIRD CONJUGATION VERBS, WORD ORDER, SEQUENCE OF TENSES

8.1   With the regular verbs introduced thus far both the present tense and the *l*-participle may be formed from the infinitive.[1] With the verbs discussed below the infinitive will continue to generate the *l*-participle (see 3.71), but the present stem will no longer be predictable. You must therefore memorize their third person plural present tense form as well as their infinitive. They will be noted with both forms in the vocabularies.

8.11 All verbs discussed in this chapter belong to the third (**-ou**) conjugation. They will be divided into vowel-stem infinitives (**-a-/-á-, -í-/-ý-**) and consonant-stem infinitives (**-s-, -z-, -c-**).

8.2   **-a-/-á-**   ***poslat/*** *to send*   ***zvát/*** *to invite*

Present:
	pošlu	zvu
	pošleš	zveš
	pošle	zve
	pošleme	zveme
	pošlete	zvete
	pošlou	zvou

Past: poslal   zval

The alternation between the last stem consonants in the infinitive and in the present tense is consistent:

k/č	***skákat (skáčou)*** *to jump*
h,z/ž	***lhát (lžou)*** *to lie,* ***kázat (kážou)*** *to preach*
s(l)/š(l)	***psát (píšou)*** *to write,* ***poslat (pošlou)*** *to send*

---

[1] The only exception is second conjugation verbs with infinitives in **⁎et–** (see 3.12).

| n/ň | *stonat (stůňou)* *to be ailing* |
| r/ř | *orat (ořou)* *to plow*[1] |

Other final stem consonants undergo no change, e.g., **chápat/chápou,
zvát/zvou.**

8.21   Some verbs with infinitives in **-a-** vacillate between the first and third
conjugations: **klepat/***to knock,* **klepají** or **klepou.**

8.3   **-í-/-ý-**   **žít/***to live*   **mýt/***to wash*

Present: žiju/žiji   myju/myji
            žiješ   myješ
            žije   myje
            žijeme   myjeme
            žijete   myjete
            žijou/žijí   myjou/myjí

Past: žil   myl

8.31   A smaller category of verbs whose stems end in **-ě-** and **-ou-** (other
than **-nout**) also follow this pattern. The stem vowel **-ě-** remains **-ě-:**
chvět se/*to quiver,* **chvějou se, chvěl se**; the stem vowel **-ou-** shortens to
-u-: zout/*to take off shoes,* **zujou, zul.**

8.4   **-s-/-z-**   **klást/***to put, lay*   **vézt/***to convey*

Present: kladu   vezu
            kladeš   vezeš
            klade   veze
            klademe   vezeme
            kladete   vezete
            kladou   vezou

Past: kladl   vezl

All the verbs in this group have stems in **s, z, t,** and **d,** and retain these
consonants in their *l*-participles: **klást/kladou/kladl, vézt/vezou/vezl.**

8.41   The verb **číst/***to read* follows the above pattern except that (a) it loses
its stem vowel in the present: **čtou,** and (b) its stem vowel shortens to
-e- in the past: **četl.**

8.5   The pronoun **všechen/***all* follows **náš** in the singular oblique cases and
ten in all remaining cases. The **-chen** segment is present in direct cases
only.

---

[1]Consonant alternations of this type will be referred to as Type 2 (see Appendix A). If the
resulting consonant is soft, the present tense endings **-u** and **-ou** (first person singular and third
person plural) may be replaced by the bookish **-i** and **-í: píšu/píši, píšou/píší** (cf. 3.13).

		m. inan.	m. anim.	n.	f.
Singular	1&5.	všechen	všechen	všechno	všechna
	2.	všeho	všeho	všeho	vší
	3.	všemu	všemu	všemu	vší
	4.	všechen	všeho	všechno	všechnu
	6.	všem	všem	všem	vší
	7.	vším	vším	vším	vší
Plural	1&5.	všechny	všichni	všechna	všechny
	2.	všech	všech	všech	všech
	3.	všem	všem	všem	všem
	4.	všechny	všechny	všechna	všechny
	6.	všech	všech	všech	všech
	7.	všemi	všemi	všemi	všemi

8.51   The masculine animate plural forms mean "everyone":

Všichni tam byli.   Everyone was there.

The neuter singular forms mean "everything":

Všechno tam bylo.   Everything was there.

Like the indefinite pronoun *něco, všechno* uses *co* as its relative pronoun:

Já vím všechno, co víš ty.   I know everything you know.

8.6   When reporting speech, Czech maintains the original tense:

Řekl: "Mluvím česky."   He said, "I speak Czech."
Řekl, že mluví česky.   He said he spoke Czech.

Řekl: "Mluvil jsem česky."   He said, "I spoke Czech."
Řekl, že mluvil česky.   He said he had spoken Czech.

Řekl: "Budu mluvit česky."   He said, "I will speak Czech."
Řekl, že bude mluvit česky.   He said he would speak Czech.

8.61   Some other verbs commonly introducing indirect quotations are:
doufat; *myslet*; *odpovídat/odpovědět*; *ptát se/zeptat se*; *slyšet*; *vědět*; *vysvětlovat/vysvětlit*.

Doufal (Myslel, Odpověděl   He hoped (thought, answered
. . .), že budeš doma.   . . .) you would be home.

8.62   Be careful to distinguish (a) indirect statements, (b) indirect commands, and (c) indirect questions:

a. Řekl: "Udělal jste to."   He said, "You did it."
    Řekl, že jsem to udělal.   He said I had done it.

b. Řekl: "Udělejte to."   He said, "Do it."
    Řekl, abych to udělal.   He told me to do it.

c. Zeptal se: "Udělal jste to?"   He asked, "Did you do it?"
   Zeptal se, jestli jsem to udělal.   He asked if I had done it.

8.621   When the main verb in English is "to ask," Czech uses *ptát se/zeptat se* to introduce an indirect question and *prosit/poprosit* to introduce a request:

Zeptal se mě, jestli jsem to udělal.   He asked me if I had done it.

Poprosil mě, abych to udělal.   He asked me to do it.

8.7   Czech generally saves any new information for the end of the sentence:

Kdo volá matce? Matce volá Karel.   Who is phoning Mother? Karel is phoning Mother.

Komu volá Karel? Karel volá matce.   Whom is Karel phoning? Karel is phoning Mother.

Co děláte? Hodně studujeme.   What have you been doing? We've been studying hard.

Jak studujete? Studujeme hodně.   How have you been studying? We've been studying hard.

Although this principle has been demonstrated here in question-and-answer pairs, its application is much broader:

A teď ti budu vyprávět, co se dnes ráno matce stalo.   And now let me tell you what happened to Mother this morning.

If the Czech sentence closed with the word order of the English sentence, ... *co se stalo matce dnes ráno*, it would imply that something had happened to Mother the morning before, which the speaker assumes we know about: "... what happened to Mother *this morning*." If the Czech sentence closed with the word order ... *co se dnes ráno stalo matce*, it would mean "... what happened to *Mother* this morning," i.e., Mother, and no one else. Where Czech uses word order to provide emphasis, English often uses intonation.

VOCABULARY

bydlet[1] **(í)**	to live
časopis	magazine, journal
číst (čtou), přečíst (přečtou)	to read
dopis	letter
dostávat, dostat (dostanou)	to receive
doufat	to hope

chápat (chápou), pochopit[2]	to understand
jenže, jenomže	but, only, it's just that . . .
jih[3]	south
krátký	short
myšlenka	thought, idea
nápad[4]	plan, idea
napadat, napadnout[5]	to occur to
noviny *(f. pl.)*	newspaper
pít (pijou), vypít (vypijou)	to drink
pivo	beer
popisovat, popsat (popíšou)	to describe
pořádęk	order
posílat, poslat (pošlou)	to send
používat, použít (použijou)[6]	to use
pozor[7]	attention
proto	therefore
prý[8]	it is said
příští	next
příště	(the) next time
psát (píšou), napsat (napíšou)	to write
sever[3]	north
stávat se, stát se (stanou se)[9]	1. to become 2. to happen
tehdy[10]	then, at that time
totiž	the reason is, you see
ukazovat, ukázat (ukážou)	to show
všímat si, všimnout si koho čeho	to notice sby, sth
vydávat, vydat	to publish
východ[3]	east
výraz[11]	expression
západ[3]	west
zvát (zvou), pozvat (pozvou)	to invite
zvykat si, zvyknout si na koho co	to get used to sby, sth
že ano, že ne[12]	right?
žít (žijou)[1]	to live

VOCABULARY NOTES

1. **bydlet** means "to live" in the sense of "to reside" (in a house, a certain street, etc.):

Bydlím v jednom malém pokoji.   I live in a single small room.

žít has a much broader range of meanings:

Vaše matka ještě žije?	Is your mother still alive?
Ať žije republika!	Long live the Republic!
Žijí jen pro hudbu.	They live only for music.
Žiju v Americe už dlouho.	I have been living in America for a long time.

"to live in a city" can be rendered by either *bydlet* or *žít*:

Bydlím/Žiju v Praze.	I live in Prague.

2. *chápat/pochopit* differs from *rozumět* both in the case it governs and in its meaning: *Nechápe svou ženu* means "He doesn't understand why his wife acts the way she does," while *Nerozumí své ženě* means more "He doesn't understand what his wife is saying." *chápat* has the imperative *chápej*.

3. **na jihu**/*in the south*   **jižní**/*southern*
    na severu/*in the north*   **severní**/*northern*
    na východě/*in the east*   **východní**/*eastern*
    na západě/*in the west*   **západní**/*western*

4. A **nápad** is a sudden **myšlenka**:

Mám dobrý nápad: ať to udělají oni.	I have a good idea: let *them* do it.
Analyzujeme myšlenky v jeho posledních básních.	We are analyzing the ideas in his latest poems.

5.

Napadlo mě, abych zavolal.	It occurred to me to phone.
Vždycky ho napadají zvláštní výrazy.	He always comes up with unusual expressions.

6. *používat/použít* takes the genitive in more formal, the accusative in less formal speech:

Kterého pádu používáme v tomto výrazu?	Which case do we use in this expression?
Používáš často ten slovník?	Do you often use this dictionary?

7.

Pozor!	Watch out!
dávat/dát pozor na koho co	to pay attention to sby, sth

8. *prý* indicates that the speaker is not the original source of the message:

Dělá prý pokroky.	He is said to be making progress.
	I hear he's been making progress.

9. In the meaning "to become," *stávat se/stát se* governs the instrumental:

Stala se profesorkou.	She became a professor.
Noviny se staly populárními.	The newspaper became popular.

10. *tehdy* means "then" in the sense of "at that time"; *pak* and *potom* mean "then" in the sense of "next":

Tehdy jsem byl jen malý hoch.	I was only a small boy then.
Pak mi řekl, co si o tom myslí.	Then he told me what he thought about it.

11. *výraz* has **-u** in the prepositional singular.

12. *že ano* and *že ne* are question tags. The former accompanies positive, the latter negative questions:

Žijete v Praze, že ano?	You live in Prague, don't you?
Nežijete v Praze, že ne?	You don't live in Prague, do you?

že alone can serve the same purpose: *Žijete v Praze, že? Nežijete v Praze, že?*

SENTENCES

1. Jestli chcete všemu rozumět, když se v rozhlase mluví slovensky, budete si muset zvyknout na přízvuk i na jistá slova. Měl byste se také trochu snažit číst slovenské noviny a divadelní hry. Pak to pro vás bude jako by se mluvilo česky.

1. If you want to understand everything when Slovak is spoken on the radio, you will have to get used to the accent and to certain words as well. You also ought to read Slovak newspapers and plays a little. Then you'll find it's as if Czech were being spoken.

2. Promiňte, soudružko. Mohla byste mi říci, která univerzita vydává časopis o slovanských jazycích a literaturách?

Abych řekla pravdu, nevím. Ale snad to bude vědět soudruh Kolář. On se zabývá slovanskou kulturou a jistě vám pomůže. Jestli chcete, tak[1] vám ukážu, kde pracuje. Řekněte mu, že máte stejné zájmy jako on a že jsem vás poslala já. Znám ho dobře. Vždycky si rád povídá se studenty o svém oboru. Navštivte ho ještě dnes.

2. Excuse me, comrade. Could you tell me what university puts out a journal of Slavic languages and literatures?

To tell you the truth, I don't know. Perhaps Comrade Kolář will, though. He does Slavic culture and will certainly help you. If you like, I'll show you where he works. Tell him you have the same interests as he and that I'm the one who sent you. I know him well. He always likes to chat with students about his field. Visit him today.

3. Měls mi zavolat včera večer. Doufal jsem, že zavoláš, protože jsem pozval několik svých studentů, kteří se zajímají o francouzský nový román a o moderní francouzskou literaturu vůbec. Byli u mě celých pět hodin. Chtějí totiž vydávat literární časopis a když jsem jim řekl o tvém článku, tak mě poprosili, abych jim ho dal. Prý si ho přečtou a jestli se jim bude líbit, tak ho použijou.

3. You should have phoned last night. I hoped you would, because I invited over several of my students who are interested in the French *nouveau roman* and modern French literature in general. They were at my place for all of five hours. You see, they want to put out a literary journal, and when I told them about your article, they asked me to give it to them. They say they will read it and use it if they like it.

4. Čtete "Večerní Prahu"?

   Ne, protože čtu všechny ranní noviny už v Ústavu.

   Neznáte někoho, kdo si ji kupuje a mohl by mi ji dát? Rád bych se podíval, jestli tam dnes není interview s jedním diplomatem o cizích diplomatech, kteří žijí v Praze. Je prý velmi zajímavý. Nechtěl byste si ho taky přečíst?

4. Do you read *Večerní Praha*?

   No, because I read all the morning newspapers at the Institute.

   Do you happen to know someone who buys it and could give it to me? I'd like to see whether there wasn't an interview with a diplomat about foreign diplomats living in Prague in today's issue. I've heard it's very interesting. Wouldn't you like to read it too?

5. Kdybyste poslouchali českou lidovou hudbu, jistě by se vám líbila. Já ji poslouchám už celý život a mám ji tak rád, že by se dokonce mohlo říct, že ji potřebuju.

5. If you listened to Czech folk music, you'd certainly like it. I've been listening to it all my life, and I like it so much, you might even say that I need it.

6. Odpovídejte na jeho otázky vždycky krátkými a prostými větami a neptejte se ho na nic kromě přednášky. On totiž rozumí ještě velmi málo česky.

6. Always answer his questions in short and simple sentences, and don't ask him about anything but the lecture. You see, he still knows very little Czech.

7. Dej si pozor na jazyk!

7. Be careful what you say!

8. Myslel jsem, že jsem mu ten časopis se všemi těmi překlady už poslal, ale právě jsem dostal

8. I thought I had already sent him the magazine with all those translations, but I've just received a

dlouhý dopis, ve kterém mě o něj prosí. Snad dostal časopis až po tom, co dopis poslal.

long letter in which he asks me for it. He may not have received the magazine until after he sent the letter.

9. Nemluví tak špatně, že ne? Měl by ses na jednu jeho přednášku podívat.

9. He doesn't speak so badly now, does he? You ought to look in on one of his lectures.

Právě dnes ráno mi někdo řekl, že dnes přednáší o tvém oboru.

Just this morning someone told me that he was lecturing today on your field.

10. V novinách se píše, že někde tady bydlel.

10. The newspapers say he lived somewhere around here.

Ano, bydlel. Tady na Národní třídě. Žil celý život v Praze. Tam u mostu prý psal všechny své písně a povídky. Koho by napadlo, že se stane takovým důležitým autorem? Já to nechápu. Tehdy jsme si ho nikdy ani nevšimli, ani jsme na něj nebyli zvědavi. A teď se o něm mluví s takovým respektem.

Yes, he did. Here on Národní třída. He lived in Prague all his life. Over there near the bridge he is said to have written all his songs and stories. Who would have thought that he would become such an important author? I don't understand it. Back then we never even noticed him or wondered about him. And now people talk about him with such respect.

11. Co se stalo, stalo se. Co se má stát, stane se. Ale zapamatujte si jedno, kamarádi: jeden za všechny a všichni za jednoho!

11. What's done is done. Whatever will be will be. But remember one thing, friends: it's one for all and all for one!

12. Pozor!

12. Watch out!

Co se stalo?

What's the matter?

S tebou jsem nemluvil.

I wasn't talking to you.

Aha, chápu. Promiň. Nevěděl jsem, že je tady ještě někdo.

Oh, I see. Excuse me. I didn't know there was anyone else here.

13. Karle! Ahoj! Jsem tak rád, že tě vidím. Jak se máš, kamaráde? Prý teď bydlíš v Praze. Je to pravda? Opravdu? Už tak dlouho? A kde? Aha, u Národního

13. Karel! Hi! How glad I am to see you. How are you, old pal? I hear you're living in Prague now. Is that true? Really, For that long? and where? Aha, near the Na-

divadla. A čím ses stal? Inžený-
rem? Jistě by nás na univerzitě
nikdy nebylo napadlo, že budeme
takhle žít, že ne?

tional Theater. And what are
you? An engineer? I'm sure that
in our university days it would
never have occurred to us that we
would be living like this, would
it?

14. V novinách, které vydávají stu-
denti na univerzitě, jsem si všiml
článku o zvláštních třídách na
jistých pražských středních ško-
lách, kde učí dějiny anglicky.
Článek také popisuje, jak pro-
fesor přednáší. Má prý velmi
dobrý přízvuk a ve třídě mluví
skoro vždycky anglicky. Kromě
toho ho mají studenti opravdu
rádi.

14. In the newspaper put out by the
students at the university I noticed
an article about special classes in
certain Prague secondary schools
where they have history in Eng-
lish. The article also describes
how the professor lectures. He
apparently has a very good accent
and almost always uses English
in class. Furthermore, the stu-
dents really like him.

15. Kde se pivo pije, tam se dobře
žije.

15. Where people drink beer, life is
good. (From a Czech folk song.)

SENTENCE NOTES

1. **tak** often serves to link an "if"-clause with its independent clause.

> Russian uses *то* for this purpose: *Jestli ano, tak dobře/Если да, то хорошо.*

EXERCISES

1. Repeat Exercise 1 of Lesson Three, applying the numbers to the model verbs introduced in this lesson.

2. Rewrite the following sentences in the future perfective:
   1. Kdy to dostáváte?
   2. Používají prý všech vašich nápadů.
   3. Četl o tom totiž v novinách.
   4. Jenže co se stalo na severu?
   5. Nechápou moje myšlenky.
   6. Posíláme tě pro pivo, dobře?
   7. Proto vám to ukazuju.
   8. Stal se velkým básníkem.

3. Replace *chtít* plus infinitive with appropriate forms of *rád by* plus
   l-participle:

   1. Chcete ještě něco vypít?
   2. Chci si udělat v pokoji pořádek.
   3. Nechceš číst noviny?
   4. Naše třída vám chce něco říct.
   5. Nechce žít u moře.
   6. Chci poslat Pavlovi dopis.
   7. Příště vám chceme ukázat divadlo.
   8. Jistě si nechcete na něco takového zvyknout.

4. Translate into Czech:

   1. He told me he would soon write a short story.
   2. I thought you were inviting everybody.
   3. They asked me to describe your school to them.
   4. He said he lived at his brother's place.
   5. Did you ask whether they would be using our book?
   6. We thought you drank only beer.
   7. They told us to read the whole magazine.
   8. He explained why they had pardoned him.
   9. We hoped you would notice it.
   10. They asked if you'd received a letter.
   11. I hoped he would send me his article.
   12. We told her we didn't publish books.

5. Provide appropriate present tense forms of *mít, moci, muset, smět,* and
   umět where they make sense:

   1. Už dnes ___ být všechno v pořádku.
   2. Všichni ___ německy.
   3. Paní Majerovou já pozvat ne___.
   4. Cizí studenti si ___ zvyknout na nový život v Praze.
   5. Matka ne___ pochopit, proč tolik pije.
   6. Mám nápad, ale ne___ vám ho říct.
   7. Napsali jsme několik povídek, ale ne___ je vydat.
   8. ___ básník psát bez chyb?

6. Insert appropriate forms of *všechen*:

   1. Chcete číst ___ jeho básně?
   2. S tím nápadem jsme ___ byli spokojeni.
   3. Dlouho žil se ___ bratry a sestrami na jihu.
   4. ___ se váš časopis velmi líbil.
   5. Opravdu jste vypil ___ to pivo?
   6. Pozor! Malý Ivan si všímá ___, co se říká.
   7. Chápete ___ jeho myšlenky?

   8. Poděkoval jsem ___ za ___, co pro nás udělali.

   9. Mám na ___ články svůj názor.

  10. Podle ___, co říká, to není pravda.

7. Soften the commands below as follows:

    Given: Udělej to.

               Uděláš to?/Udělal bys to?

  1. Dej na ně pozor.

  2. Napiš mi brzo.

  3. Odpovězte na moji otázku.

  4. Ukaž mi ty noviny.

  5. Řekni mi celou pravdu.

  6. Poproste ho o sto korun.

  7. Pošlete nám časopis "Český lid".

  8. Přečtěte mi ten výraz.

8. Ask the questions the following statements answer:

   1. V knihovně čteme.

   2. Čteme v knihovně.

   3. Napadlo to jeho.

   4. Známe všechny *velmi* dobře.

   5. Cvičím v šest hodin večer.

   6. Napadlo ho to dnes ráno.

   7. V šest hodin večer cvičím.

   8. Známe dobře všechny.

   9. Anglicky mluvíme špatně.

  10. Anglicky mluvíme doma.

LESSON NINE

VERBS OF MOTION

9.1 Unprefixed verbs of motion have separate imperfective forms: indeterminate and determinate.

The following are the indeterminate and determinate infinitives of the most common verbs of motion.

Indeterminate	Determinate	
chodit	jít[1]	to go (on foot), walk
jezdit	jet[1]	to go (by some means of transportation), ride, drive
běhat	běžet (-í)	to run
létat	letět (-í)	to fly
nosit	nést (nesou)[2]	to carry (while on foot)
vozit	vézt (vezou)[2]	to carry (by some means of transportation), convey
vodit	vést (vedou)[2]	to lead, take (while on foot)

Determinate forms denote a goal-directed action occurring either once or irregularly; indeterminate verbs lack this specific focus and may therefore connote undirected action, regular or habitual action, or the ability to perform the action.

---

[1] The *l*-participle for *jít* is *šel (šel, šlo* etc.). The other forms of both verbs may be derived from the infinitive and third person plural: *jít (jdou)* and *jet (jedou)*. The j- in the present tense of *jít* is pronounced only when preceded by ne-: *jdu* [du]/*nejdu* [nejdu] (cf. *jsem* [sem]/*nejsem* [nejsem]).

[2] As derived according to the pattern in 8.4, the *l*-participles of *nést, vézt,* and *vést* are, respectively, *nesl, vezl,* and *vedl.*

9.2   Determinates express

a. a single action moving in a definite direction:

Jdeme do školy. Vede nás   We are going (on our way) to
tam matka.   school. Mother is taking us there.

Letos v létě jedeme do Prahy.   This summer we are going to
                                  Prague.

b. infrequent, irregularly repeated, goal-oriented actions:

Někdy s ní jdu do školy.   I sometimes go to school with her.

In this instance Russian uses an indeterminate verb: *Я иногда
хожу с ней в школу.*

9.3   Indeterminates express

a. a non-repeated action when the action has no clear-cut direction:

Jezdili jsme celých osm hodin   We rode around the city for a full
po městě.   eight hours.

Ivan běhá sem a tam.   Ivan is running here and there.

In Russian the past tense of an indeterminate verb may indicate a
round trip, i.e., action to a given place and back. In Czech this
concept is translated by the verb *být: Loni jsem byl v Praze/В
прошлом году я ездил в Прагу.*

b. a regularly repeated action:

Každé ráno chodíme do školy.   We go to school every morning.
Matka nás tam vodí.   Mother takes us there.
Létáte hodně?   Do you do a lot of flying?

c. the ability to perform an action:

Tak malý Ivan už chodí?   So little Ivan already knows how
                                  to walk?

9.4   Determinates occur in certain idiomatic expressions:

Jak vám to jde?   How's it coming along?
Hodinky jdou dobře.   The watch is running well.
Vede zajímavý život.   He leads an interesting life.

9.5   Positive commands generally require the determinate; negative commands, the indeterminate:

Jdi tam.   Go there.
Nechoď tam.   Don't go there.

9.6   Verbs of motion have distinct perfective forms in the future only. They are formed by prefixing **po-** to the present tense of the determinate verb:

Jedeme do města. Pojedeš s námi?   We are driving to the city. Will you come with us?

po- + *jdu, jdeš,* etc. gives *půjdu, půjdeš,* etc.:

Teď půjdeme domů.   Now we'll go home.

The imperative is *pojď.*

9.61   There are no perfective past or infinitive forms. The corresponding determinate forms serve in their stead:

Šel jsem domů.   I went home.

Chci jít domů.   I want to go home.

> The Czech *Šel jsem domů* can therefore mean either *Я шел домой* or *Я пошел домой* in Russian.

9.62   In the imperative the prefixed form indicates motion toward the speaker:

Pojď sem.   Come here.

Jdi (pryč).   Go (away).

> In Russian the unprefixed form *Иди сюда* means "Come here"; the prefixed form, *Пойди прочь,* "Go away."

9.7   With prefixes other than **po-** Czech verbs of motion have only one perfective infinitive. Prefixed motion verbs are built on the stems in the first two columns. The second two show the prefix **při-** + stems.

Imperfective	Perfective	Imperfective	Perfective
-cházet	-jít (-jdou)	přicházet	přijít
-jíždět	-jet (-jedou)	přijíždět	přijet
-bíhat	-běhnout	přibíhat	přiběhnout
-létat	-letět (-letí)	přilétat	přiletět
-nášet	-nést (-nesou)	přinášet	přinést
-vážet	-vézt (-vezou)	přivážet	přivézt
-vádět	-vést (-vedou)	přivádět	přivést

9.71   The most common verb of motion prefixes are:

do-	motion up to	pře-	motion across
ob-	motion around	při-	arrival in
od-	motion away from	v-	motion into
pro-	motion through	vy-	motion out of

Dojel jsem až do Prahy.   I rode as far as Prague.

Objel jsem Prahu.   I rode around the outskirts of Prague.

Odjel jsem z Prahy.	I left Prague.
Projel jsem Prahou.	I rode through Prague.
Přejel jsem most.	I rode across the bridge.
Přijel jsem do Prahy.	I arrived in Prague. I came to Prague.
Vjel jsem do Prahy.	I rode into Prague.
Vyjel jsem z Prahy.	I rode out of Prague.

Some prefixes do not correspond exactly in meaning to their Russian counterparts:

od-	= y-	Odjel do Prahy/Он уехал в Прагу.
pood-	= om-	Poodešel od mostu/Он отошел от моста.
při-	= nod-	Přišel k mostu/Он подошел к мосту.

9.72   Prefixes ending in a consonant add **-e-** before **-jít** in all forms: *odejít, vešel, obejdu.*

9.721   *přijít* has the irregular imperative *přijď*.

9.73   *přijď(te)* and *pojď(te)* both translate the imperative "come." The former implies that the speakers are separated in space and/or time, the latter that they are together:

| Přijďte k nám v sedm. | Come to our place at seven. |
| Pojď sem — a hned. | Come here — and make it quick. |

With prefixed verbs of motion Russian tends to prefer imperfective imperative forms when expressing a polite command: *Приходи к нам.* Czech does not follow this practice: *Přijďte k nám.*

9.8

Prepositions	At rest	Motion to	Motion out of, or away from
in[1]	v (kom čem)	do (koho čeho)	z (koho čeho)
on	na (kom čem)	na (koho co)	z (koho čeho)[2]
at the house of, near	u (koho čeho)	k (komu čemu)	od (koho čeho)
above	nad (kým čím)	nad (koho co)	—
below	pod (kým čím)	pod (koho co)	—
in front of	před (kým čím)	před (koho co)	—
in back of	za (kým čím)	za (koho co)	—
between	mezi (kým čím)	mezi (koho co)	—
all over, along	—	po (kom čem)	—

---

[1]The English definitions correspond to the Czech "At rest" forms only. Therefore, *do* means "to," *z* "from," *k* "toward," *od* "away from," etc.

[2]*s (čeho)* means "down from."

9.9

Adverbs	At rest	Motion to	Motion out of, or away from
where[1]	kde	kam	odkud
here	tady (zde, tu)	sem	odsud, odtud
there	tam	tam	odtamtud
up	nahoře	nahoru	shora
down	dole	dolů	zdola
to the right	napravo/vpravo/doprava[1]		zprava
to the left	nalevo/vlevo/doleva[1]		zleva
inside	vevnitř	dovnitř	zevnitř
outside	venku	ven	zvenčí
in front	vpředu	dopředu	zpředu
in back	vzadu	dozadu	zezadu
everywhere	všude	všude	odevšad
at home	doma	domů	z domova
elsewhere	jinde	jinam	odjinud

VOCABULARY

ačkoliv	although
asi	1. approximately, about 2. probably
až[1]	as far as, up to
cesta	1. trip 2. path, road
cestovat	to travel
cizina[2]	foreign countries
hospoda	pub, bar, beerhall
jak ..., tak[3]	both ... and
jaro[4]	spring
jednou	once
kdykoliv	whenever
kino[5]	movie theater
krásný	beautiful
-krát[6]	number of times
léto[4]	summer
letos	this year
levý	left
loni	last year
město	city
nacházet, najít[7]	to find
najednou	suddenly, all at once

---

[1]*napravo, nalevo, vpravo, vlevo* occur with either motion or stationary verbs; ***doprava, doleva*** with motion verbs only.

než[8]	before
oblíbený	favorite
pěšky	on foot
podzim[4]	autumn, fall
potíž *(f.)*	difficulty, trouble
pravý	right
pryč	away
přece[9]	all the same, surely
svět (-a)	world
venkov (-a)	the country
na venkově/venkov	in/to the country
vlak[10]	train
vracet se, vrátit se	to return, come back
zima[4]	winter
zůstávat, zůstat (zůstanou)	to stay

See 9.1, 9.6, and 9.7–9.9 for the most common verbs of motion and the prefixes and adverbs that accompany them.

VOCABULARY NOTES

1. In this meaning *až* is generally followed by *do, na,* or *k*:

   Došel až k poslední straně. He got up to the last page.

2. *v cizině/do ciziny* translates as "abroad":

   Doufali jsme, že pojedeme do ciziny. We hoped we would go abroad.

3. *jak ..., tak* is synonymous with *i ... i*:

   Všímáme si toho jak u nás, tak v cizině (i u nás i v cizině). We note this both here at home and abroad.

4. *na jaře/in the spring* *jarní/spring* (adj.)
   v létě/in the summer *letní/summer* (adj.)
   na podzim/in the fall *podzimní/fall* (adj.)
   v zimě/in the winter *zimní/winter* (adj.)

5. Czech *kino*, unlike the Russian кино, is declined: *Jdeme dnes večer do kina/*Сегодня вечером мы идем в кино.

6. -krát can be prefixed by the masculine form of any number: *dvakrát/ twice, pětadvacetkrát/twenty-five times. jedenkrát*, which is synonymous with *jednou*, has two meanings: the literal "one time," and the figurative "at one time" (in the past or future):

Navštívil jsem je jenom jedenkrát/jednou.	I visited them only once.
Bude z něj jedenkrát/jednou velký básník.	He will make a great poet some day.

7. Although *nacházet/najít* has the form of a verb of motion, it does not belong to the verb-of-motion category: *Najde/Našel to slovo ve svém slovníku.*

8. *než* is a conjunction:

Zavolej, než odejdeš.	Phone before you leave.

Note that like *jestli* it takes the future if its independent clause is in the future or imperative.

9.

Cvičí každé ráno, ale přece běhá špatně.	He exercises every morning, but still runs poorly.
Přece jsi neztratil adresu!	Surely you haven't lost the address!
Jsme přece na tom stejně.	After all, we're in the same boat.
Tak to přece řekni!	Come on, out with it!

přece is often accompanied by *jen*:

Přece jen je to pravda.	It's true just the same.

10. "to go by train" is *jezdit* or *jet vlakem*. "to be on a train" is *být ve vlaku*. Expressions with other vehicles — *auto/car, autobus[1]/bus, tramvaj (f.)/ tram* — are analogous.

> In Russian vehicles generally have "walk" verbs; in Czech they have "ride" verbs: *Jede tenhle vlak do Bratislavy?/ Этот поезд идет в Братиславу?*

SENTENCES

1. Už jsem se dlouho zabýval myšlenkou, že budu cestovat po Evropě, a loni v létě jsem to opravdu udělal. To byla ale cesta! Po SSSR jsem jezdil vlakem, ale skoro všude jinde jsem mohl jezdit stopem. Navštívil jsem asi deset měst—jak západních, tak východních, ale cestoval jsem i po venkově. Život na

1. I'd been toying with the idea of traveling around Europe for a long time, and last summer I actually did it. What a trip! In the USSR I traveled around by train, but almost everywhere else I was able to hitch. I went through about ten cities—both East-bloc and West-bloc, but I traveled

---

[1] *autobus*, like most masculine inanimate loan words, has -u in the prepositional singular: *být v autobusu.*

venkově na východní Moravě se mi zvlášť líbil. Právě mi přišly diapozitivy a rád bych vám je ukázal. Není jich tolik. Co kdybych je přinesl zítra na přednášku? Nebo k vám na kolej. Co myslíš?

around the countryside as well. I especially enjoyed life in the country in Eastern Moravia. My slides have just arrived, and I'd like to show them to you. There aren't that many. What if I were to bring them to the lecture tomorrow. Or to your dorm? What do you think?

2. Napsal prý už tři čtyři články do stejného časopisu. Nechápu proč. Jsou přece i jiné časopisy. Radil bych mu, aby příští článek opublikoval jinde.

2. Apparently he's written three or four articles for the same journal. I don't see why. There are other journals, after all. I'd advise him to publish his next article somewhere else.

3. Včera jsme byli v divadle. Do města jsme jeli autem, a ačkoliv jsme přijeli velmi brzy, dlouho jsme nemohli najít místo, kde zaparkovat. Tak jsem si řekl, že příště pojedeme autobusem. S autem jsou jenom potíže.

3. Yesterday we went to the theater. We drove into the city, and though we got there very early, it took us a long time to find a parking space. So I said to myself that next time we would take the bus. The car is just one problem after another.

4. Kde jste se naučil mluvit tak krásně česky?

4. Where did you learn to speak Czech so well?

Jsem z Ameriky.

I'm from America.

Z Ameriky! Z Jižní nebo ze Severní?

From America! North or South?

Z USA, z New Yorku.

From the U.S., from New York.

Neříkejte! Studoval tam loni jeden z mých studentů. Znáte ho? Jmenuje se Josef Macourek.

You don't say! One of my students studied there last year. Do you know him? His name is Josef Macourek.

Ne, myslím, že žádného Macourka neznám. New York je velké město.

No, I don't think I know any Macourek. New York is a big city.

Ano, ale přece studujete češtinu.

Yes, but after all you're studying Czech.

Moment. Přijel loni, že? Studuje fyziku nebo něco takového. Ano? Tak ho přece znám. Dokonce bydlí v stejné koleji jako několik mých kamarádů. Všichni jsme mu říkali jenom Pepík.[1] Proto jsem hned nevěděl kdo to je.

Wait a minute. He came last year, right? And he's studying physics or something like that, right? Then I *do* know him. He even lives in the same dorm as some of my friends. We all just called him Pepík. That's why I didn't know right away who it was.

Snad víte, že se má brzy vrátit do Prahy? Až přijede, tak mu řeknu, že jeden z jeho amerických kamarádů[2] je v Praze.

And did you know he was due back in Prague soon? When he comes, I'll tell him that one of his American friends is in Prague.

Děkuju vám. Rád bych ho zase viděl. Mohl byste mu říct, že bydlím u Zemanů ve Štěpánské čtyřicet tři? A teď už musím běžet. Na shledanou.

Thank you. I'd like to see him again. Could you tell him I'm living at the Zemans', Štěpánská 43. And now I have to run. Good-bye.

5. Není to špatný nápad. Proč nás to nenapadlo včera? Ty jim ukážeš Národní divadlo a Národní třídu a já budu studovat v knihovně. Dnes večer můžeš studovat ty, a my se půjdeme podívat na ten nový slovenský film, který dávají v našem kině. Přivedu i Miloše a Hanu. Pak je pozveme do hospody na několik piv.

5. That's not a bad idea. Why didn't it occur to us yesterday? You show them the Národní divadlo and Národní třída, and I'll study in the library. Tonight *you* can study, and we'll go see that new Slovak film that's playing at our movie theater. I'll bring along Miloš and Hana too. Then we'll invite them out for a few beers.

6. Zabývá se jak literaturou, tak lingvistikou. Říká, že tyhle dva obory jdou k sobě.

6. He is in both literature and linguistics. He says the two fields belong together.

Studuje na univerzitě?

Is he studying at the university?

Ano, na katedře slovanských literatur, ale letos chodí taky na přednášky z lingvistiky.

Yes, in the Department of Slavic Literatures, but this year he's also attending linguistics lectures.

7. Když o někom říkáme, že říká, co mu přijde na jazyk, chceme tím říci, že říká, co ho právě napadne.

7. When we say of someone that he says the first thing that pops into his head, we mean he says whatever happens to occur to him.

8. Jak zima přišla, tak odešla. Buď byla letos opravdu velmi krátká, nebo si prostě nevšímáme, jak ten čas letí. A co přinese léto, to vám neřeknu.

8. Winter departed as suddenly as it came. Either it really was very short this year or we just don't notice how time flies. And I can't tell you what summer will bring.

9. I když asi nepůjde, stejně bychom mu měli zavolat, do kterého kina jdeme.

9. Even though he probably won't come, we still ought to phone and tell him what movie theater we're going to.

Už jsem mu volal, ale není doma. Co kdybychom šli na fakultu? Jsem si jist, že tam dnes večer studuje.

I've already phoned him, but he's not at home. How about going over to the Faculty? I'm sure he's studying there this evening.

Kde?

Where?

V seminární knihovně. Nikde jinde být nemuže. Jistě s námi půjde, zvlášť jestli mu řekneme, že se vrátíme hned po filmu domů.

In the departmental library. He can't be anywhere else. He'll certainly want to go with us, especially if we tell him we'll be going right home after the film.

10. Mnoho slov i výrazů přešlo do češtiny — a zvlášť do neliterární češtiny — z němčiny. Tak německé slovo *spazierengehen* dalo v češtině "chodit špacírem" nebo "špacírovat". V literárním jazyce se takových slov už málo používá, mají totiž české ekvivalenty. *spazierengehen* se teď překládá jako "procházet se, projít se".

10. Many words and expressions have passed into Czech — and especially into non-literary Czech — from German. The German word *spazierengehen*, "to take a walk," gave *chodit špacírem* or *špacírovat* in Czech. In the literary language Czech words like these are used very little, the reason being that they have Czech equivalents. *spazierengehen* now translates as *procházet se, projít se.*

11. Pivo došlo. Chtěls ještě? Půjdeme jinám!

11. The beer's all gone. Did you want some more? We'll go somewhere else.

12. Kdo se ptá, nerad dá.

12. If you ask, you don't really want to give. (Czech saying)

Kdo nevěří, ať tam běží.

Anyone who doesn't believe me can go have a look for himself. (Czech saying)

SENTENCE NOTES

1. Note the expression *říkat komu co* (1. pád) to call sby sth:

Jmenuju se Václav, ale můžete mi říkat Vašek.

My name is Václav, but you can call me Vašek.

2. *jeden z mých kamarádů/one of my friends* is synonymous with *jeden můj kamarád*.

EXERCISES

1. Repeat Exercise 1 of Lesson Three, applying the numbers to the verbs—non-prefixed and prefixed—introduced in 9.1 and 9.7.

2. Rewrite the following sentences, beginning each of them with *včera* and using the past perfective. Then begin each of them with *zítra* and use the future perfective.

    1. Jde do knihovny pěšky.
    2. Projíždíme městem.
    3. Nejedeš?
    4. Ivana vyvádějí z kina.
    5. Odlétáte v devět.
    6. Přechází Národní třídu.
    7. Přiváží nám české časopisy.
    8. Letíme domů.
    9. Přinášejí pivo.
    10. Přivádím Věrku do školy.
    11. Běžíte nahoru?
    12. Odjíždějí za moře.

3. Form sentences based on the following pattern:

   Given: Je v kině.

   Jde do kina.

   Odchází z kina.

   1. Jste na katedře slavistiky?
   2. Budu u svého kamaráda.
   3. Loni jsem byl v Praze.
   4. Budeme venku.
   5. Není tam?
   6. Jsou nahoře.
   7. Budu doma.
   8. Byli jsme na venkově.
   9. Asi je jinde.
   10. Nejsou dole.

4. Write out the equations below according to the following models:

   $$10 + 8 = 18 \qquad \text{Deset a osm je osmnáct.}$$
   $$10 - 8 = 2 \qquad \text{Deset bez osmi jsou dvě.}[1]$$

   1. $15 + 37 = 52$
   2. $44 - 30 = 14$
   3. $252 + 112 = 364$
   4. $1\ 911 - 76 = 1\ 835[2]$
   5. $2\ 493 + 3\ 080 = 5\ 573$

5. Translate:

   1. Are we supposed to stay inside or go outside?
   2. Where are you from?
   3. The car arrived in front of the school.
   4. They told us to go either to the front or to the back.
   5. They have traveled almost everywhere.
   6. Come here! Don't go anywhere else!
   7. When are you going abroad?
   8. They went to (see) friends who live in the country.
   9. Do you go to the theater on foot or by bus?
   10. Are you going to the theater on foot or by bus?

6. The sentences below contain indirect statements. Reconstruct the original statements from each of them:

   1. Psali, že nechtějí jít domů.
   2. Slyšel, že mu přišel dopis nebo časopis.

---

[1] *jsou* occurs only when the answer is two, three, or four.

[2] Where English uses a comma in numerals, Czech uses a space: 2 911 = dva tisíce devět set jedenáct.

3. Nevěděli jsme, jestli nás ta cesta někam dovede.
4. Poprosil ho, aby to hned udělal.
5. Zeptali se ho, jestli to hned udělal.
6. Proč říkáš, že už musíš letět?
7. Říká se, že jeho myšlenky prošly celý svět.
8. Poradili mu, aby přešel od dějin k literatuře.
9. Odpověděl, že je na dobré cestě.
10. Chci, aby Vlasta hodně cestovala.

7. Choose the correct form. In some sentences both forms will be correct.

1. Rád /chodíte - jdete/?
2. Kdy tam chcete /jít - jet/?
3. Ne/choďte - jděte/ nahoru.
4. /Půjdeš - Budeš/ venku?
5. Co mi /vezeš - neseš/ z ciziny?
6. Kam /jezdí - jedou/ na podzim?
7. /Vezeš - Vedeš/ děti na jih?
8. Včera /šel - byl/ za školu.
9. /Jel - Jezdil/ v létě na venkov?
10. Někdy do Brna /letím - létám/ a někdy tam /jezdím - jedu/ vlakem.
11. /Přijďte - Přicházejte/ k nám.
12. Kde /běháš - běžíš/?
13. Nový pilot už smí /létat - letět/.
14. /Budu - Půjdu/ tam až zítra.
15. Jak vám /jde - chodí/ škola?

8. Supply a suitable prefixed verb of motion:

1. Pavle a Mileno, ___ zítra ke mně.
2. Kdy ___ jejich helikoptéra z jihu?
3. Vlak dnes ___ ještě šest mostů.
4. Obešli jsme město, abychom jím nemuseli ___.
5. Jdeš do knihovny? Prosím, ___ mi tam několik knih.
6. Co ___ Ivanovi z venkova?
7. ___ jsem do jejího pokoje a pak hned ___.
8. Zítra ráno máme ___ až do Bratislavy.

LESSON TEN

NEW DECLENSIONS, PAST PASSIVE PARTICIPLES, INDEFINITE PRONOUNS

10.1   Nouns in **-í** are generally neuter and are declined as follows:

1&5.	náměstí	náměstí
2.	náměstí	náměstí
3.	náměstí	náměstím
4.	náměstí	náměstí
6.	náměstí	náměstích
7.	náměstím	náměstími

10.2   Feminine nouns ending in **-e/ᵉe** in the nominative as well as the genitive singular differ from *kolej* nouns in the accusative and vocative singular only (see 2.5):

1&5.	země	země
2.	země	zemí
3.	zemi	zemím
4.	zemi	země
6.	zemi	zemích
7.	zemí	zeměmi

They will be marked (f.) in the vocabularies.

10.21   International borrowings in **-e** (e.g., *teorie, biologie, konverzace, parataxe*) are feminine and follow the *země* pattern.

10.3   Feminine nouns that end in a consonant and have **-i** in the genitive singular are declined as follows:

1.	část	části
2.	části	částí
3.	části	částem
4.	část	části
5.	části	části
6.	části	částech
7.	částí	částmi

They will be marked (f. -i) in the vocabularies.

10.31   *lidé*, the plural of *člověk*, follows the soft -i declension:

Bylo tam hodně lidí.   There were lots of people there.

Povídali jsme si s lidmi.   We chatted with the people.

10.4   A number of nouns in -a denote masculine animate beings (e.g., *hrdina, kolega*) and are masculine in gender: *zajímavý kolega/an interesting colleague*. In the singular they follow the *kniha* pattern, but substitute -ovi for ⁺e in the dative and prepositional. In the plural they follow the *student* pattern, but substitute -ové for -i in the nominative and vocative.

1.	hrdina	hrdinové
2.	hrdiny	hrdinů
3.	hrdinovi	hrdinům
4.	hrdinu	hrdiny
5.	hrdino	hrdinové
6.	hrdinovi	hrdinech
7.	hrdinou	hrdiny

Masculine nouns in -a will be marked (m.) in the vocabularies.

10.41   This category includes a large number of surnames (e.g., *Procházka, Neruda*) and diminutive Christian names (e.g., *Honza* from *Jan, Jarda* from *Jaroslav*).

10.411 The feminine of these surnames is formed by dropping the final -a and adding -ová: *pan Procházka, slečna/paní Procházková*.

10.42   If the noun ends in -ista, the nominative plural ending is -é: *socialista/socialisté*.

10.43   A small number of nouns in -ce denote masculine animate beings and are masculine in gender: *zajímavý průvodce/an interesting guide*. They follow the *muž* pattern except in the nominative and vocative singular, which are identical.

10.5   The Czech past passive participle ends in -án, -en, or -t, and is formed from the infinitive.

10.51   Infinitives in **-a/-át** have **-án**: *udělán, napsán, zaparkován.*

10.52   Infinitives in **-nout**[2] and monosyllabic infinitives in **-ít/-ýt** have **-t**: *prominut, (vy)pit, (pou)žit.*

10.521   *(pře)číst* has *(pře)čten*; *říci, řečen.*

10.53   All other infinitives have **-en**: *přinesen, uviděn, vysloven.*[1]

10.6   Past passive participles may function either as short predicate adjectives (see 6.1) or long attributive adjectives:

Kniha je špatně přeložena.   The book is poorly translated.

Četl jsem špatně přeloženou knihu.   I read a poorly translated book.

10.61   The **-á-** of the **-án** suffix shortens in the long adjective form: *hledán/hledaný.*

10.62   The person or thing causing the action occurs in the instrumental case.

Přednáška nebyla pochopena   The lecture was not understood by
všemi studenty.   all the students.

10.7   Verbal nouns are formed by adding **-í** to the masculine singular short form of the past passive participle: *vypit/vypití, jmenován/jmenování.* The **-á-** shortens if the resulting form has only two syllables: *psán/psaní*, but *napsán/napsání.* Verbal nouns follow the *náměstí* pattern.

Zajímá se o vydávání knih.   He is interested in book publishing.

> Czech, unlike Russian, distinguishes aspect in verbal nouns. For the Russian *выполнение плана*/fulfillment of the plan, Czech has both the imperfective *plnění plánu*/the process of fulfilling the plan, and the perfective *splnění plánu*/the fact of the plan's having been fulfilled.

10.8   Besides **ně-** compounds like *něco, někde, nějaký*—the most general type of indefinite pronoun (see 5.6)—Czech uses the following prefixes and suffixes to express various shades of indefiniteness.

10.81   **-si** compounds are even less definite than **ně-**compounds. They emphasize the speaker's lack of information:

Cosi se jí stalo (ale nevím co).   Something happened to her (but I
                                              don't know what).

---

[1]Where Type 2 alternations apply (see Appendix A), they generally occur: *platit/placen, vozit/vožen.* But see also 14.81.

[2]**-nout** verbs that do not take **-nu-** in the *l*-participle are discussed in 14.82.

10.82   **-koliv** compounds indicate a free choice:

Můžeš jít kamkoliv.	You can go anywhere you please.
Jez cokoliv, hlavně jez.	Eat anything at all. The main thing is to eat.
Kdykoliv se vracím domů, čeká na mě.	Whenever I return home, he is waiting for me.

10.83   **lec-** and **leda-** connote a certain condescension:

Jít do kina můžeš leckde/ ledakde a leckdy/ledakdy.	You can go to the movies any old place and any old time.

When either of these prefixes is attached to **-co**, the **-co** may take an **-s** in the direct cases:

Nechci číst leccos/ledacos.	I don't want to read just anything.

10.84   **kde-** is all inclusive:

Kdekoho pozvali.	They invited everyone.

10.85   **málo-** expresses rarity or scarcity:

Málokdy piju pivo.	I rarely drink beer.
Málokdo si toho všiml.	Very few people noticed it.

10.9   The months of the year are as follows:

Nominative	*Genitive*	*Prepositional*	
leden	ledna	v lednu	January
únor	února	v únoru	February
březen	března	v březnu	March
duben	dubna	v dubnu	April
květen	května	v květnu	May
červen	června	v červnu	June
červenec	července	v červenci	July
srpen	srpna	v srpnu	August
září	září	v září	September
říjen	října	v říjnu	October
listopad	listopadu	v listopadu	November
prosinec	prosince	v prosinci	December

All hard masculine months but *listopad* have **-a** in the genitive and **-u** in the prepositional.[1] *listopad* has **-u** in both cases.

---

[1] *večer*/*evening* and *ráno*/*morning* also follow this pattern.

VOCABULARY

Američan,[1] **Američanka**	American (m.), American (f.)
Angličan,[1] **Angličanka**	Englishman, Englishwoman
antikvariát[2]	second-hand bookstore
aspoň, alespoň	at least
bohužel	unfortunately
část *(f. -i)*	part
člověk	man, person
hrdina *(m.)*	hero
knihkupectví	bookstore
kolega *(m.)*	colleague
lekce *(f.)*[3]	lesson
nádraží	railroad station
na nádraží	at the station
nakladatelství	publishing house
náměstí	square
na náměstí	in the square
naštěstí	fortunately
průvodce *(m.)*[4]	guide
přesnost *(f. -i)*[5]	precision, accuracy
přesný	precise, accurate
příležitost *(f. -i)*	opportunity
případ	instance, case
radost *(f. -i)* **z koho čeho**	joy, enjoyment, pleasure from sby sth
řeč *(f. -i)*[6]	speech, language
skutečnost *(f. -i)*	reality, fact
skutečný	real
společnost *(f. -i)*	society
společný	common, joint
šťastný (šťastęn)	happy
štěstí	happiness, luck
takže[7]	so, and so, so that
tedy[7]	therefore
to jest[8]	that is, in other words
trvat	to last
umění	art
úplný	complete, absolute
věc *(f. -i)*	thing
věda	science, scholarship
vždyť[9]	why, but, after all, you know
země *(f.)*	1. country 2. earth
zkušenost *(f. -i)*	experience

See 10.81-10.84 for indefinite pronouns and 10.9 for months of the year.

VOCABULARY NOTES

1. The nominative plural ending is **-é**:

   Američané a Angličané měli   The Americans and the English
   stejné zkušenosti.   had the same experience(s).

2. Because **antikvariát** is a foreign word, **-t-** before **-i-** is not a palatal (cf. the **-n-** in **univerzita**).

3. A **lekce** is "a lesson in a book." "a lesson with a teacher" is a **hodina**.

4. **průvodce** can designate either the person or the book. In the former case it is animate, in the latter inanimate.

5. **-ost**, much like the English **-ness**, serves to make abstract nouns from adjectives.

6. **řeč** has several meanings:

   Ztratil řeč.   He lost the ability to speak.

   Našli jsme s nimi společnou řeč.   We found a common language
                                      with them.

7. **takže, a tak, proto,** and **tedy** all mean "so, therefore."

   The first three introduce the therefore-clause; the latter serves as an enclitic within it:

   Matka zaplatila, takže (a tak,   Mother paid, so we were able
   proto) jsme mohli jít. Matka   to go.
   zaplatila, mohli jsme tedy jít.

   Be careful not to confuse this type of sentence with the following:

   Matka zaplatila, abychom mohli   Mother paid so we would be able
   jít.   to go (so as to make it possible for
                                      us to go).

   tedy can also provide general emphasis:

   To tedy je román.   Now that's what I call a novel.

   In this sense it is synonymous with **ale** in **To je ale román.**

8. **to jest** is often abbreviated as **tj.**

9. Vím, že přijede, vždyť se o tom   I know he's coming. After all the
   psalo v novinách.   newspapers have said he was.

   Tys to slyšet nemohl, vždyť jsi byl   You couldn't have heard it; you
   venku.   were outside.

SENTENCES

1. Prosím vás, pane kolego,[1] dejte aspoň část svých věcí panu Procházkovi. On je odnese do auta, které máme zaparkováno před nádražím. Odsud k vašemu hotelu je to naštěstí jenom deset až patnáct minut, nebude to už dlouho trvat. Dobře. A tady jde váš průvodce. Teď je všechno v pořádku. Už nebudeme mít žádné potíže.

   Please give at least some of your things to Mr. Procházka. He'll take them over to the car we have parked in front of the station. Fortunately, it's only a ten or fifteen-minute ride to your hotel from here. It won't be long now. Fine. And here comes your guide. Now everything is all set. We won't be having any more difficulties.

2. V létě a na podzim — aspoň do října — každý víkend jezdíme všichni na venkov k jednomu příteli. Bydlí skoro patnáct kilometrů od nádraží. Ani auta, ani autobusy není slyšet. Je to ideální místo. Nevozíme s sebou nic kromě posledních novin a literárních časopisů. A ty lekce němčiny, kterým se právě učíme. I učení[2] nám tam jde dobře.

   Every weekend in summer and autumn—at least until October—we all go to a friend's place in the country. He lives almost fifteen kilometers from the station. You can't even hear any cars or buses, It's an ideal place. We take nothing along with us except the latest newspapers and literary journals. And the German lessons we happen to be on. We can even study well there.

3. Ten antikvariát musí být kdesi na hlavním náměstí. Tam už se můžeš zeptat kohokoliv.

   The second-hand bookstore must be somewhere in the main square. Once you get there, you can ask anybody.

4. Reformisté chtěli, aby inteligence řekla pravdu—celou pravdu—o situaci stran, lidu, země a společnosti vůbec. Proto si myslím, že jejich věc jde kupředu.

   The reformers wanted the intelligentsia to tell the truth, the whole truth, about the situation of the parties, the people, the country, and society as a whole. That's why I think their cause is moving forward.

5. Ačkoliv si několik jejích hrdinů všímá tragičnosti celého života, nemůže ani v těchto případech být řeč o tom, že by autorka dávala zvláštní pozor na jejich psychologii. Psychologizování je jí úplně cizí, vůbec ji nezajímá.

   Although several of her heroes are aware of the tragic quality of life as a whole, even in these instances there can be no talk of the author's paying special attention to their psychology. Psychologizing is completely alien to her; it doesn't interest her at all.

6. Doufám, že tam zase letos nepojedeš. To by tedy byla chyba. Proč jet v prosinci na sever, když můžeš zůstat tady u mě. Vždyť bys tam musela ještě k tomu tolik platit! Ne, v žádném případě nedovolím, abys tam jela.

6. I hope you won't go there again this year. Would that be a mistake! Why go north in December when you can stay here with me? And you'd have to pay so much there besides! No, I will not let you go there under any circumstances.

7. Přivezli jsme vašim dětem něco z ciziny. Doufáme, že z toho budou mít radost.

Děkujeme. Jste opravdu velmi laskavi, ale neměli jste to dělat.

Promiňte, že jsme nic nepřivezli vám, ale řekli jsme si, že pro vás jsou děti stejně všechno.

7. We've brought your children a few things from abroad. We hope they'll enjoy them.

Thanks. You're really very kind, but you shouldn't have done it.

Excuse us for not bringing anything for you, but we said to ourselves that the children are everything to you anyway.

8. Vlak přijel na Hlavní nádraží přesně v jedenadvacet hodin, jenže paní Škodová v něm nebyla. Naštěstí jsme pak od ní dostali dopis, ve kterém vysvětluje, proč nemohla přijet. Píše, že k nám bude moct přijet až na jaře. Rád bych věděl, proč její dopis šel tak dlouho, proč došel až po tom, co měla přijet ona.

8. The train arrived at the Hlavní nádraží at 9:00 sharp, but Mrs. Škoda wasn't on it. Fortunately, we later got a letter from her in which she explains why she was unable to come. She writes that she won't have an opportunity to come and see us until spring. I wonder why her letter took so long to get here, why it didn't arrive until after *she* was supposed to arrive.

9. O té aféře ledacos vím ze svých zkušeností, a tak můžu říct, že ani část toho, co bylo řečeno a psáno neodpovídá skutečnosti.[3] Vždyť jsme byli kolegové. Pracovali jsme ve stejném ústavu a pak na stejné katedře.

9. I know a thing or two about the affair from my own experience, so I can say that not even a part of what was said and written corresponds to reality. After all we were colleagues. We worked in the same institute and later in the same department.

10. To není žádné umění. To přece umí ledakdo.

10. There's nothing hard about that. Anyone can do it.

11. Děkuji vám, slečno Šťastná, za všechno, co jste pro mě udělala.

Není zač. Jste skutečně velmi laskav. Měla jsem štěstí: všechny knihy, o které jste mě prosil, jsem našla v pěti nebo šesti knihkupectvích a antikvariátech a odtamtud vám je poslali.

12. Vidím všude ČSAV. Co to znamená?

Československá akademie věd.

Čím se zabývá?

Je to instituce, která vede vědecký život celé naší země. Znáte velké knihkupectví Academia na Václavském náměstí? Tam najdete všechna vydání nakladatelství ČSAV.

A co krásná literatura?

Tak tu tam nenajdete. Mají tam hlavně monografie a vědecké časopisy.

Aha, jako jsou "Naše řeč", "Slovo a slovesnost" (Časopis pro otázky teorie a kultury jazyka), "Slavia" (Časopis pro slovanskou filologii), "Československá rusistika" (Časopis pro jazyky a literaturu slovanských národů SSSR), "Česká literatura" a "Československý časopis historický".

13. Já ho znám jen od vidění.

A já ho nemůžu ani vidět.

---

11. Thank you, Miss Šťastný, for everything you have done for me.

Don't mention it. You're really very kind. I was lucky: I found all the books you asked me for in five or six bookstores, and they sent them to you from there.

12. I see ČSAV everywhere. What does it stand for?

The Czechoslovak Academy of Sciences

What does it do?

It's the institution that directs the scholarly life of our entire country. Do you know the Academia bookstore on Wenceslas Square? That's where you can find all the latest editions of the ČSAV publishing house.

But what about belles lettres?

Oh, you won't find belles lettres there. What they have there is mainly monographs and scholarly journals.

Aha, like *Naše řeč, Slovo a slovesnost* (A Journal of Problems in Language Theory and Culture), *Slavia* (A Journal of Slavic Philology), *Československá rusistika* (A Journal of the Languages and Literature of the Slavic Peoples of the USSR), *Česká literatura,* and *Československý časopis historický.*

13. I know him only by sight.

And I can't stand the sight of him.

14. Můžeš přijet kdykoliv—v červnu, v červenci, v srpnu—a s kýmkoliv budeš chtít.

14. You can come any time—in June, July, or August—and with anyone you please.

15. Pivo se pije, řeč se mluví.

15. You can't believe everything you hear (Czech saying).

SENTENCE NOTES

1. The use of **pan kolega** here shows that the two men in question are of the same profession, but are not on a first-name basis.

2. Verbal nouns derived from *se/si* verbs lose the *se/si*.

3. Note this meaning of **odpovídat čemu**:

   Překlad málo odpovídá originálu.   There is little correspondence between the translation and the original.

EXERCISES

1. Repeat Exercise 1 of Lesson Two, applying the numbers to the new model nouns.

2. Use *slečna* with each of the following names and make the necessary changes:

1. Holan	6. Němec	11. Čung
2. Šimek	7. Borůvka	12. Clouard
3. Kozák	8. Jasný	13. Rückert
4. Račkovskij	9. Kříž	14. Neruda
5. Wilson	10. Ivanov	15. Nowaczyński

3. Unscramble and translate:
   1. všechny stejné společnosti nejsou
   2. ve na nebo vidím buď často městě venkově je
   3. si objeli přesně jsme nepamatuju už kolikrát zemi
   4. že z radost doufejme mít bude hudby
   5. jich jsme jestli všimli vždyť si nevědí
   6. s hodně mám částí potíží lekce poslední
   7. jsem o si na v časopisy náměstí umění knihkupectví koupil
   8. jsem jestli že Kubkové budete řekněte příležitost šťasten paní mít prosím

4. Construct responses based on the following pattern:
    Given: Posílám ten dopis.
                    Ale ten dopis už je poslán.
    1. Překládám vaši hru.
    2. Vydávám část svých básní.
    3. Piju pivo.
    4. Kupuju sešity.
    5. Dělám poslední cvičení.

5. Supply a positive clause to complement the negative clause:
    Given: Nepřišel *včera.*
                    Nepřišel včera, ale dnes.
    1. Nejedeme *na sever.*
    2. Knihy nekupuju *v antikvariátech.*
    3. Nejezdíme *do města.*
    4. Nešli jsme *do divadla.*
    5. Do divadla jsme *nejeli.*
    6. Nepřinesl to *dolů.*
    7. Nepřednáší *o jeho románech.*
    8. Nezabývá se *stejným* oborem.
    9. Nebyl jsem v červenci *v Praze.*
    10. Nebyl jsem v Praze v *červenci.*

6. Replace the italicized expressions by indefinite pronouns with approximately the same meaning:
    1. Jako dívka jsem četla *všechno.*
    2. *Velmi málo lidí* tomu rozumí.
    3. Mohl bych vám to vysvětlovat *na katedře, v knihovně nebo u sebe.*
    4. Ať se jmenuje *jak chce,* stejně musí pracovat.
    5. *N*enavštěvujeme je *často.*

7. Write out the equations below according to the following models:
    Given: 52 · 7 = 364   Padesát dva krát sedm je tři sta šedesát čtyři.
                    40 : 8 = 5   Čtyřicet děleno osmi je pět.
    1. 8 · 12 = 96
    2. 195 : 5 = 39
    3. 24 · 31 = 744
    4. 6 276 : 12 = 523
    5. 4 · 222 = 888

8. Construct sentences with verbal nouns based on the following pattern:

   Given: Rád(a) létám.
            Mám rád létání.

   1. Rád cestuju.   4. Rádi překládáme.
   2. Rádi běhají.   5. Ráda cvičí.
   3. Rád čte.

9. Rewrite the following sentences, replacing the italicized word with the corresponding form of the word between slash marks and making all other adjustments:
   1. Doufám tedy, že to řekneš *muži*. /průvodce/
   2. Bohužel se takové *případy* málokdy opakují. /příležitost/
   3. Jedna část všech *antikvariátů* je pro hochy a dívky. /knihkupectví/
   4. O takové *lidi* se vůbec nezajímám. /kolega/
   5. Jak se vám líbila přednáška o renezanční *vědě*? /umění/
   6. Mluvil zase celý večer o svých *potížích*? /zkušenost/
   7. Prý to trvá až do *listopadu*, tj. ještě dlouho. /říjen/
   8. Kterou *část* opakujete? /lekce/
   9. *Pravdě* to bohužel neodpovídá. /skutečnost/
   10. Poslechni, pamatuješ si přesně, kdy vyšel na *most*. /náměstí/
   11. Jsem si úplně jist, že jsem to dal *Vaškovi*. /Honza/
   12. Mezi pokrokovými *zeměmi* celého světa má být solidarita. /společnost/
   13. Ty jsi moje *štěstí*. /radost/
   14. Naštěstí pro mě na nádraží přijel průvodce, *a tak* jsem k nim nemusel jet autobusem. /tedy/
   15. Kolik má ve svém románě *hrdinek*? /hrdina/

10. Define in Czech:
    1. profesor
    2. kolej
    3. slovník
    4. antikvariát
    5. nádraží

LESSON ELEVEN

ORDINAL NUMERALS, DATES, TELLING TIME

11.1   Ordinal numerals are formed by adding -ý to the cardinals: *šest/šestý*, *dvanáct/dvanáctý*. If the cardinal ends in -et, however, the ordinal will end in -átý: *pět/pátý, třicet/třicátý*.

Ordinals are declined as adjectives:

Je v sedmém nebi.   He's in seventh heaven.

11.11   From "first" to "fourth" the ordinals have irregular forms:

první
druhý
třetí
čtvrtý

11.12   Both parts of a two-digit ordinal are declined when the unit follows the ten: *dvacátá pátá univerzita*. When the ten follows the unit, only the ten is declined: *pětadvacátá univerzita*.

11.13   When followed by a period, a number is read as an ordinal:

20. století = dvacáté století   the twentieth century

11.2   *po* plus an ordinal in the neuter accusative means "for the *n*th time": *podruhé, potřetí, počtvrté*. Also *pokaždé/each time*:

Děláme tu lekci už podruhé.   We are doing this lesson for the second time.

za plus the same form (in this instance written separately) means "in the *n*th place": *za druhé, za třetí, za čtvrté*:

Za prvé nemám zájem, za druhé nemám čas.   In the first place I don't have the interest, and in the second place I don't have the time.

In these expressions *prvý*, an older word for "first," replaces the normal *první*: *poprvé, za prvé*.

11.3   The following list outlines the role of prepositions in the formation of time expressions:

v čem/at, in (when "during" can be substituted):

v noci	at night, during the night
v červnu	in/during June
v roce devatenáct set sedmdesát jedna (jedenasedmdesát)[1]	in/during 1971
v devatenáctém století	in/during the nineteenth century

v co/at, on (when "during" cannot be substituted):

v pět hodin	at five o'clock
ve středu	on Wednesday

na co/for (expected duration):

Přišel na hodinu.	He came for an hour.

Do not confuse *na co* with prepositionless accusative-of-time expressions which answer the questions *kdy, jak dlouho,* and *jak často*:

Zůstal hodinu.	He stayed (for) an hour.
Chodil k nám každou sobotu.	He came to see us every Saturday.

před čím/before, ago:

před přednáškou	before the lecture
před rokem	a year ago

do čeho/by:

První část musí být hotova do pátku.	The first part must be ready by Friday.

od čeho ... do čeho/from ... to:

od rána do večera	from morning to night

za co/in (after a certain period has passed, within a certain period):

Vrátí se za hodinu.	He'll be back in an hour.
Přečetl jsem povídku za hodinu.	I read the story in an hour.

za čeho, během čeho/during (when "at" and "in" cannot be subsituted):

za války / během války	during the war

---

[1]Several variations are possible: the more formal *roku devatenáct set sedmdesát jedna* and the abbreviated *v roce sedmdesát jedna (jedenasedmdesát)* and *v sedmdesátém prvním (jedenasedmdesátém) roce.*

Russian and Czech usage does not always coincide, but confusion is likely only in a few instances:

před přednáškou	1. перед лекцией 2. до лекции
před rokem	год назад
do pátku	к пятнице
za hodinu	1. через час 2. за час
za války	во время войны

11.31   Dates always occur in the genitive:

Kolikátého je dnes?	What's today's date?
Dnes je pátého (listopadu).	Today is the fifth (of November).
Odjel pátého listopadu.	He left on the fifth of November.
Narodil jsem se patnáctého října, devatenáct set šedesát dva.	I was born on October 15, 1962.

Note that Czech uses the genitive to express a simple date.

Dnes je pátého (listopadu).	Сегодня пятое (ноября).

11.4   There is a more colloquial method for telling time between the hours than the method set forth in 6.8

11.41   Time on the half hour is told by combining *půl* with the feminine genitive singular of the ordinal designating the hour to come:

Je půl druhé (třetí, deváté).	It's one (two, eight) thirty.
V půl druhé (třetí, deváté).	At one (two, eight) thirty.

The cardinal occurs in one instance only:

Je půl jedné. V půl jedné.	It's twelve thirty. At twelve thirty.

11.42   Time on the quarter hour is told by combining *čtvrt*/quarter or *tři čtvrtě*/*three quarters* with *na* and the feminine accusative singular of the cardinal designating the hour to come:

Je čtvrt na jednu (dvě).	It's a quarter after twelve (one).
Ve čtvrt na jednu (dvě).	At a quarter after twelve (one).
Je tři čtvrtě na jednu (dvě).	It's a quarter to one (two).
Ve tři čtvrtě na jednu (dvě).	At a quarter to one (two).

11.43   Between quarter hours time is often reckoned with a view to the coming quarter hour:

Je za pět minut jedna.	It's five to one.
Za pět minut jedna.	At five to one.
Je za deset minut čtvrt na dvě.	It's five after one.
Za tři minuty půl třetí.	At 2:27.

11.44   The "timetable" method distinguishes night and day by using a twenty-four hour system:

Je devatenáct hodin třicet minut.   It is 7:30 p.m.

The colloquial method uses a system of qualifying adverbs, though as in English the context usually suffices:

Je sedm hodin (ráno).	It's 7:00 (a.m.).
Je půl dvanácté (dopoledne).	It's 11:30 (a.m.).
Je čtvrt na tři (odpoledne).	It's 2:15 (p.m.).
Je sedm hodin (večer).	It's 7:00 (p.m.).
Je půl dvanácté/čtvrt na tři (v noci).	It's 11:30 (p.m.)/2:15 (a.m.).

11.5   A limited number of adverbs form impersonal expressions. The largest group consists of words describing the weather:

hezky	nice	pěkně	nice
horko	hot	příjemně	pleasant
chladno[1]	cool	sucho	dry
jasno	clear	teplo	warm
ošklivo	unpleasant, ugly	vlhko	humid
		zima	cold

Jak je dnes venku? Je horko a vlhko.   How is it out today? It's hot and humid.

Other common adverbs of this type are:

čisto	clean	plno	full
draho	expensive	smutno	sad
obsazeno	occupied	veselo	cheerful
volno	free, unoccupied		

Je tady volno, prosím?	Je tady volné místo, prosím?
Tam bylo veselo.	Tam byla veselá atmosféra.
V Praze bude draho.	V Praze bude všechno drahé.

11.51   A dative complement personalizes these expressions.

Je mi horko/smutno.   I feel hot/sad.

11.52   A dative complement can also accompany *dobře* and *špatně*:

Není ti dobře? Ne, je mi špatně.   Don't you feel well? No, I feel sick.

---

[1]Certain adverbs belong to the category described in 5.72 even though their stems do not end in velars.

11.6   The dative expresses the logical subject of age expressions:

Kolik je vám let?   How old are you?
Je mi dvaadvacet let.   I am twenty-two.

Kolik je Jardovi let?   How old is Jarda?
Jardovi jsou tři roky.   ·   Jarda is three.

11.7   The verb *jíst/to eat* is irregular:

	Present:	jím
		jíš
		jí
		jíme
		jíte
		jedí
	Past:	jedl
	Imperative:	jez

11.8

Nominative	*Accusative*	
pondělí	v pondělí	Monday
úterý	v úterý	Tuesday
středa	ve středu	Wednesday
čtvrtek	ve čtvrtek	Thursday
pátek	v pátek	Friday
sobota	v sobotu	Saturday
neděle *(f.)*	v neděli	Sunday

VOCABULARY

byt	apartment, flat
čekat, počkat na koho co	to wait for sby, sth
den[1]	day
doba[2]	period, time
dopoledne[3]	late morning
dost[4]	enough, quite
jíst	to eat
měsíc	1. month 2. moon
minuta	minute
návrh	suggestion
navrhovat, navrhnout	to suggest
noc *(f. -i)*	night
odpoledne[3]	afternoon
ovšem	of course
počasí	weather

proti komu čemu	against sby, sth
připravovat se, připravit se na co	to prepare for sth
rodit se, narodit se	to be born
rok[5]	year
řádęk	line
sice[6]	it may well be that
skupina	group
smysl	sense, meaning
spolu	together
století	century
těšit se na koho co[7]	to look forward to sby, sth
týdęn[1]	week
vadit komu[8]	to annoy, bother sby
To nevadí.	It doesn't matter.
válka	war
většina	the majority
většinou	for the most part
vypadat[9]	to look
záležet (-í) na kom čem[10]	to depend on sby, sth
zkouška[11]	examination
zpívat	to sing

See 11.1-11.11 for ordinal numerals, 11.5 for adverbs used in impersonal expressions, and 11.8 for the days of the week.

VOCABULARY NOTES

1. *den* and *týden* follow *pokoj* in the singular (except for the dative and prepositional *dnu/týdnu*) and *most* in the plural.

2. *od té doby, co* means "(ever) since."

   Od té doby, co jsem vás uviděl, vás miluji.   Ever since I saw you, I have loved you.

3. These neuter nouns also function as adverbs:

   Co děláš dnes dopoledne?   What are you doing this morning?

4. *dost* can modify an adjective or adverb: *dost dobrý/quite good, good enough, dost dobře/quite well, well enough*; or govern a noun in the genitive: *dost času/enough time, dost lidí/enough people. Dost* has the bookish variant *dosti.*

5. *rok* has *roce* in the prepositional singular and *let, letům, letech,* and *lety* in the oblique plural cases. The rest of the declension is regular.

Žijeme na venkově už tři roky/deset let.	We have been living in the country for three years/ten years.
Stalo se to před mnoha lety.	It happened many years ago.

6. Je sice inteligentní, ale neumí studovat. — He may be intelligent, but he doesn't know how to study.

7. Těším se na brzkou shledanou. — I am looking forward to seeing you (again).

Without *se* the verb occurs in the following fixed expression:

Těší mě. Těšilo mě.	Glad to meet you. Glad to have met you.

8.
Něco mi na něm vadí.	There's something about him that bothers me.
Návštěvy jí vadí.	Visits annoy her.

9. *vypadat* takes an adverb:

Vypadá šťastně.	He (She) looks happy.

10. *záležet na* means "to depend on" in the sense of:

To záleží na počasí.	It depends on the weather.
Na tom velmi záleží.	A lot depends on it. It is very important.
Co vám na tom záleží?	What do you care about that?

It occurs in the third person only.

11. ***dělat zkoušku, udělat zkoušku****/to take an exam, to pass an exam.*

Zítra budu dělat zkoušku ze sociologie.	Tomorrow I'm going to take the sociology exam.
Udělala všechny zkoušky.	She passed all the exams.

N.B. **zkouška z češtiny***/Czech exam,* **přednáška z češtiny***/Czech lecture.* **úloha z češtiny***/Czech assignment.*

SENTENCES

1. Situace vypadá dost špatně. Všechno totiž záleží na tom, jestli na ni počká. Podle mých hodinek je za tři minuty půl páté, ale podle hodin naproti nádraží je už půl páté pryč. A příští vlak má přijet až v pět dvacet dva. Nemůžu říct přesně proč, ale něco

1. The situation looks quite bad. You see, everything depends on whether he waits for her. My watch says it's four twenty-seven, but the clock opposite the station says it's already past four thirty. And the next train isn't due until five twenty-two. I can't say exactly

tady nějak není v pořádku a vůbec se mi to nelíbí. Co kdybychom tady zůstali ještě půl hodiny nebo alespoň čtvrt a pak se šli zeptat, jestli vůbec odjela?

why, but there is something funny going on here and I don't like it. How about staying here another half or at least quarter of an hour and then going and asking if she ever left?

2. Jaké bývá[1] v Praze počasí, pane profesore?

2. What is the weather usually like in Prague, Professor?

Skoro jako ve východních amerických městech. Na podzim a na jaře bývá hezky, skutečně velmi příjemně. V létě bývá sice dost horko, ale asi ne tak horko jako, řekněme, ve Filadelfii.

Pretty much like the weather in east-coast American cities. In fall and spring it is nice, really quite pleasant. Though in summer it is quite hot, it never gets so hot as, say, in Philadelphia.

Jak to, že znáte i Prahu i americký východ tak dobře?

How is it that you know both Prague and the American east coast so well?

Narodil jsem se v Praze, ale už od doby před druhou světovou válkou žiju v Americe. Odjel jsem totiž v třicátém devátém, když mi bylo čytřiadvacet let.

I was born in Prague, but I've been living in America since before World War II. You see, I left in '39 when I was twenty-four.

Takže vám je skoro šedesát pět. Na to tedy vypadáte fantasticky!

So you're almost sixty-five? You really look wonderful for your age!

3. Ale Mařenko, nemělas jíst. Vždyť jsem ti ve středu říkal, že celá naše skupina půjde dnes večer v půl osmé do té nové restaurace.

3. But Mařenka, you shouldn't have eaten. I told you on Wednesday that our entire group would be going to that new restaurant at half past seven

To nevadí. Dám si něco malého, vypiju jedno pivo a bude to.

It doesn't matter. I'll order something small, have a beer, and that'll be that.

A budeš moct po tom všem ještě zpívat?

And will you be able to sing after all that?

Ale jistě. Vždyť jsem skoro nejedla.

Of course. You see, I ate almost nothing.

4. Navrhuju, abyste se snažil přijet buď v sobotu, nebo v neděli (devatenáctého nebo dvacátého), protože v pondělí musím na několik hodin odejít.

Dobře, tak se na to podívám ... Ano. Vlak přijíždí na Hlavní nádraží v sobotu devatenáctého srpna ve čtrnáct hodin padesát pět minut, tj. za pět minut tři. Tak pojedu tímhle vlakem. Těším se, že se brzo uvidíme.

5. Ačkoliv se velký český romantický básník Karel Hynek Mácha narodil roku osmnáct set deset, "pochopili" ho až ve dvacátých a třicátých letech dvacátého století, tedy za první republiky. Tehdy se stal oblíbeným básníkem českých surrealistů pro své básnické vidění skutečnosti.

6. Už asi před šesti měsíci—v červnu nebo v červenci—jsem jim vysvětlil, proč chci zůstat v Brně. Za prvé jsem si sem přivezl všechny věci, za druhé mám krásný byt za městem a za třetí jsem si tu během několika málo měsíců zvykl.

7. Ne že bys ho potřeboval, ale hodně štěstí, Honzo! Jsem si jista, že tu zkoušku uděláš. A po zkoušce na tebe počkám buď před fakultou, nebo u mostu. V kolik tam mám být?

Zkouška má trvat asi dvě hodiny. Přijď tedy ve tři.

4. I suggest you try to come either on Saturday or Sunday (the nineteenth or the twentieth) because on Monday I have to be away for several hours.

Fine, now let me have a look ... Right. The train arrives at Hlavní nádraží on Saturday, August 19, at 2:55 p.m., that is, at five to three. All right, that's the train I'll take. I'm looking forward to getting together with you soon.

5. Although the great Czech romantic poet Karel Hynek Mácha was born in the year 1810, he wasn't "understood" until the twenties and thirties of the twentieth century, in other words, during the First Republic. At that time he became the favorite poet of the Czech surrealists for his poetic vision of reality.

6. About six months ago—in June or July—I explained to them why I wanted to stay in Brno. In the first place, I've brought all my things; in the second place, I have a beautiful flat outside the city; and in the third, during the few months I've been here, I've grown used to it.

7. Good luck, Honza! Not that you need it. I'm sure you'll pass the exam. I'll wait for you after the exam either in front of the Faculty or by the bridge. What time should I be there?

The exam is supposed to last about two hours, so come at three.

8. První český autor, který se seri-
óznĕ zajímal o ruskou kulturu,
byl Karel Havlíček Borovský. V
letech osmnáct set čtyřicet tři až
čtyřicet čtyři cestoval do Moskvy
i do Petrohradu[2] a dokonce na-
vštívil Gogola. Přeložil jeho
"Mrtvé duše", které pak vyšly[3] v
roce osmnáct set čtyřicet devĕt v
pražských Národních novinách.
Vizionářský názor na skutečnost,
který je pro tento román charak-
teristický, byl Havlíčkovi, jako i
vĕtšinĕ kritiků té doby, úplnĕ
cizí. Vidĕl hlavní jeho význam v
satiře na ruskou společnost.

8. The first Czech author to be
seriously interested in Russian
culture was Karel Havlíček Borov-
ský. In the years 1843 and 1844
he traveled to Moscow and St.
Petersburg and even visited
Gogol. He translated his *Dead
Souls*, which came out in 1849 in
the Prague newspaper *Národní
noviny*. The visionary view of
reality characteristic of the novel
was completely alien to Havlíček,
as it was to most critics of the
period. He saw its main signifi-
cance in its satire on Russian
society.

9. Když jsme byli letos v létĕ na
venkovĕ, zpívali jsme všichni kaž-
dý večer lidové písnĕ. Poprvé v
životĕ jsem myslel na význam
slov, která zpívám už tolik let a
kterým jsem vĕtšinou rozumĕl
jenom napůl. Skoro všechny texty
jsou skutečné básnĕ. Nikdy by
mĕ to nenapadlo, kdybych nebyl
mezi lidmi, kteří neumĕjí česky.
Musel jsem jim totiž texty pře-
kládat.

9. When we were in the country last
summer, we would all sing folk
songs every night. For the first
time in my life I thought about
the meaning of words that I've
been singing for so many years
and have only half understood.
Nearly all the texts are real poems.
It never would have occurred to
me if I hadn't been among people
who don't know Czech. You see,
I had to translate the texts for
them.

10. Jak je venku? Je jasno? To[4] jsem
ráda. Včera bylo tak ošklivo, že
mi z toho bylo špatnĕ.

Na léto na venkovĕ se tĕším celý
rok. Ve svém bytĕ bych zůstat
nemohl. Človĕk[5] nemůže praco-
vat, když je tak horko.

10. What's it like out? Is it clear?
Well, I'm glad. Yesterday it was
so awful I felt sick.

I look forward to summer in the
country all year round. I couldn't
stay in my apartment. You just
can't work when it's that hot.

11. Druhá část čtrnáctého století byla
doba Karla IV. (Čtvrtého). O
Karlovi IV. (Čtvrtém) psal velmi
krásnĕ Vladislav Vančura ve
svých "Obrazech z dĕjin národa

11. The second half of the fourteenth
century was the period of Charles
IV. Vladislav Vančura wrote very
beautifully about Charles IV in
his *Obrazy z dĕjin národa českého*.

českého". Když v roce třicet devět vyšla první část, jak Češi, tak nacisté hned pochopili, že v nich[3] Vančura popisuje české dějiny ve smyslu rezistence proti německým okupantům.

When the first part came out in '39, both Czechs and Nazis immediately realized that in it Vančura was describing Czech history in terms of resistance to the German invaders.

12. Pojedete letos zase do ciziny?

12. Will you be going abroad again this year?

To záleží na zkouškách, zvlášť na zkoušce ze světových dějin.

That depends on my exams, especially on the world history exam.

Prý většina studentů s ní má nějaké potíže.

I've heard that most students have some trouble with it.

Ano. Proto někdo navrhl, abychom se na ni připravili v malých skupinách (asi sedm osm studentů).

Yes. That's why someone suggested we start preparing for it in small groups (about seven or eight students).

Ten nápad se mi docela líbí. Zkoušky budou až v květnu, tj. za tři měsíce, takže jistě máme dost času.

I like that idea quite a lot. Exams won't be until May, that is, three months from now, so we certainly have enough time.

13. Kdy jste se narodil?

13. When were you born?

Dvacátého třetího ledna, devatenáct set čtyřicet dva.

On January 23, 1942.

A ve kterém roce jste sem přijel poprvé?

And in what year did you first come here?

V roce devatenáct set padesát jedna, v březnu.

In 1951, in March.

S kým a na jak dlouho?

With whom and for how long?

S matkou a sestrami, na šest měsíců. Ale zůstali jsme skoro dva roky.

With my mother and sisters, for six months. But we stayed for almost two years.

14. Všichni lidé všechno vědí.

14. Everyone thinks he knows everything. (Czech saying.)

15. Pravdu sobě mluvme, dobří spolu buďme.

15. If we speak the truth to one another, we will get on well together. (Czech saying.)

SENTENCE NOTES

1. *bývat* is an iterative verb, a verb expressing a frequently repeated action. Iterative verbs are formed by lengthening the vowel immediately preceding the -t of imperfective infinitives and inserting -va-: *říkat/říkávat*.

Matka to často říkávala.	Mother often used to say that.
Mívá čas.	He generally has time.

2. Czech has the Slavic *Petrohrad* for both prerevolutionary "Petersburg" and postrevolutionary "Petrograd." "Leningrad" is *Leningrad*.

3. Note the difference in agreement between Czech and English treatment of titles:

"Tři sestry" jsou zajímavé. Viděli jsme je včera.	*The Three Sisters* is interesting. We saw it yesterday.

4. *to* often serves to punctuate a short phrase:

To máte pravdu.	You're right there.
O čem jsme to mluvili?	What were we talking about anyway?

5. Here Czech uses *člověk* as English uses "one" or "you" to express "people in general":

Člověk nikdy neví.	One never knows. You never know.

   Russian tends to use the second person singular without the pronoun: *Никогда не знаешь.*

EXERCISES

1. Repeat Exercise 1 of Lesson Two, applying the numbers of the days of the week. If the first number to come up is a 4, say aloud *čtvrtek* and *ve čtvrtek*. By adding five more numbered cards, you may review the months of the year. If the first number to come up is a 6, say *Červen je šestý měsíc* and *v červnu*.

2. Construct numerical phrases based on the following pattern:

   a. Given: 60
   > na straně šedesát/na šedesáté straně

1.	5	3.	30
2.	97	4.	41

   b. Given: 60
   > v řádku šedesát/v šedesátém řádku

1.	22	3.	3
2.	1	4.	14

c. Given: 60
> v roce šedesát/v šedesátém roce

1. 38   3. 20
2. 12   4. 74

3. Rewrite the following sentences as adverbial expressions:
    1. Dnes je příjemné počasí.
    2. Tady je obsazené místo.
    3. V jižní Kalifornii bývá teplé počasí.
    4. Máme se dobře.
    5. Loni bylo suché počasí.
    6. Divadlo je plné.
    7. Dnes je pěkné počasí.
    8. Všichni byli smutní.

4. Construct phrases based on the following pattern:

    Given: on Monday
    > ne v pondělí, ale v úterý

    1. on Wednesday   5. on Saturday
    2. on the twenty-ninth   6. in spring
    3. at four o'clock   7. in August
    4. in December   8. in autumn

5. Answer the following questions as simply and concisely as possible:
    1. Proč se člověk učí cizímu jazyku?
    2. Proč člověk hledá výraz v slovníku?
    3. Proč člověk cestuje?
    4. Proč člověk rád pomáhá příteli?
    5. Proč člověk zpívá?
    6. Proč člověk nosí hodinky?
    7. Proč člověk píše?
    8. Proč člověk čte?

6. Write out the following times in two ways:
    1. 5:20 p.m.   5. 9:06 p.m.
    2. 4:15 a.m.   6. 11:54 a.m.
    3. 4:45 p.m.   7. 2:12 a.m.
    4. 2:30 p.m.   8. 6:39 a.m.

7. Ask and answer questions about:
    1. today's date
    2. yesterday's weather
    3. which lesson you are now studying
    4. the year and date of your birth
    5. the year of the French Revolution and the Russian Revolution (*revoluce*).

8. Answer the following questions by translating the English expressions:

    1. Kdy přijel? Fifteen minutes ago, a month ago, several years ago, six months ago.
    2. Jak dlouho budete v Praze? Several days, six months or a year, three years, ten or fifteen years.
    3. Na jak dlouho jste přijel? For two weeks, one month, two days.
    4. Jste tady poprvé? No, for the second, third, fourth, seventh, tenth time.
    5. Kdy odjíždíte? In two or three hours, at 7:30, on Thursday, in four months, in November, in December, in a year, in four years, on August 23rd, in nine or ten years, on March 3rd, at 4:50, any time at all.

LESSON TWELVE

COMPARISON, POSSESSIVE ADJECTIVES

12.1 Czech forms the comparative degree of adjectives by adding either **⁺ejš-**, **-š-**, or **-ɵ-** to the adjectival stem (the adjective minus **-ý/-í**). All comparative adjectives end in **-í** and therefore belong to the soft adjective declension.

Only **⁺ejš-** is productive:

Positive		Comparative
hlasitý	loud	hlasitější
jasný	clear	jasnější
pomalý	slow	pomalejší
rychlý	fast	rychlejší
silný	strong	silnější
věrný	faithful	věrnější

Although related in form to the Russian *яснейший*-type superlative, Czech **⁺ejš-** adjectives function as comparatives, doing the work of both the Russian simple comparative (*яснее*) and compound comparatives (*более ясный*).

12.2 **-š-** is limited to a small number of adjectives. If the consonant immediately preceding **-š-** is **-s-**, **-z-**, **-ch-**, or **-h-**, it undergoes Type 2 alternations (see Appendix A). Some examples are:

Positive		Comparative
bohatý	rich	bohatší
čistý	clean	čistší
drahý	dear	dražší
chudý	poor	chudší
mladý	young	mladší

prostý	simple	prostší
slabý	weak	slabší
starý	old	starší
suchý	dry	sušší
tichý	quiet	tišší
tvrdý	hard	tvrdší

12.21 Adjectives in **-eký** and **-oký** belong to the **-š-** category. They form their stems by dropping **-eký/-oký** instead of **-ý**:

Positive		*Comparative*
daleký	far	další
hluboký	deep	hlubší
široký	wide	širší
vysoký	high, tall	vyšší

12.22 Other adjectives in **-ký** that belong to the **-š-** suffix category form their stems by dropping **-ký** instead of **-ý**. Note that in the comparative their stem vowels are all short:

Positive		*Comparative*
blízký	close	bližší
krátký	short	kratší
nízký	low, short	nižší
řídký	rare	řidší
těžký	difficult	těžší
úzký	narrow	užší

12.3 **-∅-** is limited to an even smaller number of adjectives. They all end in **-ký**, which goes to **-čí** in the comparative. Some examples are:

Positive		*Comparative*
hezký	pretty	hezčí
lehký	easy	lehčí
měkký	soft	měkčí
vlhký	humid	vlhčí

12.4 The following adjectives have irregular comparative forms:

Positive		*Comparative*
dobrý	good	lepší
špatný	bad	horší
velký	big	větší
malý	small	menší
dlouhý	long	delší

12.5   Comparative adjectives in -ejš- and -∅- have adverbial counterparts in ±eji. They retain their consonant alternations from the comparative adjective form: *jasnější* > *jasněji, lehčí* > *lehčeji.*

12.51   Many comparative adjectives in -š- also have adverbial counterparts in -eji: *tišší* > *tišeji.* The following, however, have irregular adverbial counterparts. They are formed by dropping the -š- suffix, applying Type 2 alternations, and lengthening the stem vowel:

Positive		Comparative	
		Adjective	Adverb
blízký	near	bližší	blíže
daleký	far	další	dále
dlouhý	long	delší	déle
dobrý	good	lepší	lépe
drahý	dear	dražší	dráže
malý	small	menší	méně
nízký	low	nižší	níže
široký	wide	širší	šíře
vysoký	high	vyšší	výše

Note the type of lengthening in the following:

špatný	bad	horší	hůře
těžký	difficult	těžší	tíže
velký	big	větší	více[1]

The adverb *brzo* has *dříve.*

12.52   All the comparative adverbs in the above category have more colloquial forms without the final -e: *blíže/bliž.* When -e is dropped from adverbs with an -é- in the stem, the -é- becomes -í- or -ý-: *lépe/líp, méně/míň, déle/dýl.*

12.53   *rád* has *raději* or *radši:*

Jsem ráda, že jsi přišel, ale byla bych ještě raději/radši, kdybys přivedl taky děti.	I'm glad you've come, but I would be even gladder if you'd also brought the children.
Raději/Radši jím doma.	I prefer eating at home.

12.54   To express negative comparisons, Czech uses *méně* or *míň* with the positive degree of the adjective or adverb:

Tady je *méně/míň* draho.	Things are less expensive here.

---

[1] *více* is the comparative of *mnoho* and therefore requires the genitive in conjunction with a noun: *více času/more time.*

12.6   "than" in comparisons is rendered by **než**:

Tahle zkouška je lehčí než tamta.	This exam is easier than that one.
On cestuje častěji než já.	He travels more often than I do.

> The Russian genitive construction—*Он путешествует чаще меня*—is to be avoided.

12.61   When accompanied by a comparative, "much" is rendered as **mnohem** or **o mnoho**; "even, still" as **ještě**:

Praha je mnohem/o mnoho větší než Bratislava.	Prague is much larger than Bratislava.

> In this instance Russian uses *gorazdo*: *Прага гораздо больше Братиславы.*

Druhá úloha je lehčí než první a třetí je ještě lehčí než ta druhá.	The second assignment is easier than the first, and the third is even easier than the second.

12.62   Numerical expressions qualifying a comparative are preceded by **o** plus the accusative:

Je o dva roky starší než já.	He is two years older than I am.

> In this instance Russian uses *na*: *Он на два года старше меня.*

12.63   **čím ... tím ...** plus comparatives translates the English "the ... the ...";

Čím dřív tím líp.	The sooner the better.
Čím víc budete slyšet, tím líp budete mluvit.	The more you hear, the better you will speak

12.64   Comparatives can serve to tone down adjectives:

Kdo je ta starší paní s panem Hruškou?	Who is that elderly lady with Mr. Hruška?
Už delší dobu jsem ho neviděl.	I haven't seen him for quite some time.

12.7   The superlative degree of all adjectives and adverbs is formed by prefixing the comparative form with **nej-**: **nejrychlejší/nejrychleji**.

12.71   "as ... as possible" is rendered by **co nej-**:

Napiš co nejdřív.	Write as soon as possible.

12.8   "as ... as" and "so ... as" are rendered by **tak ... jako ...**:

Tahle povídka není tak zajímavá jako tamta.	This story is not so interesting as that one.
Mám tak velký byt jako vy.	I have as large an apartment as you.

Where there is no adjective, *takový* replaces *tak*:

Mám takový byt jako vy.	I have the same sort of apartment as you.

> *так* differs from *такой* in that the former modifies adverbs and short adjectives and the latter, nouns and long adjectives: *Это слово не так редко как то* / *Это слово не такое редкое как то*.

12.9   Personal nouns can be transformed into possessive adjectives by adding **-ův** to masculine stems or **-in** to feminine stems:

student-	studentův	the student's
Karl-	Karlův	Karel's
přítel-	přítelův	the friend's
hrdin-	hrdinův	the hero's
Milen-	Milenin	Milena's

When a feminine stem ends in a velar (**k, g,** or **h**), it undergoes Type 2 consonant alternations. Other feminine stems undergo Type 1 consonant alternations:

matk-	matčin	my mother's
Vlast-	Vlastin	Vlasta's
sestr-	sestřin	my sister's
Olg-	Olžin	Olga's

12.91   Possessive adjectives have a mixed declension. In the singular (except the instrumental) and in the non-oblique plural cases, they follow the noun declension; in all other cases they are declined like hard adjectives. The chart below shows the pattern for a possessive adjective from a masculine stem. The endings for possessive adjectives from both masculine and feminine stems (**Karlův/matčin**) are identical:

		m. inan.	m. anim.	n.	f.
Singular	1&5.	Karlův	Karlův	Karlovo	Karlova
	2.	Karlova	Karlova	Karlova	Karlovy
	3.	Karlovu	Karlovu	Karlovu	Karlově
	4.	Karlův	Karlova	Karlovo	Karlovu
	6.	Karlově	Karlově	Karlově	Karlově
	7.	Karlovým	Karlovým	Karlovým	Karlovou
Plural	1&5.	Karlovy	Karlovi	Karlova	Karlovy
	2.	Karlových	Karlových	Karlových	Karlových
	3.	Karlovým	Karlovým	Karlovým	Karlovým
	4.	Karlovy	Karlovy	Karlova	Karlovy
	6.	Karlových	Karlových	Karlových	Karlových
	7.	Karlovými	Karlovými	Karlovými	Karlovými

Našel jste profesorův slovník?	Have you found the professor's dictionary?
Šli jsme po Karlově mostě.	We walked along the Charles bridge.
Znáte Čapkův román "Obyčejný život"?	Do you know Čapek's novel *An Ordinary Life?*
Poslali jsme články Haninu bratrovi.	We sent the articles to Hana's brother.
Podle matčina názoru to nevadí.	In Mother's opinion it doesn't matter.
Máme rádi Mozartovy symfonie.	We like Mozart's symphonies.
Co si myslíš o sestřiných nových kamarádech?	What do you think of sister's new friends?

12.92   If the possessor consists of more than one word, a genitive construction replaces the possessive adjective:

Znáš román Karla Čapka "Obyčejný život"?	Do you know Karel Čapek's novel *An Ordinary Life?*
Podle názoru jeho matky to nevadí.	In his mother's opinion it doesn't matter.

A genitive construction must also be used if there is more than one possessor:

Nalevo vidíte Dům umělců.	To the left you see Dům umělců (the main concert hall in Prague, literally 'House of the Artists').

VOCABULARY

blízko koho čeho[1]	near sby, sth
Československo[2]	Czechoslovakia
dařit se, podařit se[3]	to get on, succeed
jakmile[4]	as soon as
konec[5]	end
konečně	finally
měnit, změnit[6]	to change
náhoda	chance, coincidence
náhodou	by chance
nechávat, nechat[7]	to leave, give up
pokračovat v čem[8]	to continue sth
potkávat, potkat[9]	to meet
poznávat, poznat[9]	to meet

příklad[10]	example
například	for example
rozhodovat se, rozhodnout se	to decide to
schůze *(f.)*	meeting
na schůzi	at the meeting
stále	constantly
účastnit se, zúčastnit se čeho[11]	to participate in sth
vybírat, vybrat (vyberou)[12]	to choose
výbor	1. committee 2. anthology
výborný	excellent
vyjadřovat, vyjádřit	to express
začátek[5]	beginning
známý[13]	well-known

See 12.1-12.3 for new adjectives.

VOCABULARY NOTES

1. The opposite of the preposition *blízko* is *daleko od*.

2. *Československo* has **-u** in the prepositional (see 14.314). From this point on various countries and cities will occur in reading selections and exercises. They should be learned as they appear. For a list of continents, countries, and cities, see Appendix C.

3. | | |
    |---|---|
    | Jak se vám daří? | How are you? (= Jak se máte?) |
    | Děkuji, daří se mi dobře. | Fine, thank you. |
    | Podařilo se mu najít místo. | He succeeded in finding a job. |

4. The *jakmile*-clause, like the *jestli*-clause, must be in the future if the independent clause is in the future or imperative:

Jakmile budeš připraven, zavolej mi domů.	As soon as you're ready, phone me at home.

5. | | |
    |---|---|
    | koncem týdne/na konci týdne | at the end of the week |
    | začátkem dubna/na začátku dubna | at the beginning of April |

6. A number of verbs are transitive without *se* and intransitive with it:

Změnili jsme tu leccos.	We've changed a thing or two here.
Leccos se tu změnilo.	A thing or two has changed here.

7. The imperative of *nechat,* is the irregular *nech*:

Nech ji být.	Leave her alone.

nechávat si, nechat si means "to keep":

Můžeš si to několik dnů nechat.	You can keep it for a few days.

nechávat, nechat čeho means "to give up, abandon":

Nechal jsem francouzštiny.	I've given up French.
Nech to.	Let it go.
Nech toho.	Stop it. Give it up.

8. *pokračovat v čem* means the same as *dělat dál(e)*:

Pokračujeme v překládání/ Překládáme dál.	We are continuing to translate.

9. *potkávat/potkat* means "to happen to meet sby," while *poznávat/poznat* means "to make sby's acquaintance":

Dnes jsem v knihkupectví potkal profesora, kterého jsem poznal před týdnem u vás.	Today in the bookstore I met the professor I met at your house a week ago.

10. *příklad*, like *překlad*, has **-u** in the prepositional singular.

11. Long **u** is usually written **ú** only when it is the first sound in the word. **ú** also occurs, however,

    a. when preceded by a prefix: *zúčastnit se, neúplný*.

    b. in some foreign words: *manikúra, skútr*.

12. Like *kupovat/koupit, vybírat/vybrat* may take *si*:

Co jste si vybral?	What have you chosen (for yourself)?
Co jste vybral dětem?	What have you chosen for the children?

13. *známý* can also function as a noun with the meaning "acquaintance":

Jsou to kamarádi nebo jenom známí?	Are they good friends or merely acquaintances?

SENTENCES

1. Jsem rád, že se ptáte, proč jsem se diskuse zúčastnil. Podle mého názoru to bylo v zájmu studentů. Musel jsem přece zůstat věrný svým principům.

1. I'm glad you ask why I took part in the discussion. In my opinion it was in the interest of the students. After all, I had to remain faithful to my principles.

To je správné. Neměňte své názory pokaždé, co vám někdo nechce věřit, i když ten, komu se názory nelíbí, mluví lépe, déle, nebo dokonce jen hlasitěji než vy. Ovšem jakmile najdete něco, co víc odpovídá pravdě vůbec nebo snad i jen pravdě dané situace, tak je změňte.

That's right. Don't change your views whenever someone doesn't want to believe you even though the person who doesn't like them speaks better, longer, or even only louder than you. Of course as soon as you find something that corresponds more to the truth in general or perhaps even only the truth of a given situation, then change them.

2. Jak se používá pátý pád?

2. How is the vocative used?

Pátým pádem voláme.

The vocative is used for calling.

Správně. A teď další otázku. Ve kterých případech se používá *v* a *na* se čtvrtým pádem?

Correct. And now a further question. In what instances are *v* and *na* used with the accusative?

3. Loni moje plány nemohly být jasnější. Napsal jsem několika známějším západoevropským univerzitám a poprosil jsem je o bulletiny.[1] Myslel jsem, že si jeden z nich vyberu až letos. Pak jsem poznal pana doktora Sochu, a čím déle jsme mluvili o svých společných zájmech, tím víc se mi líbil. To bylo v září. Začátkem října jsem už u něj pracoval v ústavu. Nevím ovšem, jestli budu moct zůstat i příští rok. Uvidíme.

3. Last year my plans couldn't have been clearer. I wrote to several of the better known West European universities and asked for their catalogues. I thought I would wait to choose one of them until this year. Then I met Dr. Socha, and the longer we talked about our common interests, the more I liked him. That was in September. At the beginning of October I was working with him at the institute. Of course I don't know if I'll be able to stay next year too. We'll see.

4. Kde budete bydlet, až budete v Praze?

4. Where are you going to live when you're in Prague?

To ještě není docela jasné, ale říkají, že prý nám najdou byt někde blízko univerzity.

It's not completely clear yet, but they say they're going to find us a flat somewhere near the university.

A kdy tam máte přijet?

And when are you supposed to arrive?

Vlasta odjíždí až za dva měsíce, jedenadvacátého března, ale já tam musím být o několik týdnů dřív — tj. koncem února.

Vlasta won't be leaving for two months, not until March 21st, but I have to be there several weeks earlier — that is, at the end of February.

Na jak dlouho tam jedete?

How long are you going there for?

Alespoň na dva roky. Já budu učit chemii a Vlasta se rozhodla pokračovat v sérii článků, na kterých pracuje. Jsou o české hudbě za první republiky.

For at least two years, I will teach chemistry, and Vlasta has decided to continue the series of articles she's been working on. They're about Czech music during the First Republic.

To je ale náhoda! Já mám známého v Ústavu pro dějiny hudby. Příště, až zavolám, tak za ni ztratím dobré slovo. Snad jí tam bude moct pomoct. V každém případě to bude mnohem lepší, než tam přijít jen tak.

What a coincidence! I have an acquaintance at the Institute of Music History. The next time I call him, I'll put in a good word for her. Maybe he'll be able to help her there. In any case, it will be much better than going there out of the blue.

5. Jen mluvte dál, pane profesore. Pokračujte v přednášce. Ale buďte, prosím, tak laskav a mluvte trochu hlasitěji a pomaleji. Několik studentů vzadu vás špatně slyší. Ne, nechte, prosím, mikrofon tak, jak je. Bylo by to jenom horší. Tak. Dobře. Teď je všechno v pořádku, už je to výborné.

5. Just go on talking, Professor. Continue the lecture. But please be so kind as to speak a little louder and more slowly. Several students in back are having trouble hearing you. No, please leave the microphone the way it is. That would only make it worse. That's it. Fine. Now everything's all right, excellent.

6. Nevšiml sis náhodou její zkoušky z češtiny? Udělala víc chyb než většina studentů a přece žije v Československu už delší dobu.

6. Did you happen to notice her Czech exam? She made more mistakes than most of the students, yet she's been living in Czechoslovakia for quite some time.

Ano, už druhý rok. Ovšem není zas[2] z těch nejslabších. Má výborný přízvuk a rozumí dost dobře. Víš co? Příště bys jí měl přinést Červenkův výbor z lehčích povídek. Pamatuješ si? Ten, který jsme náhodou našli před rokem v antikvariátě. Podle mého názoru je mnohem lepší než výbor, kterého používáme letos. Vždyť má po každém textu hodně gramatických cvičení.

To je výborný nápad. Budu ho hledat, jakmile přijdu domů. Dokonce si ho zase přečtu, než jí ho dám.

7. Během těch šesti měsíců se velmi změnil. Je nejen vyšší, ale i silnější, mnohem silnější. Ne že by byl nějak zvlášť malý nebo slabý, když odjížděl. To ne. Ale podařilo se jim z mladého hocha udělat skutečného muže.

8. Potkal jsem ho, právě když vycházel z knihkupectví na Karlově náměstí. Chodili jsme spolu skoro hodinu — mezi druhou a třetí. Najednou mi řekl, že musí[3] na schůzi, že prý už tam — tj. na druhé straně města — na něj někdo čeká, a odběhl. "Nikdy ho asi nepochopím," řekl jsem si.

Yes, this is her second year. On the other hand, of course, she's not one of the weakest. She has an excellent accent, and her comprehension is quite good. Do you know what? Next time you ought to bring her Červenka's anthology of fairly easy stories. Do you remember? The one we happened to find in a second-hand bookstore a year ago. In my opinion it is much better than the one we are using this year. After all, after every reading it has lots of grammatical exercises.

That's an excellent idea. As soon as I get home, I'll look for it. I'll even read it through again before I give it to her.

7. He's changed a lot during these six months. He's not only taller, he's stronger, too, much stronger. Not that he was particularly small or weak before he went away. Not at all. But they've succeeded in making a real man out of a young boy.

8. I met him just as he was coming out of a bookstore in Karlovo náměstí. We walked almost an hour together — between two and three. Suddenly he told me he had to go to a meeting and that someone was waiting for him there, that is, on the other side of town, and ran off. "I'll probably never understand him," I said to myself.

9. Učí se velmi rychle, daleko rychleji než ti druzí. Ale zase nemá nikoho, kdo by mu ukázal, co by měl číst (kromě těch pěti nebo šesti knih, které si musel koupit), aby se na příští zkoušku z dějin připravil. Materiál teď bude těžší a dřív nebo později s ním bude mít potíže. Co kdybychom mu pomohly my?

9. He learns very fast, far faster than the others. But he has no one to show him what he ought to read (aside from the five or six books he had to buy) to prepare for the next history exam. The material now will be more difficult, and sooner or later he will have trouble with it. What if we were to help him?

10. Když se Masaryk v dubnu r. 1918 pomalu vracel z Ruska, mluvil ve Washingtonu s presidentem Wilsonem o československé otázce. O dva měsíce později[4] (29. června) po delších diskusích s Benešem v Paříži, vyjádřili i Francouzi spokojenost s pokrokem v Československu.

10. Making his way slowly back from Russia in April 1918, Masaryk spoke in Washington with President Wilson about the Czechoslovak problem. Two months later (on June 29th), after lengthy discussions with Beneš in Paris, the French also expressed their satisfaction with the progress made in Czechoslovakia.

11. Nejraději zpívá.

Jaké písně se mu nejvíc líbí?

Německé z devatenáctého století. Zvlášť rád zpívá Schubertovu "Zimní cestu". Dobře interpretuje nejenom hudbu, ale i texty písní, protože studuje jak hudbu, tak poezii té doby.

11. He likes to sing most of all.

What sort of songs does he like most?

German songs from the nineteenth century. He especially likes to sing Schubert's *Winterreise*. He's a good interpreter not only of the music but also of the words of the songs, because he studies both the music and the poetry of the period.

12. Konečně jsem se rozhodl v létě někam odjet. Čím víc na to myslím, tím víc se na to těším. Dnes jsem na Jiráskově náměstí potkal paní Svobodovou, Evinu matku. Řekla mi, že slyšela někde o skupině Čedoku,[5] která bude cestovat autobusem po jižním Německu a pak až do Berlína.

12. I've finally decided to go off somewhere in the summer. The more I think about it, the more I look forward to it. Today I met Mrs. Svoboda, Eva's mother, in Jiráskovo náměstí. She told me she'd heard somewhere about a Čedok group that would be traveling by bus through southern

Podle toho, co jí vyprávěli, jsou ještě místa volná. Člověk by se někdy měl podívat jinam a německy ještě umím ze školy. Snad s nimi tedy pojedu.

Germany and then up to Berlin. According to what they told her, there are still seats available. A person should have a look around from time to time, and I still remember some German from school. Maybe I'll go with them.

13. Promiňte, prosím, že jsem přišel pozdě. Několik minut před schůzí jsem potkal kamaráda ze školy — jednoho z nejlepších kamarádů ze školy — kterého jsem víc než pětadvacet let neviděl.

13. Please excuse me for being late. Several minutes before the meeting I met a friend from school — one of my best friends from school — whom I hadn't seen in more than twenty-five years.

14. Pane profesore, pojďte sem, prosím.

14. Professor, please come over here.

S radostí.

Gladly.

Chtěl bych vám představit ještě jednoho našeho kolegu, profesora Havlíka, který se zúčastní konference.

I'd like to introduce you to another colleague of ours, Professor Havlík, who will be taking part in the conference.

Velmi mě těší. Už jsem o vás mnohokrát slyšel.

Very glad to meet you. I've heard about you so often.

Doufám, že jenom příjemné věci.

Just favorable things, I hope.

Ale jenom ty nejpříjemnější, věřte mi.

Only the most favorable, believe me.

Těším se na vaši přednášku.

I'm looking forward to your lecture.

15. Co je psáno, to je dáno.

15. What is written is law. (Czech saying.)

SENTENCE NOTES

1. Although most foreign words are now spelled more or less phonetically (e.g., *angažmá/engagement, buldok/bulldog*), a few, like *bulletin,* have retained their original orthography. *bulletin* is pronounced [byltén], a Czech approximation of the French pronunciation.

2. Note that *zase* or *zas* can mean "on the other hand" as well as "again."

3. With modal verbs, the infinitives *jít* and *jet* are usually omitted.

    Musíš domů?   Do you have to go home?

4. *pozdě* and *později* are the adverbial forms of *pozdní* and *pozdnější*; *pomalu*
    is the adverbial form of *pomalý*.

    Už je pozdě.   It's late.

    Promiňte, že jdu pozdě.   Excuse me for being late.

    Mluvte, prosím,   Please speak slowly/more slowly.
    pomalu/pomaleji.

5. *Čedok*, an acronym of *Československá dopravní kancelář*, is the state
    tourist agency.

EXERCISES

1. Repeat Exercise 1 of Lesson Two, applying the numbers to each of the model
    nouns in Lessons 2 and 4 and prefixing them with the proper forms of
    Karlův and *matčin*.

2. Translate the following sentences, basing each one on the sentence imme-
    diately preceding it.

    Have you read   Vančura's   best   novel?

    1. Have you read Vančura's best short stories?
    2. Do you understand Vančura's best short stories?
    3. Are you writing about Vančura's best short stories?
    4. Are you writing about Vančura's best-known short stories?
    5. Are you writing about Karel Čapek's best-known short stories?

    Karel's   group   is   bigger   than   mine.

    1. Věra's group is bigger than mine.
    2. Věra's group is better than mine.
    3. Věra's group sings better than mine.
    4. Věra's boys sing better than mine.
    5. Věra's boys sing better than Olga's.
    6. Věra's boys sing more songs than Olga's.
    7. Věra's boys sing more songs than the professor's.
    8. Many boys sing more songs than the professor's.

3. Form sentences based on the following model:

    Given: Pavel není tak vysoký jako Václav.
              Václav je vyšší než Pavel a Pavel je nižší než Václav.

    1. Povídka není tak dlouhá jako román.
    2. Nejsem tak starý jako vy.
    3. V dubnu není tak teplo jako v květnu.

    4. Miladina profesorka nemluví tak tiše jako Věřina.
    5. Jemu se nedaří tak dobře jako tobě.
    6. Tahle úloha není tak těžká jako tamta.
    7. U nich není tak pěkně jako u nás.
    8. Jeho zájmy nejsou tak široké jako bratrovy.

4. Define in Czech:

1. hodně	6. laskavý
2. cizina	7. listopad
3. výborný	8. kamarád
4. básník	9. Praha
5. pokračovat	10. řeč

5. Translate the following sentences:
    1. The Slovaks arrived three days later than we did.
    2. At the end of the summer they worked even faster; it wasn't as hot.
    3. What are you most looking forward to?
    4. The smaller the committee is, the shorter the meetings are.
    5. In the afternoon it was nicer than in the morning: warmer and clearer.
    6. Choose something as soon as possible.
    7. That's less important than you think.
    8. I would rather live in the country than in the city.
    9. Which war lasted longer: the first or the second?
    10. He looks better this year than last year.

6. Unscramble:
    1. začátku druhé se po několik narodil války jsem měsíců světové
    2. zpívání vadit doufám vám příliš že nebude moje
    3. vědeckých vědecké překládat člověk bez oborech články v zkušeností několika nemůže
    4. nic ani ani se a s jejích povídek uměním většina nemá románů skutečností společného
    5. se se ho mi kdo je jsem než mohl představil zeptat
    6. se se jsme jsme museli potkávali těch kterých schůzích zúčastnit na
    7. na na jsem si život zvědav zvyká jestli venkově
    8. sem toho co pojď a nejrychleji nech
    9. stále to kdo je se ten opakuje
    10. jít jet k tvým pěšky máme autem nebo nim

7. Put the words between slash marks into the correct form of the comparative or superlative:
    1. Čím /velký/ jsou nádraží, tím /mnoho/ lidí jich používá.
    2. Kdekdo žije /dobře/ než oni.
    3. Praha je jistě jedno z /krásný/ měst celé Evropy.

4. Mluvte co /ticho/.
5. Zpíval ze všech /málo/.
6. Poznal jsem tam mnohem /zajímavý/ lidi.
7. Pro příklad nemusí chodit /daleko/ než k otci.
8. Byla to pro nás /dobrý/ škola, jaká mohla být.

8. Make up sentences based on the following pattern:

Given: Naše kniha je drahá.
           Janova kniha je dražší.
           Janina kniha je nejdražší.

1. Naše věta je krátká.
2. Náš návrh je nový.
3. Naši kamarádi přišli pozdě.
4. U našeho přítele je příjemně.
5. Na naše přednášky chodí dobří studenti.
6. S naší skupinou to jde špatně.
7. V naší třídě se mluví správně.
8. Naše vlaky jezdí rychle.
9. V našich dopisech je málo chyb.
10. Z našeho náměstí na vaše je daleko.

LESSON THIRTEEN

FEATURES PECULIAR
TO THE WRITTEN LANGUAGE

This lesson deals with aspects of Czech *exclusively limited to the formal written language*. Although you need not learn the forms and constructions actively at this stage in your study of Czech, you must be able to recognize them readily if you wish to acquire proficiency in reading scholarly, literary, and journalistic texts.

13.1   The masculine singular imperfective gerund is formed by replacing the third person plural present tense ending with *e or -a.
Third person plurals in -í and in a soft consonant plus -ou take *e:

dělají > dělaje	doing
rozumějí > rozuměje	understanding
mluví > mluvě	speaking
pracujou > pracuje	working
pijou > pije	drinking

If the -ou is preceded by a hard consonant (see 2.221), the form ends in -a:[1]

nesou > nesa	carrying
minou > mina	passing
jsou > jsa	being

---

[1]Irregular verbs also tend to have -a: *vidět/vida, vědět/věda, moci/moha, jíst/jeda,* etc.

The masculine singular perfective gerund is generally formed by replacing the -l of the *l*-participle with -v.

udělal > udělav	having done
vysvětlil > vysvětliv	having explained
uslyšel > uslyšev	having heard
vypil > vypiv	having drunk

If the **-l** is preceded by a consonant, the **-l** is simply dropped:

přinesl > přines	having brought

13.11   Czech gerunds agree with the subject of the main clause and have the following endings:

Imperfective

m.	‡e	-a
n./f.	-íc	-ouc
pl.	-íce	-ouce

Dívaje se ven, rozhodoval se, co dělat.	Looking outside, he tried to decide what to do.
Dívajíc se ven, rozhodovala se, co dělat.	Looking outside, she tried to decide what to do.
Dívajíce se ven, rozhodovali se, co dělat.	Looking outside, they tried to decide what to do.

Perfective

m.	-v	-∅
n./f.	-vši	-ši
pl.	-vše	-še

Podívav se ven, rozhodoval se, co dělat.	Having looked outside, he tried to decide what to do.
Podívavši se ven, rozhodovala se, co dělat.	Having looked outside, she tried to decide what to do.
Podívavše se ven, rozhodovali se, co dělat.	Having looked outside, they tried to decide what to do.

Russian has only one imperfective gerund form (e.g., *делая*) and one perfective gerund form (e.g., *сделав*). Consequently, the first clause of all the first three examples would read *Смотря в окно* ... in Russian, while the first clause of all the last three examples would read *Посмотрев в окно* ...

The imperfective gerund indicates that the action in the gerundial clause is concurrent with the action in the main clause. The perfective gerund indicates that the action in the gerundial clause has ended by the time the action in the main clause begins.

13.12 Gerundial clauses belong to only the most elevated stylistic level. The gerundial clauses in the above sentences, for example, might be replaced by an independent clause:

Díval se ven a rozhodoval se, co dělat.	He looked outside and tried to decide what to do.
Podíval se ven a rozhodoval se, co dělat.	He looked outside and (then) tried to decide what to do.

Or the imperfective clause might begin with *zatímco/while* and the perfective clause with *po tom, co/after*:

Zatímco se díval ven, rozhodoval se, co dělat.	While he looked outside, he tried to decide what to do.
Po tom, co se podíval ven, rozhodoval se, co dělat.	After he had looked outside, he tried to decide what to do.

Since gerundial clauses also indicate cause or means, they may often be replaced by *protože/because* or *tím, že/by* clauses:

Neřekla již nic, jsouc si jista, že má pravdu.	She said no more, being certain she was right.
Neřekla již nic, protože si byla jista, že má pravdu.	She said no more because she was certain she was right.
Promíjejíce jiným, budete žít šťastný život.	Forgiving others, you will live a happy life.
Tím, že promíjíte jiným, budete žít šťastný život.	By forgiving others, you will live a happy life.

13.2 Present active participles are formed by adding **-í** to the neuter/feminine singular form of the present gerund:

dělajíc > dělající	doing
mluvíc > mluvící	speaking
nesouc > nesoucí	carrying

Past active participles are all but archaic.

13.21 Present active participles follow the *hlavní* pattern:

několik zpívajících hochů	several singing boys
Hledá se žena mluvící německy.	Wanted: a woman who speaks German.

Note that there is no comma before the participle in Czech. Russian has: *Требуется женщина, говорящая на немецком языке.*

13.22   Present active participles may be replaced by *který* clauses:

několik hochů, kteří zpívají/zpívali	several boys who are/were singing
Hledá se žena, která mluví německy.	Wanted: a woman who speaks German.

13.23   Some present active participles are commonly used as adjectives:

vynikající	outstanding (from the verb *vynikat/to stand out, excel*)
vzrušující	exciting (from the verb *vzrušovat/to excite*)

Even more are used as nouns:

pracující	*pracovník/*worker
studující	*student/*student
přednášející	lecturer
cestující	passenger
vedoucí	*ředitel, šéf/*head, director

pracující and *studující* are especially common in official and journalistic styles. The rest are stylistically neutral.

13.3   *onen* has the same meaning as the less formal *tamten*. It follows the *ten* pattern:

Ani tato teorie, ani ona není správná.	Neither this theory nor that one is correct.
na onom světě	in the other world

13.31   *týž* has the same meaning as *stejný*. It follows the *nový* pattern:

Nemluví o též teorii.	He is not speaking of the same theory.

In the direct cases *týž* is usually prefixed by the appropriate form of *ten*:

To není totéž.	That's not the same thing.

13.32   *jenž* has the same meaning as *který*. Except for the nominatives, it follows *on/ona*:

Teorie, o níž píše, není nová.	The theory about which he is writing is not new.

In the nominative it has *jež* in all forms but the masculine animate and inanimate singular *jenž* and the masculine animate plural *již*:

Teorie, jež ho zajímá, není nová.	The theory which interests him is not new.

13.33   The relative possessive pronoun, "whose," consists of the possessive
        pronouns *jeho, její* or *jejich* plus the suffix **-ž**: *jehož, jejíž, jejichž*:

Profesor, jehož monografii čtu, přednášel tady před několika lety.	The professor whose monograph I am reading taught here several years ago.
Profesorka, jejíž monografii čtu ...	The professor (f.) whose monograph I am reading ...
Profesoři, jejichž monografii čtu ...	The professors whose monograph I am reading ...

13.4   The particle **-li** attached to a verb means the same as *jestli*:

Chceme-li pochopit smysl jeho slov, musíme je číst několikrát.	If we wish to grasp the meaning of his words, we must read them several times.
Nevím, je-li to třeba.	I do not know whether it is necessary.

13.41   When *jestli* introduces indirect questions, in other words, when it may
        be translated as "whether," it can also be replaced by *zda* or *zdali*:

Záleží na tom, zdali se mu to podaří.	It depends on whether he succeeds.

13.5   The predicate of the verb *být* is in the nominative when it represents a
        clear-cut, objective definition:

Václav je Čech.	Václav is a Czech.
Praha je město.	Prague is a city.

It is often in the instrumental, however, when accompanied by an
evaluative modifier:

Václav je dobrým Čechem.	Václav is a good Czech.
Praha je hlavním městem Československa.	Prague is the principal city (i.e., capital) of Czechoslovakia.

> Note that the corresponding Russian construction is impossible
> in the present tense: *Вацлав — хороший чех.*

The instrumental is also used with professions and with conditions
viewed as likely to change:

Čím je Věřin muž? Je studentem. Bude profesorem.	What does Věra's husband do? He is a student. He will be a professor.
Byl vedoucím katedry.	He was head of the department.

The distinction between the predicate nominative and instrumental is
not always maintained in colloquial speech, which tends to favor the
nominative in both contexts.

VOCABULARY

budoucí	future
budoucnost *(f. -i)*	the future
dá se[1]	it is possible
jde o koho co[2]	it is a question of sby, sth
již[3]	already
líto[4]	sorry
litovat koho	to be sorry for sby
milý	dear, nice
mimochodem	by the way
minulý[5]	past
možný[6]	possible
nutný	necessary
pokládat za koho co	to consider to be sby, sth
pokud[7]	as far as
při kom čem[8]	at, near, during
sám[9]	1. myself, yourself, himself, etc. 2. alone
samý[10]	1. nothing but 2. very
samozřejmý	obvious
současný	contemporary
spíš[11]	rather
škoda[4]	a pity, a shame
trávit, strávit	to spend (time)
třeba[12]	necessary, let's say, even, perhaps, even though
vážný	serious
vlastní	1. one's own 2. actual
vliv na koho co	influence on sby, sth
voják	soldier
zároveň	at the same time, also
zatím, prozatím	for the time being, until now, thus far
zatímco	while, as
zmiňovat se, zmínit se o kom, čem	to mention sby, sth
zřídka	rarely

See also the words introduced in 13.3-13.41.

VOCABULARY NOTES

1.   Dá se tam jít.   Je možné tam jít.
     Dalo se tam jít.   Bylo možné tam jít.

2. Jde o život.   It is a matter of life and death.

   O nás nejde.   We're not what matters.

   Jde o to, abyste z toho něco měl.   The important thing is that you
                                         get something out of it.

   běží o koho co has the same meaning as **jde o koho co**.

3. **již** is a bookish synonym of **už**.

4. Je mi to líto. Je mi líto, že   I'm sorry about that. I'm sorry he
   nepřišel.   didn't come.

   Je to škoda. Je škoda, že nepřišel.   That's a pity. It's a pity he didn't
                                         come.

5. A number of the adjectives in this lesson may be turned into abstract
   nouns by exchanging their adjectival **-ý** for the nominal **-ost** *(f. -i)*:
   milost/*grace, favor,* **minulost**/*the past,* **možnost**/*possibility,* **nutnost**/*ne-
   cessity,* **samozřejmost**/*matter of course,* **současnost**/*the present day,*
   vážnost/*solemnity, gravity.*

6. Along with adjectival forms, **možný** and **nutný** have an impersonal adver-
   bial variant:

   Je možné/možno volat do   It is possible to phone
   Československa.   Czechoslovakia.

   Je nutné/nutno volat do   It is necessary to phone
   Československa.   Czechoslovakia.

   > Russian uses *можно* and *нужно* much more frequently than
   > Czech uses the above constructions, which though similar are
   > notably bookish. Thus *можно* is usually translated by a per-
   > sonal form of *moci* (Můžu/Můžeme volat do Československa),
   > *нужно* by a personal form of *mít* or *muset* (Mám/Máme volat
   > do Československa).

7. pokud jde o mě   as far as I'm concerned

   pokud vím   as far as I know

8. Letěli jsme při zemi   We flew close to the ground.
   (= blízko země)

   Mám všechno při sobě   I have everything with me.
   (= s sebou).

   Při hodině (= na hodině) se mluví   Only Czech is spoken during the
   jenom česky.   lesson.

Some of the meanings of the Russian *при* are translated by other prepositions:

при Петре I	za Petra I.
Я не плакал при матери.	Před matkou jsem neplakal.

9. *sám* has the following endings in the nominative and accusative, singular and plural:

	m. inan.	m. anim.	neuter	feminine
Nom.	sám, samy	sám, sami	samo, sama	sama, samy
Acc.	sám, samy	sama, samy	samo, sama	samu, samy

All oblique cases fall together with the oblique cases of *samý*.

Sám nepřišel/Sama nepřišla/ Sami nepřišli.	He himself/She herself/They themselves didn't come.
Zůstal jsem doma sám/Zůstala jsem doma sama.	I remained at home alone.

10.
Vaše zkouška je samá chyba.	Your exam is nothing but mistakes.
Účastnil se od samého začátku.	He took part from the very beginning.

11.
Záleží to spíš na vás než na mě, ne?	It depends more on you than me, doesn't it?
Je spíš prozaik než básník.	He writes prose rather than poetry.

12.
Je třeba volat do Československa.	Je nutno volat do Československa.
Ne hodinu, třeba i celé odpoledne zůstane venku.	Ne hodinu, možná i celé odpoledne zůstane venku.
Přijď třeba v pět.	Přijď řekněme v pět.
Chtěl bys někam jít? Třeba.	Chtěl bys někam jít? Snad.
Třebaže bylo hezky, šli jsme do kina.	Ačkoliv bylo hezky, šli jsme do kina.

SENTENCES

1. "Babička" Boženy Němcové byla poprvé vydána roku osmnáct set padesát pět. Je všemi českými literárními historiky pokládána za první klasický román české literatury. Zároveň se o ni zajímají studenti literatury německé,[1] protože je známo, že ji četl Kafka a že prý na ni při psaní svého posledního románu stále myslel.

1. *Babička* by Božena Němcová was first published in 1855. It is considered by all Czech literary historians to be the first classical novel of Czech literature. At the same time students of German literature are interested in it because it is known that Kafka had read it and that he constantly thought about it while writing his last novel.

2. Milý Honzo,

    smím Tě[2] o něco poprosit? Když jsme se minulý měsíc viděli, zmínil ses o jakémsi zajímavém článku o Haškově "Švejkovi".[3] Ale zatím jsem ho bohužel nenašel. Potřeboval bych fotokopii nebo aspoň adresu časopisu, ve kterém ten článek vyšel. Děkuju Ti pěkně. Zároveň se těším na jakékoliv zprávy od Tebe a prozatím na shledanou za tři týdny na venkově.

    Tvůj Jarda

2. Dear Honza,

    May I ask you a favor? When we saw one another last month, you mentioned an interesting article on Hašek's *Švejk*. So far I unfortunately haven't located it. I need a photocopy of it or at least the address of the journal it appeared in. Thanks a lot. I'm also looking forward to learning any news you have to tell. Goodbye for now. I'll be seeing you in the country in three weeks.

    Best, Jarda

3. Román se stal tím, čím v minulosti byla epika.

3. The novel has become what the epic was in the past.

4. Je-li smysl nového a tedy i humanistického státu v integraci každého pracujícího do společnosti, tak je třeba pokládat kulturu za hlavní sféru, v níž může každý z nás hledat svou vlastní cestu k šťastné budoucnosti. Jenom na této cestě je možno najít pravdu.

4. If the sense of a new and therefore humanistic state lies in the integration of each worker into society, we must consider culture to be the main sphere of activity in which each of us can seek his own path to a happy future. Only on this path can truth be found.

5. Jakkoliv bohaté jsou autorovy detaily, přece nemohou dát věrný obraz vojákových zkušeností z války. Válku může popsat jenom člověk, jenž se jí zúčastnil.

5. No matter how rich the author's details are, they still cannot give a faithful image of a soldier's experiences. War can be described only by a person who has taken part in it.

6. Ze všeho, co bylo zatím o Marii Terezii a Josefovi II. (Druhém) řečeno, je samozřejmé, že jejich doba má v českých dějinách význam skutečně velký. Měla důležitý, dokonce rozhodující vliv na charakter rychle se měnícího národa.

6. It is obvious from everything that has thus far been said about Maria Theresa and Joseph II that their era has a truly great significance in Czech history. It had an important, even decisive influence on the character of the quickly changing nation.

7. Toto je samozřejmě konkrétní smysl oněch zvláštních koncepcí skutečnosti, jimiž bývá charakterizována lyričnost a dramatičnost.

7. This is obviously the concrete sense of those special conceptions of reality by which lyricism and dramaticity are usually characterized.

8. Na jeho povídky je třeba se dívat spíš symbolicky než alegoricky. Jde mu například nejen o hlubší význam věcí, jimiž se zabývá, ale i o věci samy. Zajímá se ovšem také o jejich formu.

8. His stories must be considered more symbolic than allegorical. For example, he is concerned not only with the deeper meaning of the things he deals with, but also with the things themselves. Of course he is also interested in their form.

9. Znám málokteré současné romány. Na přednášky z české prózy budu totiž chodit až v příštím semestru, tj. na podzim. Z české poezie poslední doby jsem ale přece jen ledacos četl.

9. I know very few contemporary novels. The reason is, I won't be taking Czech literature until next semester, in the fall. I have, however, done some reading in recent Czech poetry.

A jejej! To jsem rád! Právě hledám někoho, kdo by mi mohl poradit, jestli náhodou neexistuje nějaký výbor z české poezie devatenáctého a dvacátého století. Velmi mi na tom záleží. Ale nesmí být dražší než pětatřicet až čtyřicet korun.

Well, what do you know! That's good to hear. I was just looking for someone to tell me whether there happens to be an anthology of Czech nineteenth-and twentieth-century poetry. It's very important to me. And it mustn't be more expensive than thirty-five to forty crowns.

Je mi líto, ale to ti neřeknu. O tom tě budou moct informovat třeba v nějakém antikvariátě. Mimochodem jeden z největších v Praze je nedaleko od Václavského náměstí, dole u restaurace Koruna, na Třídě osmadvacátého října. Kdekdo vám řekne, jak se tam odsud dostat.

I'm sorry, I really couldn't say. But they'll be able to tell you, say, in a second-hand bookstore. By the way, one of the biggest second- hand bookstores in Prague is not far from Wenceslas Square, down by the Koruna Restaurant, on the Třída 28. října. Anyone will tell you how to get there from here.

10. Na jaře roku devatenáct set třicet tři se stala Hitlerova Nacionálně socialistická strana vedoucí stranou v Německu.

10. In the spring of 1933 Hitler's Nationalist Socialist Party became the leading party in Germany.

11. Milujíce sebe, milujeme také své milé.

11. By loving ourselves, we also love our dear ones.

12. Třebaže vojáci chápou jasněji než kdokoliv jiný, že žádná válka nemůže mít smysl, přece jen v době samé války své názory málokdy vyjadřují, což[4] je škoda.

12. Even though soldiers understand more clearly than anyone that no war can make any sense, in time of war they seldom express their opinions, which is a pity.

13. Jak může člověk být připraven na současnost — nemluvě[5] už o budoucnosti —, když vlastně ani o minulosti nic neví? Dá se žít bez dějin?

13. How can one be prepared for the present — to say nothing of the future — when he actually knows nothing about the past. Can one live without history?

14. Zatímco Vídeň prý svého Mozarta už nemilovala, Praha jeho umění rozuměla. Už když roku sedmnáct set osmdesát sedm napsal pro své nové město "Don Juana", Češi pokládali Mozartovo umění ne za něco cizího, ale spíš za něco pokračujícího v české klasické tradici.

14. While Vienna had apparently ceased to love its Mozart, Prague understood his art. By the time Mozart wrote *Don Giovanni* for his new city in 1787, the Czechs considered his art as something in line with the Czech classical tradition, not as something foreign.

15. Kdyby řeč jeho[1] byla mostem, nechtěl bych já po něm chodit.

15. If his words were a bridge, I wouldn't want to walk on it. (Czech saying.)

SENTENCE NOTES

1. Inversion of the normal adjective-noun word order lays emphasis on the adjective.

2. In a letter the first word of the first paragraph is considered a continuation of the greeting and therefore is not capitalized. All forms of **ty** and **vy**, however, are capitalized.

3. The novel's full title is *Osudy dobrého vojáka Švejka za světové války.*

4. *což/which* refers to an entire clause:
Řekl, že toho ani nelituje, což bylo samozřejmé.

He said he wasn't even sorry about it, which was obvious.

5. Although **nemluvě** was originally the masculine singular form of the gerund, it has become a frozen form and now functions as an adverb.

EXERCISES

1. Rewrite the following sentences, replacing gerunds and participles with suitable adverbial and *který* clauses:

1. Slova mající na konci buď -*o*, nebo -*e* jsou většinou neutra.
2. Zmíniv se krátce o minulosti národa, přešel k jeho budoucnosti.
3. Turisté procházející se po městě již viděli mnoho zajímavých věcí; turisté projíždějící se po městě jich viděli méně.
4. Již nedoufaje, že se počasí změní k lepšímu, odjel na jih.
5. Vyjádřivši svůj názor na ženskou otázku, čekala na reakci svých mužských kolegů.
6. Pokládajíce ho za nejlepšího současného básníka, všichni studenti se zúčastnili jeho semináře.
7. Všichni studenti pokládající ho za nejlepšího současného básníka se zúčastnili jeho semináře.
8. Všem lidem pracujícím na Národním výboru děkujeme.

2a. Form verbal noun phrases based on the following pattern:

Given: psát knihy
          psaní knih

1. měnit její názory
2. cestovat po cizině
3. změnit několik příkladů
4. použít jasnějšího začátku
5. napsat posledních pět lekcí
6. chápat nové problémy
7. vyslovit nová slova
8. překládat cizí básníky
9. kupovat sešity
10. navštěvovat knihovny

2b. Supply the correct form of the past passive participle for the infinitive given between slash marks:

1. Je škoda, že čas nemůže být lépe /strávit/.
2. Nelíbí se mi špatně /připravit/ přednášky.
3. Vypadá to, že slečna, kterou přivedl básník, s ním jaksi nechce být /vidět/.
4. Dopisy byly /napsat/ a /poslat/ už před několika dny.

5. Žádná kniha, která byla /vydat/ před začátkem devatenáctého století, nesmí být /vyvézt/.
6. Všechno už je /koupit/ a /zaplatit/.
7. Proč právě oni byli /vybrat/?
8. Učme se jen častěji /používat/ výrazům.

3. Replace bookish expressions with neutral ones:
    1. Již nepomůže ani to.
    2. Stále máme problémy se soudruhy, již přicházejí pozdě.
    3. Záleží na tom, zda se dobře připravíte.
    4. Rychle pryč, je-li ti život milý.
    5. Cesta po níž jdou, je plna potíží.
    6. Vybral zase tentýž příklad.
    7. Skupina studujících má dole v knihovně schůzi.
    8. Teprve v únoru vás budeme informovat o tom, zdali budete letos průvodcem.

4. Give the opposites of the following words:

1. sever	26. málokdy	51. lehký
2. dobrou noc	27. vždycky	52. pít
3. krátký	28. každý	53. ahoj
4. nalevo	29. poslední	54. venkov
5. slečna	30. minulost	55. bohužel
6. kdosi	31. daleko	56. všechno
7. dolů	32. dívka	57. rád
8. slyšet	33. vejít	58. nad
9. poslouchat	34. kdekdo	59. autem
10. hůř	35. východ	60. ledakde
11. k	36. večer	61. loni
12. suchý	37. ptát se	62. hlasitěji
13. pěkný	38. venku	63. odpoledne
14. i . . . i	39. podzim	64. sem
15. buď . . ., anebo	40. do	65. tehdy
16. pozdě	41. veselo	66. po tom, co
17. ztratit	42. přesně	67. ne
18. málo	43. jednou	68. níž
19. malý	44. sestra	69. tento svět
20. běhat	45. odsud	70. horko
21. paní	46. koncem	71. vrátit se
22. zřídka	47. šíře	72. učit
23. za	48. pojď	73. méně
24. po	49. otec	74. vpředu
25. mladý	50. zima	75. rychle

5. Choose the correct form. In some sentences both forms will be correct.
    Boldface numerals refer to the relevant lesson:

1. /Potkávám - Poznávám/ Slováky každou neděli na náměstí. **12**
2. Letos je u nás /suché - sucho/. **11**
3. /Šli - Jeli/ jsme na schůzi pěšky. **9**
4. /Je to - To je/ v pořádku. **7**
5. Co /sis - ses/ myslela o hře? **5**
6. /Radši - Raději/ zůstanu doma. **12**
7. Na náměstí jsou /dva - dvě/ kina. **6**
8. Co se o tom skutečně /ví - vědí/? **5**
9. Ať /mi - si/ něco koupí. **5**
10. Prý nám /přinesli - přivezli/ cosi z Prahy. **9**
11. Ve svém oboru čtou všechno, /co - které/ vychází. **8**
12. Učíte se /fyziku - fyzice/? **5**
13. Alespoň jeden /váš nápad - z vašich nápadů/ není špatný. **9**
14. Už jezdí /sám - sami/. **13**
15. Tady máte úlohu /z - —/ algebry. **11**
16. /Během - Za/ války jsem tam strávil několik dnů. **11**
17. Dá se /říct - říci/ i tohle? **7**
18. Je /při - na/ hodině ticho? **13**
19. Cvičení jsou velmi /těžké - těžká/. **11**
20. Děti vypadají /líp - lepší/. **12**
21. To je /ale - tedy/ umění! **10**
22. Proč jsi neodpověděl /mu - jemu/? **5**
23. Stal /se - —/ naším průvodcem. **7**
24. Jakmile to uslyšíš, běž co /rychleji - nejrychleji/. **12**
25. Zabývám se /návrhem - návrhy/ výboru. **5**
26. Byl jste kdy /v - na/ jihu? **8**
27. Pokračujete /překlad - v překladu/? **12**
28. Budu mít příležitost se zúčastnit schůze až /koncem - na konci/ září. **12**
29. Pro /mne - mě/ by to nemělo smysl. **5**
30. Počasí /se - —/ najednou změnilo. **12**
31. Jak může být hra bez /hrdiny - hrdinů/? **10**
32. Našlas tam něco /zvláštní - zvláštního/? **5**
33. Už to /rozumím - chápu/. **8**
34. Odběhli /jinde - jinam/. **9**
35. Nech /si - —/ ten časopis. **12**
36. /Navštívil - Navštívili/ jste je dnes dopoledne? **3**
37. Jestli toho hned /nenecháš - nenecháváš/, bude ti špatně. **7**
38. Ukážu jim dopis /za - v/ hodinu. **11**
39. Napíšu jim dopis /za - v/ hodinu. **11**
40. Máte všechny /vaše - svoje/ věci? **6**

41. V Miladině třídě je /sedmadvacet - dvacet sedm/ dívek. **6**
42. /Kohos - Koho jsi/ u nich poznal? **3**
43. Jejich hlavním oborem je /pedagogické - pedagogická/ psychologie. **10**
44. Zavolej /všem lidem - všechny lidi/, kteří ho znali. **4**
45. Co je to za /historku - historka/? **7**
46. Jde o /celý národ - celém národě/. **13**
47. /Rád - Chtěl/ bych věděl, co se stane. **7**
48. /V - Na/ podzim jsem cestoval po Americe. **9**
49. /Zeptejme se ho - Poprosme ho/, aby u nás zůstal. **8**
50. /Nač - Oč/ myslíš? **5**
51. Řekl, že /by to bylo - to bude/ škoda. **8**
52. Odpovídáte /panovi - panu/ profesorovi anglicky? **2**
53. Kam /jde - jede/ tohle auto? **9**
54. /Nikdy - Někdy/ zpíval v rozhlase. **5**
55. Bylo jich /dva - dvanáct/. **6**
56. Je /třeba - nutno/ se zmínit o rozdílu. **13**
57. Prosinec je /dvanáctý - dvacátý/ měsíc roku. **11**
58. /Mohu - Můžu/ vám to přeložit. **6**
59. /V - Za/ několik minut máme hodinu slovenštiny. **11**
60. Kdybych nebyl docela spokojen, /bych se tam nevrátil - nevrátil bych se tam/. **7**
61. Právě /to vysvětluju - jsem to vysvětlil/. **7**
62. Již ve dvě hodiny /večer - v noci/ se o tom vědělo. **11**
63. To je /moje - mé/ poslední slovo. **6**
64. Zase četl své rychle /napsány - napsané/ myšlenky. **10**
65. Je mi /to - —/ líto, že zkoušku neudělali. **13**
66. Čteš ten řádek už /podruhé - za druhé/. **11**
67. /Ahoj - Na shledanou/, pane Ješek. **7**
68. Dnes je /třetí - třetího/ ledna. **11**
69. /Jděte - Pojďte/ ven. **9**
70. V /našem - svém/ městě není žádný antikvariát. **5**
71. Už je půl /čtvrté - na čtyři/. **11**
72. Zeptal se /mě - mi/, jestli to umím. **5**
73. Všichni /rád - rádi/ dostávají dopisy. **7**
74. Měl /bych - jsem/ jí za to zaplatit už včera. **7**
75. Nejdřív vyprávěl o hoších, /pak - potom/ o dívkách.   **7**
76. Narodil se /v roce - roku/ 1937. **11**
77. Tady /je - máte/ něco /zajímavého - zajímavé/. **2, 5**
78. Odešel /na - ve/ dvě hodiny. **11**
79. Mám to na konci /jazyku - jazyka/. **4**
80. Přece /neumíš - se neučíš/ anglicky! **5**
81. Čí je ten návrh? /Můj - Svůj/. **6**

82. Honzo, kdo tě /vodí - vozí/ do školy? **9**
83. Představil jste jim /naše kolegy - našich kolegů/? **10**
84. Nic nejíš, /že ano - že ne/? **8**
85. Rozumíme /si - se/ dobře. **5**
86. Děkuji. /Prosím - Není zač/. **7**
87. Myslím /si - —/, že to půjde. **5**
88. Mimochodem, bydlí nad /nás - námi/. **9**
89. Narodila se /mnohem - o mnoho/ dřív než já. **12**
90. Povídal jsem si s někým, /který - kdo/ má německý přízvuk. **5**
91. /Osmkrát - Devětkrát/ sedm je padesát šest. **9**
92. Kolik /znají - vědí/ cizích jazyků? **6**
93. /Žil - Bydlel/ jsem celý život v Československu. **8**
94. Zeptejte se, /kdy - když/ byl slovník vydán. **5**
95. Vyprávěl nám takovou kratší /povídku - historku/. **3**
96. Radím vám /nepít pivo - abyste nepili pivo/. **7**
97. Jak /daleko - dalece/ od sebe bydlí? **5**
98. Rádi /jdete - chodíte/ pěšky? **9**
99. Bohužel je tady /obsazené - obsazeno/. **11**
100. Tohle poslední cvičení je /těžší - nejtěžší/ ze všech. **12**

LESSON FOURTEEN

DEVIATIONS FROM THE STANDARD PATTERNS

Assimilating all deviations from the standard patterns one after the other is unproductive. Familiarize yourself with each section at the time its particular feature occurs in the vocabularies and exercises in Part Two. All words fitting into one or another of the categories described below will be accompanied in the glossary by the appropriate paragraph number.

14.1   Greek and Latin words:

Nouns of Greek and Latin origin ending in **-us, -os, -es, -ma,** and **-um** drop the ending in all cases but the nominative (and inanimate accusative) singular.

14.11   Nouns in **-us, -os,** and **-es** follow *most*[1] if inanimate (e.g., *komunismus*) or *student* if animate (e.g., *Julius*): *Mluvíme o komunismu/o Juliovi.* These nouns are masculine.

14.12   Nouns in **-ma** add **-mat-** to the stem and follow *slovo*: *o Shakespearově dramatě/o Shakespearových dramatech.* These nouns are neuter.

14.13   Nouns in **-ium** and **-eum** follow *slovo* in the singular[1] and nominative-accusative plural and *moře* in the rest of the plural: *jméno muzea/jména muzeí.* These nouns are neuter.

14.131   Nouns in a consonant plus **-um** follow *slovo*[1]: *bez data/bez dat.* These nouns are also neuter.

---

[1]Except in the prepositional, which has **-u**.

14.2   Length patterns:

Although noun stem length usually remains constant throughout the declension, some nouns do undergo alternations between long and short stem vowels. -*ů*- shortens to -*o*-: *dům/domu*; -*ou*- to -*u*-: *houba/-hub*; and in nouns with a hard stem, -*í*- to *e*-: *sníh/sněhu*. All other vowels retain their original quality while losing quantity: *práh/prahu, chvíle/chvil*.

14.21   A number of masculine nouns have a long vowel in the nominative-accusative singular form only. Among the most common are *bůh, důl, dvůr, dům, chléb, kámen, kůň, nůž, práh, sníh, stůl, vítr*: *stůl/stolu*.

Two feminine nouns, *hůl* and *sůl*, also follow this pattern: *hůl/hole, sůl/soli*.

14.22   A number of feminine nouns (soft -e and hard) lose their length in the instrumental singular and oblique plural. Among the most common are *brána, díra, dráha, kráva, lžíce, práce, rána, síla, skála, tráva, víra*: *síla/silou, sil, silám, silách, silami*.

14.23   A number of neuter and feminine nouns lose their length in the genitive plural only. Among the most common nouns in this category are *bída, dílo, houba, chvála, chvíle, jméno, míra, moucha, plíce, svíce*: *jméno/jmen*.

14.3   Some nouns depart from the standard patterns in one or two cases only.

14.31   Genitive and prepositional singular:

A small category of hard masculine inanimate nouns has -*a* instead of the more usual -*u* in the genitive singular. Among the most common are *domov, dvůr, chléb, jazyk, klášter, kostel, kout, les, národ, oběd, ostrov, popel, potok, rybník, sklep, svět, sýr, tábor, venkov, zákon, život*. These nouns have prepositional forms in *e*: *život/života/o životě*.

14.311   Geographical names in -*ov*, -*ev*, -*ýn*, and -*ín* also follow this pattern. Besides a large number of indigenous place names the category includes such foreign cities as *Berlín, Kyjev, Londýn, Mnichov, Řím*.

14.312   *duch, večer*, all masculine months except *listopad* and days of the week except *pátek* have -*a* in the genitive singular, but -*u* in the prepositional singular (*pátek* and *listopad* have -*u* in both cases). Also belonging to this category are the nominal forms of *dnes, včera, zítra, pondělí*, and *úterý* — respectively *dnešek, včerejšek, zítřek, pondělek*, and *úterek*:

Ode dneška budeme mluvit   From today on we will speak only
jenom česky.   Czech.

14.313   A substantial number of masculine nouns have **-u** in the prepositional singular even though they end in consonants other than those stipulated in 2.431. They include many borrowings (*text/textu, kurs/kursu*) and such miscellaneous words as *cit, klenot, list, plat, pocit, pobyt, podmět, předmět, účet, důvod, hlad, klid, lid, pohled, protiklad, proud, přehled, překlad, příklad, vchod, vid, východ, výklad, vzhled, čin, plyn, sen, stín, výkon, pokus, rys, vkus, důkaz, důraz, hmyz, průkaz, výraz.*

14.3131   A small number of masculine nouns have ***e** in the prepositional singular even though they end in the consonants stipulated in 2.431: *dům, strom, strop.*

14.314   **-u** is the prepositional singular for neuter nouns in velars and **-ivo,** **-ctvo,** and **-stvo,** and for abstract neuter nouns derived from adjectives: *Československo/Československu, pečivo/pečivu, dobro/dobru.* (See also 14.13.)

14.3141   An additional group of neuter nouns has **-u** in the prepositional singular. Among the most common are *jaro* (except in *na jaře*), *jméno* (only in the phrase *ve jménu*, as in *ve jménu zákona*), *písmo, pero, právo, rádio, ráno, sto.*

14.315   Several feminine nouns follow the *kolej* pattern in all cases but the genitive singular and direct plural, which have **-i**. Among the most common are *čtvrt, čtvrť, loď, nit.*

14.32   Vocative:

As noted in 2.42, nouns ending in a velar have **-u** in the vocative.

14.321   When a final **-r** is preceded by a consonant, the vocative is ***e** (and not **-e**): *bratr/bratře*, but *profesor/profesore.*

14.322   Masculine nouns in **-ec** have **-če** in the vocative: *otec/otče.*

14.323   The following nouns have irregular vocatives: *bůh/bože, člověk/člo-věče, syn/synu.*

14.33   Nominative plural:

There are several endings besides the basic **-i**.

14.331   **-é** is used with nouns in:

-ista   socialista/socialisté
-an   Američan/Američané
-tel   učitel/učitelé

14.3311   **-é** is also found with a limited number of nouns that cannot be categorized. Among the most common are *anděl, host, manžel* (but see 14.3324), *soused, žid.*

14.332 **-ové** is used with one-syllable names of peoples: *Rus/Rusové, Čech/ Čechové* (although here the regular *Češi* is both possible and more common).

14.3321 **-ové** is also found with masculine animates in **-a** (other than those in **-ista**): *hrdina/hrdinové.*

14.3322 **-ové** occurs with many borrowed animate nouns: *biolog/biologové, detektiv/detektivové, intelektuál/intelektuálové.*

14.3323 **-ové** also occurs with a limited number of nouns that cannot be categorized. Among the most common are *člen, děd, král, otęc, pán, strýc, syn,* and a small number of animate nouns in **-ęk** (*sirotęk, svědęk*).

14.3324 *manžel* takes **-ové** in the meaning "husbands" and **-é** in the meaning "man and wife, couple."

14.34 Genitive plural:
Nouns in **-ice, -íce, -iště, -íště,** and **-yně** have a zero ending in the genitive plural: *ulice/ulic, parkoviště/parkovišť, přítelkyně/přítelkyň.*

14.341 Nouns in **-le** usually follow the same pattern: *chvíle/chvil, košile/ košil.* When *neděle* means "week," its genitive plural is *nedĕl*; when it means "Sunday," its genitive plural is *nedělí.*

14.35 Prepositional plural:
Masculine nouns whose stems end in a velar undergo Type 1 alternations and add **-ích**: *jazyk/o jazycích, hoch/o hoších.*

14.351 Neuter nouns whose stems end in velars have **-ách**: *jablko/jablkách.*

14.4 Certain groups of nouns have declension patterns that are best presented as a whole rather than case by case.

14.41 Nouns in **-en** follow *pokoj* in the singular and *most* in the plural. Among the common nouns in this category are *kmen, kořen, plamen,* and *pramen.*

14.411 *týdęn* follows the above pattern in all cases but the dative and prepositional singular, where it has *týdnu.*

14.412 *dęn* also follows the *pramen* pattern, but may also have *dni* in the direct plural cases and *dní* in the genitive plural.

14.42 A large category of soft neuter nouns, many of which denote an animal's young, insert **-et-** between the stem and endings in the oblique singular and **-at-** throughout the plural. The singular follows *moře*, the plural *slovo.*

	Singular	*Plural*
1&5.	děvče	děvčata
2.	děvčete	děvčat
3.	děvčeti	děvčatům
4.	děvče	děvčata
6.	děvčeti	děvčatech
7.	děvčetem	děvčaty

14.421 *dítě*, which follows the above pattern in the singular, has *děti* in the nominative plural. *děti* follows the plural of *část* and is feminine: *Nové děti si hrály venku před školou.*

14.43 In the singular *ruka* and *noha* follow the *kniha* pattern, *oko* and *ucho* the *slovo* pattern (but see 14.314). In the plural they are all feminine and exhibit varying degrees of the now archaic dual declension:

1&5.	ruce	nohy	oči	uši
2.	rukou	nohou	očí	uší
3.	rukám	nohám	očím	uším
4.	ruce	nohy	oči	uši
6.	rukou	nohou	očích	uších
7.	rukama	nohama	očima	ušima

Adjectives modifying these nouns take -ma in the instrumental plural: *vlastníma rukama, s otevřenýma očima.*

14.431 The number *dva/dvě* and the pronoun *oba/obě* also exhibit remnants of the dual:

1&5.	dva/dvě	oba/obě
2.	dvou	obou
3.	dvěma	oběma
4.	dva/dvě	oba/obě
6.	dvou	obou
7.	dvěma	oběma

14.44 Cities ending in -ice (m.pl.) and the holidays *vánoce* and *velikonoce* (f.pl.) follow the plural *pokoj* pattern except in the genitive, where they have a zero ending: *do Budějovic*; and the instrumental, where they have -emi: *za Budějovicemi.*

14.45 A number of feminine nouns follow the *část* pattern except in the oblique plural, where they follow the *země* pattern. Among the most common are *chuť, lež, moc, mysl, nemoc, noc, pomoc, půlnoc, stať, vęs.*

14.451 A small number of feminine nouns follow the above pattern, except that only *two* of their cases, the dative and prepositional plural, have *země* forms. The two most common nouns in this category are *odpověď* and *směs.*

14.5   The following individual words exhibit a variety of irregularities.

14.51   *člověk*, though animate, has *člověku* in the dative and prepositional singular. Its vocative is *člověče*. In the nominative plural it has *lidé* (or more colloquially *lidi*), which follows the plural *část* pattern in the oblique cases.

> Note the difference between Czech and Russian usage in the genitive plural: *Tady je mnoho lidí(pět lidí)/ Здесь много людей(пять человек).*

14.52   *dveře* (f.pl.) follows the plural *země* pattern except in the instrumental, which has *dveřmi*.

14.53   *peníze* (m.pl.) shortens its **-í-** to ***e-** in oblique cases. It follows the plural *pokoj* pattern except in the genitive, which has *peněz*.

14.54   *přítel* follows *muž* in the singular. In the plural, the stem vowel changes from **-í-** to **-á-**. The nominative plural is *přátelé*, the genitive plural *přátel*. The rest of the cases follow *muž*.

14.541 *kůň* and *rodič* follow *muž* except in the nominative plural, which has *koně* and *rodiče* respectively. Note that *kůň* undergoes the stem-vowel shortening described in 14.21.

14.542 *kněz* follows *muž* in the singular. The nominative plural is *kněží* and follows *náměstí* except for the accusative, which has the regular *kněze*.

14.55   *dcera* follows *sestra* except in the dative and prepositional singular, where it has *dceři*.

14.56   *tři* and *čtyři* follow the plural *část* pattern except in the genitive, where *čtyři* has *čtyř*, and in the instrumental, where *tři* has *třemi*.

14.57   *vejce* follows *moře* except in the genitive plural, where it has *vajec*.

14.58   *rok* has *roce* in the prepositional singular, *roky* in the direct plural, and *let, letům, letech,* and *lety* in the oblique plural. *léta* replaces *roky* in the direct plural when there is no numerical modifier: *dlouhá léta/tři roky.*

14.59   *čest* follows *část*, but has the stem **ct-** in the oblique cases: *k jeho cti*. It has no plural.

14.6   Before the ***ejš-** comparative suffix (see 12.1), **-k-** and **-h-** undergo Type 2 alternations, becoming respectively **-č-** and **-ž-**: *horký/horčejší, ubohý/ubožejší*. **-ck-** and **-sk-** change to **-čť-** and **-šť-**: *americký/ američtější, britský/britštější.*

Two adjectives alter their root vowels before the **-ejš-** suffix: *bílý/ bělejší, svatý/světější.*

14.61   The most common adjectives belonging to the -š- category (see 12.2-
12.22) are *bledý, blízký, bohatý, čistý, daleký, drahý, hladký, hluboký,
hluchý, hrubý, hustý, chudý, jednoduchý, krátký, krotký, mladý, nízký,
prostý, prudký, pustý, řídký, slabý, sladký, starý, suchý, široký, těžký,
tichý, tlustý, tmavý, tuhý, tvrdý, úzký, vysoký.*

14.62   The most common adjectives belonging to the -∅- category (see 12.3)
are *břitký, hebký, hezký, kluzký, křehký, křepký, lehký, měkký, mělký,
tenký, trpký, vlhký.*

14.63   Some -š- and -∅- adjectives have alternate forms in -ejš-:

bohatší/bohatější	hustší/hustější	měkčí/měkčejší
čistší/čistější	krotší/krotčejší	prostší/prostější
hebčí/hebčejší	křehčí/křehčejší	pustší/pustější
hrubší/hrubější	křepčí/křepčejší	trpčí/trpčejší

14.631   *snadný* has *snazší* or *snadnější; snadno* has *snáz(e)* or *snadněji.*

14.64   For irregularities in the formation of the comparative degree of
adjectives and adverbs, see 12.4 and 12.51-12.53.

14.7   The following verbs have irregular *l*-participles. Because these forms
cannot be derived from the rule set forth in 3.71, they must be
memorized along with the infinitive and third person plural of the
present tense.

14.71   A small number of one-syllable verbs with infinitives in -át retain
vowel length in the *l*-participle (and infinitive when prefixed). Among
the most common are:

udát se/udají se (udál se)	hrát/hrajou (hrál)
zdát se/zdají se (zdál se)	hřát/hřejou (hřál)
bát se/bojí se (bál se)	přát/přejou (přál)
stát[1]/stojí (stál)	smát se/smějou se (smál se)

The past passive participle ends in -n: *rozesmán, přán.* The verbal
noun normally retains vowel length: *přání.*

14.711   *dít se/dějou se (dál se)* also belongs to this category.

14.72   Verbs with infinitives in -řít form *l*-participles by shortening the -í- to
-e-. Among the most common are:

třít/třou (třel)	otevřít/otevřou (otevřel)
zemřít/zemřou (zemřel)	zavřít/zavřou (zavřel)

The past passive participle ends in -n: *třen, zavřen.*

---

[1]The imperative of *stát* is the irregular *stůj.*

14.721   Verbs with infinitives in **-lít** also shorten **-í-** to **-e-** in the *l*-participle. Among the most common are:

klít/klejou (klel)   mlít/melou (mlel)

The past passive participle generally ends in **-t**: *proklet, mlet.*

14.73   Verbs with infinitives in **-jmout** and **-pnout** form *l*-participles in **-(j)al.** Among the most common are:

obejmout/obejmou (objal)   vypnout/vypnou (vypjal)
přijmout/přijmou (přijal)   zapnout/zapnou (zapjal)

The past passive participle ends in **-t**: *přijat, zapjat.* The verbal noun has ⁎etí: *přijetí, zapětí.*

14.731   Verbs in **-pnout** have variant *l*- and past participles in **-nu**: *vypnul, vypnut.*

14.74   A limited number of verbs with infinitives in **-ít** form *l*-participles by dropping the **-ít** and adding **-al.** Among the most common are:

vzít/vezmou (vzal)   začít/začnou (začal).

The past passive participle ends in **-t**: *vzat, začat.*

14.75   Verbs with infinitives in **-menout** form *l*-participles regularly (in **-menul**) or, more often, by dropping the ending and adding **-mněl.** Among the most common are:

připomenout/připomenou (připomněl)
vzpomenout/vzpomenou (vzpomněl)
zapomenout/zapomenou (zapomněl)

The past passive participle is always formed from the **-menul** form: *zapomenut.*

14.76   Verbs with infinitives in **-éci** have **-čou** in the third person plural of the present tense and form *l*-participles by shortening the vowel to **-e-** and adding **-kl**: *téci/tečou (tekl).*

Verbs with infinitives in **-ouci** retain the diphthong, but also add **-kl**: *tlouci/tlučou (tloukl).*

The past passive participle ends in **-čen**: *-tečen, -tlučen.*

14.8   The verbs that follow have irregular past passive participles only.

14.81   A small number of verbs with infinitives in **-it** undergo Type 1 rather than Type 2 alternations when the **-en** ending is added to the stem. Among the most common are *cítit—cítěn, dědit—děděn, kreslit—kreslen, radit—raděn.*

14.82   The past participle of verbs ending in a velar consonant plus **-nout** generally has the suffix **-en**, with the velar undergoing Type 2 alternations:[1] *dotknout—dotčen, nadchnout—nadšen, navrhnout—navržen, tisknout—tištěn.*

When the regular **-nut** past participle exists side by side with the **-en** form, the former commonly has a figurative meaning, the latter a literal one: *tištěn/printed, tisknut/squeezed.*

---

[1]In addition to the normal Type 2 alternations, **-sk-** goes to **-šť-**.

PART TWO

The following fourteen lessons review the essentials of Czech grammar. Each lesson contains several substitution and rewrite exercises as well as ten sentences for translation into Czech. The former reinforce the ability to produce the forms of the language; the latter develop the skill of putting forms together into sentences. Each group of translation sentences is built around a particular section in Part One.

REVIEW LESSON 1

VOCABULARY

divit se, podivit se komu čemu	to be surprised at sby, sth
hlad §14.313[1]	hunger
končit, skončit[2]	to finish
lehat si, lehnout si[3]	to lie down
ležet[3] **(-í)**	to lie
moc[4]	1. very 2. many 3. too much
oběd §14.31[5]	the midday meal, lunch
obědvat	to have the midday meal
procházet se, projít se	to take a walk
přijímat, přijmout §14.73	to accept, receive
sedat si, sednout si[3]	to sit down
sedět (-í-)[3]	to sit
smát se §14.71, **zasmát se**	to laugh at sby, sth
komu čemu	
snídaně *(f.)*[5]	breakfast
snídat	to have breakfast
spát (spí)	to sleep
včas	on time
večeře *(f.)*[5]	the evening meal, supper, dinner
večeřet	to have the evening meal
začínat, začít §14.74[2]	to begin, start
zlobit se, rozzlobit se na koho	to be angry, get angry with sby
zpátky	back
žízeň *(f. -e)*[1]	thirst

VOCABULARY NOTES

1. "to be hungry" is **_mít hlad_**; "to be thirsty" is **_mít žízeň_**.

2. If an infinitive follows **_začínat, začít_** or **_končit, skončit_**, it is always in the imperfective:

   Začal překládat.   He began translating.

   > *začínat, začít* and *končit, skončit* also translate the Russian *начи-*
   > *наться, начаться* and *кончаться, кончиться. Kdy začíná film?/*
   > *Когда начинается фильм?*

3. The reflexive verbs indicate motion; their non-reflexive counterparts indicate rest:

   Sedněte si, prosím.   Please sit down.
   Ležel jsem na zemi.   I lay on the ground.

4. *moc* serves as a colloquial synonym for *velmi, mnoho,* or *příliš*. In the latter meaning it is often accompanied by *až*:

Je moc hezká.	Je velmi hezká.
Bylo jich tam moc.	Bylo jich tam mnoho/hodně.
Teď zpívají (až) moc hlasitě.	Teď zpívají příliš hlasitě.

5. Like all Europeans, Czechs have their main meal, *oběd*, during the day. The evening meal, *večeře*, is usually less substantial. All meals take the preposition *na*:

Jsem na obědě.	I'm at lunch.
Jdu na oběd.	I'm going to lunch.

EXERCISES

1. Make sentences from the following word groups. Omit personal pronouns. Use the present tense only.
   1. Večer /procházet se/. (já)
   2. Za to mi děkovat /nemuset/. (oni)
   3. Co /chtít/ dělat? (ty)
   4. Kdy /večeřet/? (vy)
   5. Ještě /nejít/. (on)
   6. Kdy /jíst/? (oni)
   7. Asi /obědvat/ doma. (ony)
   8. Už /jít/ spát? (ty)
   9. Čemu /učit se/? (oni)
   10. /spát/ dobře. (já)
   11. Vždycky /chodit/ pěšky? (vy)
   12. Teď dost /číst/. (my)
   13. /sedět/ vpředu. (oni)
   14. /cestovat/ všude. (on)
   15. /nekončit/ včas. (my)

2. Change the verbs in the following sentences to the plural:
   1. Asi se mi divíš.
   2. Mohu si cokoliv vybrat.
   3. Najednou se zasmála.
   4. Už je pryč.
   5. Sedni si ke mně.
   6. Chtěl bych si lehnout.
   7. Přišel jsem k ní včas.
   8. Má žízeň?
   9. Začnu se učit.
   10. Přijal mě velmi laskavě.
   11. Proč se nezlobí?
   12. Kdes ležela?
   13. Ví, proč ho nepřijmu.
   14. Kdy přijde zpátky?
   15. Ať počká nahoře.
   16. Alespoň se včas vrátí.
   17. Dnes večer spí u něj.
   18. Jí příliš rychle.
   19. Komu se vlastně směješ?
   20. Večeří u tebe?

3. Change the verbs in the following sentences to the singular:

1. Nechceme tam jít pěšky.
2. Už tam leží.
3. Máte taky hlad?
4. Půjdou se projít.
5. Znáte je?
6. Nezlobte se na nás.
7. Skončí až za pět minut dvě.
8. Kdy tady snídáte?
9. Přijdeme včas.
10. Obědváme v půl jedné.
11. Zítra si sedneme tam.
12. Začnou číst.
13. Napíšeme vám.
14. Kdy jste se prošli?
15. Čtete moc rychle.

4. Translate into idiomatic Czech. (Verbs of Motion §§9.1-9.6, 9.8-9.9)

1. Do you like to fly, Miss Houba?
    Yes, and I do a lot of flying. Last year I flew to Prague and back more than twenty times.
2. Don't be angry, but I'm running to lunch. Are you hungry? Good, come with me. We'll eat together.
3. Why are you laughing?
    Because we *drove* here. After all, you live only two minutes from here. We could surely have walked.
4. Don't be surprised that I'm running so slowly; I haven't had breakfast yet.
5. Go to mother. She is lying in her room.
6. On the way from Boston to Washington we drove through New York.
7. Every morning at 7:30 I drive Milenka and Vašek to school. My wife brings them home at 3 in the afternoon.
8. I walked all day, so I'm very tired. After dinner I'll go lie down.
9. If you like to drink good beer, go to Prague. There you'll never be thirsty.
10. Where were you running to? What were you carrying? I was going to the station. I was carrying books for a friend who was leaving for Brno.

REVIEW LESSON 2

VOCABULARY

brát (berou), vzít §14.74	to take
hrát §14.71[1]	to play
chce se komu[2]	sby feels like, wants to
chvíle *(f.)* §§14.23, 14.341	a while
jinak	otherwise
kancelář *(f. -e)*	office
laciný	cheap
levný	inexpensive
mlčet (-í), odmlčet se (-í)	to be silent, fall silent
padat, padnout	to fall
poledne	noon
pršet	to rain
přát §14.71[3]	to wish
půlnoc *(f. -í)* §14.45	midnight
sníh §14.21[4]	snow
studený[5]	cold
tramvaj *(f. -e)*	streetcar, tram
určitý	definite
voda	water
zdát se komu §14.71	1. to seem 2. to dream

VOCABULARY NOTES

1. "to play a musical instrument" is ***hrát na co***:

Hraju na violu.	I play the viola.

   "to play a game" is ***hrát co***:

Chcete hrát tenis?	Do you want to play tennis?

   "to divert oneself" is ***hrát si***:

Jarda si hrál venku.	Jarda played outside.

   > In Russian they are: *Я играю на альте. Вы хотите играть в теннис? Ярда играл на дворе.*

2. | | |
   |---|---|
   | Chce se mi spát. | I feel like sleeping. |
   | Chtělo se nám hrát fotbal. | We felt like playing soccer. |

3. | | |
   |---|---|
   | Přeji vám Šťastný nový rok. | I wish you a Happy New Year. |
   | Co si přejete/Co byste si přál? | May I help you? (in a store) |

4. | | |
   |---|---|
   | Padá sníh. | It is snowing. |

5. In impersonal expressions *zima* is used:
    Večery tam bývají studené.   The evenings there are usually cold.
    Bývá tam zima.   It is usually cold there.

EXERCISES

1. Rewrite the following sentences in the past tense. Do not change the aspect.

    1. Co si přejete?
    2. Nechcete jít do kanceláře?
    3. Nebude ti zima?
    4. Začne to opravdu včas?
    5. Kdy to má skončit?
    6. Není to pravda?
    7. Přijdou dost pozdě.
    8. Asi prší.
    9. Kam máte jít?
    10. Vodu s sebou neberu.
    11. Půjdu se tam podívat.
    12. Ležíte tady už dlouho?
    13. Sednu si tam.
    14. Nic nepřineseš.
    15. Nemůže to vědět.
    16. Spí moc dlouho.
    17. Lehnu si až večer.
    18. Kdy mi ho zas dáte?
    19. V poledne obědvám.
    20. Je to skutečně jen náhoda?
    21. Jak se tam dostanete?
    22. Bohužel nic nevím.
    23. A na co hrajete vy?
    24. Pojedete tramvají?
    25. Vezmeme si jen určitou část.
    26. Proč se na to netěšíš?
    27. Dám si pozor.
    28. Navrhnu mu to.
    29. To nemá smysl.
    30. Chce se mi spát.
    31. Opravdu nechápu, proč se smějete.
    32. Raději budu mlčet.
    33. Představujeme si to jinak.
    34. Budoucnost vypadá docela dobře.
    35. Stejně jim poděkujete.
    36. Ty laciné hodinky mi nějak nejdou.
    37. Rádio hraje moc hlasitě.
    38. Zdá se, že ne.
    39. Nesmíme ještě začít.
    40. Lituji, ale nemohu ho přijmout.

2. Rewrite the following sentences using *by* constructions. Do not change the aspect.

    1. Chci vám ukázat svou kancelář.
    2. Snídám rád.
    3. Budou se na nás zlobit.
    4. Půjde se projít.
    5. Proč bydlí tam?
    6. Teď si přečtu noviny.
    7. Zůstanete tady ještě chvíli?
    8. Co budete dělat dopoledne?
    9. Mám mlčet?
    10. Umíte to použít?
    11. Smím se na něco zeptat?
    12. Můžete to koupit levněji?
    13. Nechci víc o tom slyšet.
    14. To ovšem nevíme.
    15. Takhle určitě nikam nedojdeš.
    16. Má žízeň?
    17. Neřeknu jim to.
    18. Určitě se vrátí.
    19. Chce se mi něco vypít.
    20. Nebudu se smát.
    21. Rádi ti pomůžeme.
    22. Zdá se, že ano.
    23. O čem si povídají?
    24. Jak to vysvětlíme?
    25. Lehne si k půlnoci.
    26. Co leží nahoře?
    27. Co si přejete?
    28. Nerozumím jim.
    29. Nikdy nevezmu své slovo zpátky.
    30. Už se připravujeme na zkoušky.

3.   Translate into idiomatic Czech. (Verbs of Motion §§9.7-73)

1. Sit down, please. May I help you?
   I'd like to speak to Professor Vachek.
   I'm sorry, but Professor Vachek has just left.
2. The class ends at ten to three. Come on time. I don't like to wait.
3. Bring me Ivan's dictionary.
   I can't. I returned it to Ivan a week ago.
4. Honza would drive you here to our place even if it were raining or snowing.
5. The airplane flew across the bridge. I saw it myself.
6. Can one ride through the city by tram?
   Of course. In forty-five minutes.
7. Come to our place. We have dinner at seven.
   Could I bring something? Beer, for example?
8. In the morning they played in front of the school. In the afternoon they will be taking a walk down by the bridge.
9. I had hoped he would walk across the main square, but now it seems he will walk around it.
10. Let's go downstairs. Alena will come soon.

REVIEW LESSON 3

VOCABULARY

a tak dále (atd.) — et cetera (etc.)

bát se §14.71 **koho čeho** — to be afraid of sby, sth

bavit — to amuse
   bavit se, pobavit se — to have a good time
   bavit se, pobavit se s kým — to chat with sby

čaj — tea

do(z)vídat se, do(z)vědět se §6.9 — to find out

hotový (hotov) — ready

jediný — only, sole

káva — coffee

legrace (*f.*) — fun
   legrační — funny

mimo[1] **koho co** — 1. except 2. in addition to 3. outside of

mluvnice (*f.*) §14.34 — grammar

polovina — half

pořád[2] — all the time, constantly

představení — performance
   na představení — at the performance

přestávat, přestat (přestanou)[3] — to stop

slunce — sun

stát §14.71 — 1. to stand 2. to cost

vstávat, vstát (vstanou) — to get up

zapomínat, zapomenout §14.75[4] — to forget

žák[5] — pupil, student (m.)
   žačka — pupil, student (f.)

VOCABULARY NOTES

1.   Mimo otce tam byli všichni. — Everyone but father was there.
     Mimo češtinu zná i jiné slovanské jazyky. — He knows other Slavic languages in addition to Czech.
     Prý je mimo Prahu. — I've heard he's not in Prague.

2.   *pořád* is a synonym of *stále*:
     Jsou pořád sami. — They are always alone.
     Prší pořád víc. — It's raining more and more.

3. Like *začínat, začít* and *končit, skončit, přestávat, přestat* takes an imperfective infinitive.

4. *zapomínat, zapomenout co* means "to forget" in the sense of "to let sth slip one's mind" or "leave sth behind":

    Zapomněl jsem jeho jméno/svoji   I forgot his name/my pencil.
    tužku.

    zapomínat, zapomenout na co means "to forget" in the sense of "to stop thinking about sth":

    Nemůže zapomenout na první   He can't forget his first wife.
    ženu.

5. *žák* refers to those attending primary or secondary schools, *student* to those attending secondary school or institutions of higher education. *žák* can also refer to a disciple: *Platonův žák, Aristoteles*.

EXERCISES

1. Rewrite the following sentences in the past and future. Use the perfective if possible.

    1. Dávám vám polovinu.
    2. Ztrácí všechno.
    3. Co si přejete?
    4. Nekupuješ mi kávu nebo čaj?
    5. Celý týden padá sníh.
    6. Vůbec to nechápe.
    7. Kdy začíná představení?
    8. A kdy končí?
    9. Děláme to jinak.
    10. Bojí se to vzít.
    11. Mám pořád víc potíží.
    12. Přestává mě to bavit.
    13. Na všechno zapomíná.
    14. Nosí to s sebou.
    15. Kdo z vás zůstává vevnitř?
    16. Nesmíš bydlet mimo město.
    17. Píšu dopis.
    18. Umíte dobře německy?
    19. Kde stojí?
    20. Jezdí vlakem, autem atd.
    21. Je jí ho líto.
    22. Nechce se mi poslouchat.
    23. Nechce mě poslouchat.
    24. Jí až moc rychle.
    25. Kdy vychází slunce?
    26. Celé dny sedí a mlčí.
    27. Nic tady nenacházím.
    28. Čtu noviny.
    29. To je tedy legrace.
    30. Vyjadřuju se jasně?
    31. Kolik to stojí?
    32. Vždyť vám to říkají.
    33. Nic se nedozvídáme.
    34. Přijímám všechny tvoje návrhy.
    35. Ukazujeme vám všechno.
    36. Lehám si na chvíli.
    37. Přijíždí o hodinu pozdě.
    38. Pořád prší.
    39. Posíláš už ten časopis?
    40. Bavíme se dobře.
    41. Všichni dostáváme něco zpátky.
    42. Proč nehrajete?
    43. Bereš to s sebou?
    44. Spíš nahoře?
    45. Kdy večeříte?
    46. Smějeme se.
    47. Už přestává být smutná.
    48. Vstáváš včas?
    49. Naše skupina se jde projít.
    50. Tomu se nedivím.

2. Copy the following sentences, writing out all the numerals.

  1. Přednášky trvají 2 až 3 hodiny.
  2. Jsem za 15 minut hotova.
  3. Univerzita Karlova existuje už od roku 1348.
  4. Kolikátého je dnes?   21. dubna.
  5. Únor má 28 nebo 29 dnů.
  6. Představení začíná až v 19 hodin.
  7. Cesta tam a zpátky mi trvala skoro 45 minut.
  8. Masaryk se narodil r. 1850.
  9. Je to ve 2., 3. nebo 4. pádě?
 10. Mám ve třídě 23 žáků a 18 žaček.

3. Translate into idiomatic Czech. (*se/si* verbs §5.31-5.312)

  1. I never get angry, but *you* make me angry.
  2. When did he sit down?
     He's been sitting for a whole hour.
  3. She likes to have a good time. Everything amuses her.
  4. We often chat with friends. It's fun.
  5. I feel like going home. Come with me.
     Go alone. Don't be afraid.
  6. Why are you laughing at me?
     Look at yourself and you'll know why.
  7. Don't you notice anything? Haven't you even noticed that it's snowing?
  8. They often work together; they like to help each other.
  9. Have you found out whether they like each other and what they chat about?
 10. In Prague German was spoken; only in smaller cities was Czech spoken.

REVIEW LESSON 4

VOCABULARY

bolet[1]	to hurt
dítě §14.421	child
hlava	head
kufr	suitcase
lékař	doctor
mléko §14.314	milk
mýt (myjou), umýt (umyjou)	to wash
noha §14.43	1. foot 2. leg
oba §14.431	both
peníze *(m.pl.)* §14.53	money
pravidlo	rule
ruka §14.43	1. hand 2. arm
setkávat se, setkat se s kým[2]	to meet sby
skříň (*f.* -e)	wardrobe, closet
stůl §14.21	table
šaty *(m.pl.)*	1. clothes 2. (men's) suit 3. dress
unavený (unaven)	tired
usmívat se, usmát se na koho §14.71	smile at sby
ústa *(n.pl.)*	mouth
zdraví	health
zdravý (zdráv)	healthy
židle (*f.*)	chair

VOCABULARY NOTES

1. Bolí mě hlava.   I have a headache.

    Bolely ho nohy.   His legs hurt.

    > Russian uses an *y* construction: *У меня болит голова. У него болели ноги.*

2. ***potkávat, potkat koho*** denotes chance meeting, while ***setkávat se, setkat se s kým*** involves a set plan:

    A právě včera jsem ho potkal.   And just yesterday I ran into him.

    Často se s ním setkávám.   We meet often (by design).

EXERCISES

1. Rewrite the following sentences in the present tense:

   1. Usmála ses na něj?
   2. Nezapomenu na své zdraví.
   3. Pojedete odpoledne k Angličanům.
   4. Budeš ho chtít navštívit?
   5. Odjedete odtud?
   6. Ani čaj, ani kávu si nevezme.
   7. Přijde jednou za týden.
   8. Nebudou už spát?
   9. Tohle asi nevěděli.
   10. Bál jsem se vstát.
   11. Jak ti to šlo?
   12. Kde jste se s nimi setkali?
   13. Letos budu mít málo času.
   14. Děti si budou hrát.
   15. Kdy budou jíst?
   16. Koupíš si dražší šaty?
   17. Poradil ti?
   18. Vždyť jsem ti o tom psal.
   19. Běžela někam pryč.
   20. Co jste si o té hře myslel?
   21. Tramvaj měla brzo odjet.
   22. Knihy dal samozřejmě do skříně.
   23. Pršelo už od rána.
   24. Asi neměli dost peněz.
   25. Rád hrál fotbal.
   26. Lidé se podívali na slunce.
   27. Sedli si ke stolu.
   28. Proč jsi poprosil o peníze?
   29. Hodiny stály blízko skříně.
   30. Nesl svůj jediný kufr.
   31. Knihy jsem vrátil pozdě.
   32. Naštěstí si umyl ruce.
   33. Všichni se mu smáli, když slyšeli jeho historku.
   34. Přál nám Šťastný nový rok.
   35. Večeřeli jsme dost pozdě.

2. Choose the forms necessary to complete the sentences below. Sometimes both forms will be acceptable.

   1. Pořád se mě na to /zeptal - ptal/.
   2. Už si na mluvnici /zvykali - zvykli/.
   3. Včera jsem ho /potkával - potkal/ před fakultou.
   4. Když odešel, /začali - začínali/ si povídat o něčem jiném.
   5. Lékař se mu /podíval - díval/ na ruce a nohy.
   6. Cestou si chci něco /koupit - kupovat/.
   7. Říkal nám oběma, že to /četl - přečetl/.
   8. Většinu těch knih si můžeš /vzít - brát/ domů.
   9. Často tam /šel - chodil/.
   10. Loni jaro /přicházelo - přišlo/ až koncem května.

3. Rewrite in the negative:

   1. Asi bude pršet.
   2. Zavolej všem těm lidem.
   3. Mohl byste mi to vysvětlit?
   4. Letos je hezky.
   5. Ukážeš mi ten článek?
   6. Po večeři prý zůstanou doma.
   7. Ať se přestane usmívat!
   8. Chci s někým mluvit.
   9. Vaši žáci se mi líbili.
   10. Něco se stalo.
   11. Rozzlobte se!
   12. Bolí vás hlava?
   13. Udělat bych to mohl.
   14. Proč tě to napadlo?
   15. Kdybych byl býval unaven, byl bych si lehl.

4.   Rewrite, omitting the subject pronouns and making the necessary changes in word order.

   1. My jsme jim to museli poslat.
   2. On se tomu ani moc nedivil.
   3. My se nezlobíme.
   4. Vy to přeložíte líp?
   5. Ty to musíš vědět.
   6. Vy byste se měl víc zabývat mluvnicí.
   7. Ona by se oběma smála.
   8. My jsme tam bydleli dva roky.
   9. Já jsem ji pozvat nechtěl.
   10. My bychom jim mohli pomoct.
   11. Oni už asi vůbec nepřijdou.
   12. Vy jste tam hrál Hamleta?
   13. Já bych to neuměl.
   14. Ty bys nebyla unavena, že ne?
   15. Oni by to stejně neviděli.

5.   Translate into idiomatic Czech. (Past Passive Participles §§10.6-10.7)

   1. Most of the stories were written by a well-known doctor.
   2. During the war she lost her husband and two beloved children.
   3. A guide will be chosen and sent immediately.
   4. What can you buy in a second-hand bookstore besides used books?
   5. The people who were invited to the performance sat downstairs in the front. Our group stood upstairs in the back.
   6. At the doctors' meeting it was said that he wasn't healthy.
   7. The new rules were explained by Comrade Valenta.
   8. No one has found the lost money yet.
   9. The poet's first novel was received with great interest.
   10. Everything except the songs was translated and published.

REVIEW LESSON 5

VOCABULARY

dveře *(f.pl.)* §14.52[1]	door
holka[2]	girl
chlapęc §14.322	boy
kluk[2]	boy
kočka	cat
koupat se (koupou se), vykoupat se (vykoupou se)[3]	1. to take a bath 2. to go swimming
koupelna[4]	bathroom
nazpaměť	by heart
obchod	store, business
okno	window
oko §14.43	eye
omlouvat se, omluvit se komu	to apologize to sby
pęs	dog
pilný	hardworking
plavat (plavou)[3]	to swim
práce §14.22	work
přítel §14.54	friend (m.)
přítelkyně *(f.)* §14.34	friend (f.)
stačit[5]	to be enough
starost *(f. -i)*	worry
ucho §14.43	ear
záchod[4]	bathroom, lavatory
na záchodě	in the bathroom

VOCABULARY NOTES

1. *dveře*, like *hodiny, hodinky,* and *dějiny,* is always in the plural.

2. *holka* and *kluk* are both colloquial. The vocative of the former is the same as the nominative: *holka*.

3. Umíte plavat?   Do you know how to swim?
    Kde jste se koupali dnes?   Where did you go swimming today?

4. In Czech houses the bathroom consists of two rooms: a room with a bathtub and washbasin, *koupelna*, and a room with a toilet, *záchod*. A public toilet is also called a *záchod*.

5. *stačit* is bi-aspectual. *stačí* can thus mean either "it is enough" or "it will be enough":

Stačí zavolat.   All you have to do is call.

Note the following related meaning:

Na to nestačím.   I'm not up to that. I won't have
                                   enough time for that.

EXERCISES

1. Rewrite the following sentences in the imperative:

    1. Jdeš pryč?   16. Pomůžete svým přátelům.
    2. Přečteme to ještě jednou.   17. Nesedáš si k nám.
    3. Umylas skříně a dveře.   18. Neztrácíš s tím čas.
    4. To napíše dítě.   19. Navštívíte mě v Praze?
    5. Pracujeme pilněji.   20. Už nic neříkáte.
    6. Radši sedíte na židli?   21. Jsi trochu pilnější.
    7. Doufáme, že ano.   22. Jde spát v osm.
    8. Vezmeš si ještě trochu?   23. Pošleš mi zase svoje povídky?
    9. Nesměje se mým přátelům.   24. Naučíme se pravidlům
    10. Půjdeme do divadla.   nazpaměť.
    11. Odpovíte mi.   25. Neděláš si starosti.
    12. Neposlouchá jen jedním   26. Přijdeš na oběd?
        uchem.   27. Usměješ se trochu.
    13. Nezlobíte se?   28. Používáte správných pádů.
    14. Promineš mi to?   29. Máš se hezky.
    15. Zůstanete tady.   30. Jedete do ciziny.

2. Adjust the infinitives to fit the context. Be ready to translate.

    1. Poraďte mi, jestli jí to (mít) prominout.
    2. (smět) se vás na něco zeptat i já?
    3. Řekli mi, že už ne(muset) chodit k lékaři.
    4. (moci) by to vyslovit docela dobře, ale nechce se mu.
    5. Ne(smět) se na něj zlobit, Mileno. On za nic nemůže.
    6. (muset) jsem o to poprosit několikrát.
    7. Nikdo se ne(moci) naučit všemu.
    8. Nevím, jestli si (mít) koupit novou skříň.
    9. Kdyby chtěl, (moci) by si na to lehce zvyknout.
    10. Nic se nestalo, ne(muset) se mu omlouvat.
    11. Opakuju ti: o tom ne(smět) mluvit.
    12. Šaty už (mít) být hotovy.
    13. Zúčastnil bych se rád, ale ne(moci).
    14. (smět) si k vám sednout?

15. (muset) mluvit pomalu, abych vám rozuměl.
16. Kluk moc zlobil a teď ne(smět) jít ven.
17. Nebydlela bych tam, kdybych ne(muset).
18. (muset) to slyšet na vlastní uši, abych tomu uvěřil.
19. Tady se ne(smět) plavat.
20. (mít) dělat všechno podle pravidel.

3.   Fill in the blanks with **vědět, umět,** or **znát** in the present tense:
   1. _____ tu holku?   (ty)
   2. Česky _____ zatím málo.   (já)
   3. _____, že tam byl.   (já)
   4. Některé z těch lidí _____.   (já)
   5. Co _____, to mě naučil on.   (já)
   6. Snad se ani ne _____ smát.   (oni)
   7. _____, že už je chladno?   (vy)
   8. Toho člověka dobře _____.   (on)
   9. _____ tu větu nazpaměť?   (ty)
   10. _____ vysvětlovat mluvnici.   (on)
   11. _____ toho psa?   (oni)
   12. O tom knihkupectví už _____.   (já)
   13. _____ obě hry?   (vy)
   14. Ne _____, jak to mám vyjádřit.   (já)
   15. _____ pěkně zpívat.   (ty)
   16. Myslím, že _____ rusky.   (on)
   17. _____, co mám dělat.   (já)
   18. _____, že v noci pršelo?   (ty)
   19. _____ dost rychle běhat.   (oni)
   20. _____ tam několik hospod.   (já)
   21. Něco už o nich _____.   (já)
   22. _____ chvíli mlčet?   (ty)
   23. _____ něco nového?   (vy)
   24. _____, jestli to stačí?   (oni)
   25. _____ jeho lékaře.   (ty)

4.   Translate into idiomatic Czech. (**rád** vs. **líbit se** §6.2)
   1. I don't like swimming in cold water. I don't like cold water at all.
   2. We would like to have a look at something cheaper. Do you have something that costs less than fifty crowns?
   3. I'd like to come—I like your friends—but I have a headache.
   4. I like you, Vlasta.
      And *I* like *you*, Karel.
   5. I don't like working at the office. I prefer working at home.
   6. Which month do you like most?

7. I'm glad you're getting along better.
8. How did you like his anecdotes?
   Not very much. It seems to me they weren't funny enough.
9. How old are your pupils?
   Eight or nine. I like teaching younger children because they like to learn.
10. I'd like to learn those poems by heart, but unfortunately I haven't got time.

REVIEW LESSON 6

VOCABULARY

bota	shoe
budova	building
číslo	number
kabát	coat
kalhoty *(f.pl.)*	pants, trousers
kapsa	pocket
klobouk	hat
kostel §14.31	church
košile *(f.)* §14.341	shirt, blouse
letadlo	airplane
letiště §14.34	airport
na letišti	at the airport
loď *(f.)* §14.315	ship
maso	meat
místnost *(f. -i)*[1]	room
oblékat, obléci §14.76[2]	to dress
pero	pen
tužka	pencil
učitel (-e) §14.331	teacher (m.)
učitelka	teacher (f.)
ulice *(f.)* §14.34	street
vesnice *(f.)* §14.34	village

VOCABULARY NOTES

1.   *pokoj* refers to a room in a house or apartment; *místnost* may refer to any type of room.

Přednáška bude v místnosti číslo sto jedna.	The lecture will be in room 101.

2.

Starší sestra oblekla mladší.	The older sister dressed the younger one(s).
Starší sestra se oblekla.	The older sister got dressed.
Starší sestra si oblekla kabát (= si vzala kabát).	The older sister put on her coat.

EXERCISES

1. Rewrite the following sentences as questions by asking about the italicized words.

    Given: Volám *příteli.*
            Komu voláte?

    1. Řeknu to *bratrovi.*
    2. Bál jsem se *slunce.*
    3. Mluvil jsem s *chlapci.*
    4. Umyl jsem se *v koupelně.*
    5. Koupím to *matce.*
    6. Pojedu *vlakem.*
    7. Zeptám se *učitele.*
    8. Ráda píšu *tužkou.*
    9. Odešel *do práce.*
    10. Odešel *z práce.*
    11. Dívají se *z okna.*
    12. Zůstanu u *přátel.*
    13. Rád pije *vodu.*
    14. Napsal *mluvnici.*
    15. Potkal *kamaráda.*
    16. Dostali *dvě* nové knihy.
    17. Dopis je od *žáka.*
    18. Bavili se o *sestře.*
    19. Přišli k *vysoké* budově.
    20. Navštívil mě *přítel.*
    21. Čekám na *jeho* sestru.
    22. Stojí *na mostě.*
    23. *Učitelce* bylo trochu zima.
    24. Vypadá *unaveně.*
    25. Zítra odlétá *do Prahy.*

2. Adjust the nouns between slash marks to their context:
    1. Čekal jsem před /nádraží, fakulta, kolej, divadlo, restaurace, místnost/.
    2. Došel až k /voda, most, moře, vesnice, bratr/.
    3. Půjdu se projít po /ulice, město, náměstí, budova/.
    4. Pojedu /autobus, tramvaj, auto, loď, vlak/.
    5. Šel do /hospoda, kino, knihovna, obchod, knihkupectví/.
    6. Sedí na /židle, stůl, okno, kniha/.
    7. Odešel z /ústav, pokoj, místnost, třída, záchod, koupelna/.
    8. Zůstal chvíli v /divadlo, byt, kostel, antikvariát, dveře/.
    9. Určitě přinese /voda, práce, pes a kočka, štěstí, mléko/.
    10. Přiletěl z /Praha, Chicago, Londýn, Berlín, Stokholm, Paříž/.[1]
    11. Jedl /maso, snídaně, oběd, večeře/.
    12. Napsal oba/obě /povídka, číslo, dopis, báseň, článek/.

3. Fill in the blanks with *se* or *si* whenever possible:
    1. Koho _____ na to zeptáš?
    2. Znal jsem _____ tu hru.
    3. Už jsem _____ umyl.
    4. Chci _____ na to podívat.
    5. Museli jsme _____ jim omluvit.
    6. Po práci _____ šel projít.
    7. Nic jsme _____ tam nedověděli.

---

[1]See Appendix C.

8. Něco by _____ o tom měl vědět.
9. Rozumíte _____, že ano?
10. Znáte _____, že ano?
11. Půjdu _____ koupat.
12. Teprve loni _____ stal profesorem.
13. Budu _____ poslouchat rozhlas.
14. Co _____ o té holce myslíš?
15. Venku _____ stojí několik lidí.
16. Pes _____ běžel za kočkou.
17. Čekal _____ na kluky před obchodem.
18. Kolik _____ to stálo?
19. Dá _____ milovat několikrát?
20. Nebál _____ těch chlapců.
21. Večer _____ s nimi setkám.
22. Potkal jsem _____ tam přátele.
23. Díval _____ do obchodu.
24. Jsem _____ jist, že na katedru nešel.
25. Zúčastnil _____ schůze.
26. Zdá _____ mi, že _____ tam přijdeme o dvě hodiny pozdě.
27. Nehledal jste _____ mě?
28. Baví _____ tě to?
29. Musím _____ to naučit.
30. Co jste _____ jedl?
31. Nechci, aby _____ něco stalo.
32. Rozhodl jsem _____ použít toho výrazu.

4. Translate into idiomatic Czech. (Comparatives §§12.1-3, 12.5, 12.61-64)
   1. Was Vlasta's coat cheaper than little Milan's shoes?
   2. My younger sister dresses more slowly than my older sister. She is only four.
   3. If you don't speak more clearly and correctly, no one will understand you.
   4. We are going by boat even though we would rather fly.
   5. This year it is very humid and the sun rarely comes out. It is also raining more than last year.
   6. Is Jan's street wider or narrower than ours?
      Much wider. After all, he lives on Národní třída!
   7. Health is more important than money.
   8. The older rules were shorter than those new ones.
   9. *You* arrived at the airport at five thirty. *They* arrived at six thirty. They therefore arrived an hour later than you.
   10. This lesson is easier than that one, isn't it?

REVIEW LESSON 7

VOCABULARY

babička	grandmother
dcera §14.55[1]	daughter
dědečęk	grandfather
dílo §14.23	work (of art, literature)
jídlo	food, meal
jméno §§14.23, 14.3141[2]	name
kouřit	to smoke
kvůli komu čemu	because of, for the sake of sby, sth
občan §14.331	citizen (m.)
občanka	citizen (f.)
pole	field
na poli	in the field
polévka	soup
pozítří	the day after tomorrow
předevčírem	the day before yesterday
přednost (*f.*-**i**)[3]	preference
řeka	river
strom §14.3131	tree
strýc §14.3323	uncle
syn §§14.323, 14.3323	son
teta	aunt
umělęc §14.322	artist (m.)
umělkyně (*f.*) §14.34	artist (f.)

VOCABULARY NOTES

1. *dcera* is pronounced [cera].

2. *jméno* is pronounced [méno].

3. Dávám přednost těmhle básním
   před tamtěmi.

      I prefer these poems to those.

   Dámy mají přednost.

      Ladies first.

EXERCISES

1. Adjust the nouns between slash marks to their context:
   1. Přišel k /učitel, stůl, pán, pokoj, obchod, Miloš, záchod, lékař/.
   2. Dívá se na /syn, obraz, soudruh, dcera, strom, umělec/.
   3. Mluvili o /konec, zdraví, leden, sníh, pan kolega, článek, hoch/.

4. Vrátil se s /čaj, hrdina, sešit, dědeček, Zdeněk, kufr, občan Brych/.
5. Chodí bez /kniha, skupina, přítelkyně, dcera, večeře, oběd, starost, tužka, myšlenka, práce/.
6. Poslouchá /hudba, přednáška, lekce, hra, báseň, učitel/.
7. Sedí na /schůze, skříň, židle, cesta, pole/.
8. Stojí před /kolej, budova, vesnice, koupelna, knihovna, místnost, škola/.
9. Je to z /maso, knihkupectví, pivo, pole/?
10. Zlobí se kvůli /mléko, počasí, letiště, jméno, rozhodnutí, slovo, kouření/.
11. Má práci s /psaní, jídlo, vaření, dítě, představení/.
12. Co je to za /číslo, polévka, čaj, dítě, práce/?

2. Adjust the nouns between slash marks to their context:

1. Zůstal prý ležet v /postel/.
2. Konečně si koupil několik /tužky/.
3. To záleží na jejich /přítel/.
4. Šel se projít ke /kostel/.
5. Už jsi se /synové/ spokojen?
6. Dá se tam jít bez /otec/?
7. Došli jsme až na /konec/.
8. Od /oběd/ jsem nejedl.
9. Přišel jsem po /Petr/.
10. Máte jít k /soudruh učitel/.
11. Je to blízko /most/.
12. Před /týden/ jsem mluvil s /Karel/.
13. Musím se vrátit pro /úlohy/.
14. Všechno skončím do /prosinec/.
15. Přečtu si to po /snídaně/.
16. Pořád tam potkávám /přátelé/.
17. Co je vlastně za /umělkyně/?
18. Bavil jsem se s /holka/ z naší /třída/.
19. Zůstanu tam do /začátek/ představení.
20. Stalo se to před /několik let/.
21. Viděl jsem přibíhat /pes/.
22. Jsem ve straně už od /říjen/.
23. Strýc má doma /psi/.
24. Auto jede po /most/.
25. Na /stůl/ není nic.
26. Bude si hrát do /večer/.
27. Stál před /strom/.
28. Chci se jít podívat na /kostel/.
29. Po /ulice/ jsem chodil až do /noc/.

30. Půjdu ke /kolega Dvorník/.
31. Na /oběd/ mlčel.
32. Vrátím se za /měsíc/.
33. Pojďte do /letadlo/.
34. Před /chvíle/ tam ještě leželo nějaké pero.
35. Do /sobota/ to nestačím.
36. Večeřel jsem s /dcery/.
37. /Babička/ musím poslat /noviny/.
38. Snídala až po /dědeček/.
39. Zase počkám před /fakulta/.
40. Koupal jste se někdy ve /Vltava/?
41. Při /jídlo/ se nesmí kouřit.
42. Poslouchal /učitel/ jen jedním uchem.
43. Bavili jsme se o /lekce/.
44. Už dávno jsem zapomněl /jména/ těch /ulice/.
45. Dáváš přednost /byt/ nebo /pokoj/ na /kolej/?
46. Mnoho /umělci/ bylo dlouho bez /práce/.
47. Sedl si za /stůl/.
48. Co to máš v /ruka/?
49. Bylo ve /výbor/ dost /básně/?
50. K /večeře/ rádi jíme /polévka/.

3.   Translate into idiomatic Czech. (Comparatives §§12.4, 12.51-54)

   1. Don't stop reading, please. Keep reading.
   2. What hurts you most? Your head ... ears ... eyes ... arms ... legs?
      Tell the doctor where it hurts you most, Jarda. Otherwise he won't be able to help you.
   3. To the right is the bathroom, to the left the toilet, and further on—behind the door—will be your room.
   4. The more the better.
   5. Get dressed as quickly as possible and come with me.
   6. I prefer to be silent when I hear them speak.
   7. Why are you having so much trouble with Russian?
      This year the exams are much harder. I should study more.
   8. Where can I buy it more cheaply?
      In the store opposite us. Hats, coats, shirts, shoes—everything is cheaper there.
   9. When *I* have something big, *they* have something bigger. When *I* have something small, *they* have something smaller.
   10. I can stay two hours longer than you because I live closer.

REVIEW LESSON 8

VOCABULARY

Bůh §§14.21, 14.323	God
dávno	long ago
dům §§14.21, 14.3131	house
chléb §§14.21, 14.31	bread
kus[1]	piece
láska	love
nedávno	recently
Němec	German (m.)
Němka	German (f.)
papír	paper
postel (*f.* **-e**)	bed
překladatel (**-e**) §14.331	translator (m.)
překladatelka	translator (f.)
přes koho co[2]	1. across, via 2. throughout
	3. in spite of
pták	bird
Rus §14.332	Russian (m.)
Ruska	Russian (f.)
spisovatel (**-e**) §14.331	writer (m.)
spisovatelka	writer (f.)
však[3]	1. but 2. after all
výlet	outing
na výletě	at the outing
výstava	exhibition
na výstavě	at the exhibition
zahýbat, zahnout[4]	to turn
zpráva	piece of news, information

VOCABULARY NOTES

1. The diminutive, *kousęk*, is also common. One productive way of forming diminutives is to add **-ęk, -ko,** or **-ka** to the stems of masculine, neuter, and feminine nouns, respectively. During the process the stem vowel often lengthens (*kus/kousęk*) or shortens (*stůl/stolęk*) (see Appendix B), and the final consonant often undergoes Type 2 alternation (*kniha/knížka*).

2. Přešla přes ulici.   She crossed the street.
   Na Slovensko jedeme vlakem   We're taking the train to Slovakia
   přes Bohumín.   via Bohumín.

Pracuje v noci, a tak spí přes den.	He works at night, so he sleeps all day.
Přes naše rozdíly zůstanu tvým přítelem.	In spite of our differences I will remain your friend.

3. In the meaning "but" *však* is an enclitic:

Vezmu tohle, dal bych však přednost tamtomu.	I'll take this, but I would prefer that.

In the meaning "after all" (= vždyť) it stands at the beginning of the sentence or clause:

Nediv se mu, však ho znáš.	Don't be surprised at him. After all, you know what he's like.

4. *zahýbat, zahnout* is used in giving directions:

Zahněte doprava.	Turn right.

EXERCISES

1. Adjust the nouns between slash marks to their context:
    1. Snažím se najít /teta/ nebo /babička/.
    2. Setkám se tam s /kolegyně/ své /přítelkyně/.
    3. Udělal moc /chyby/.
    4. Dali mu ještě několik /otázky/.
    5. Vrátím se až za /hodina/.
    6. Ze /schůze/ odešel před /dvě nebo tři hodiny/.
    7. Při /práce/ si leckdy zpívá.
    8. Konečně jsem dostal od /přátelé/ zprávy.
    9. Začal se dívat z /okno/.
    10. Už před /snídaně/ přestalo pršet.
    11. Koupali se v /moře/.
    12. Vybrala si jedno z /čísla/.
    13. Nech /šaty/ ve /skříň/.
    14. Vezmi si přece kousek /maso/.
    15. Letěl jsi někdy /letadlo/?
    16. K /mléko/ ti dám kus chleba.
    17. Vlak právě přijel na /nádraží/.
    18. Každý den jezdíme na /letiště/.
    19. Nepřišel kvůli /počasí/.
    20. V /divadlo/ se v /léto/ nehraje.
    21. Loni na /jaro/ tady nebyli /žádní Němci/.
    22. Dnes večer půjdu k /spisovatelé/.
    23. Je tam několik /nakladatelství/.
    24. Pojďte se projít po /obchody/.

25. Před /náměstí/ zahněte vpravo.
26. Je mu to vidět na /oči/.
27. Doufám, že jste už po /večeře/.
28. Před /vesnice/ však musíte zahnout k /pole/.
29. Zapomněl jsem na /literatura/.
30. /Kluk/ se chce jít na /záchod/.
31. Zazpívali několik /písně/.
32. Dává přednost /šaty/ z /cizina/.
33. Kočka ležela pod /skříň/.
34. Na /fakulta/ pojedu třeba /tramvaj/.
35. V /Praha/ budu do /červenec/.
36. Nedaleko odtud má několik /pole/.
37. Kolik /vojáci/ padlo za /válka/?
38. V /Brno/ je mnoho /kostely/.
39. Přijedu před /půlnoc/.
40. Dojdi si co nejdřív do /obchod/ pro /čaj/ a /káva/.
41. V /léto/ pojedeme k /babička/.
42. Usmála se na /Němec/.
43. Děti si hrály před /výstava/.
44. Setkáme se před /divadlo/ nebo až v /divadlo/?
45. Na /jih/ pojedu v /zima/.
46. Ptáci seděli na /strom/.
47. Na /katedra/ sice není, ale někde v /budova/ snad bude.
48. Kdo v /Bůh/ nevěří je ateista.
49. Dopoledne chci jít na /fakulta/ a odpoledne do /knihovna/.
50. Pacienty přijímá od /neděle/ do /čtvrtek/; v /pátek/ a v /sobota/ je na /venkov/.
51. Pořád ještě se kvůli /výlet/ zlobíš?
52. Zítra večer půjdu s /přátelé/ a /přítelkyně/ do /hospoda/.
53. Nerad čtu ve /vlak/.
54. Právě jsme poslouchali /poslední zprávy/ od /Rusové/.
55. Chodil se /pes/ po /město/.
56. Pozval jsem tam samozřejmě jen své nejlepší /přátelé/.
57. Vykoupeme se hned po /oběd/.
58. Na /schůze/ asi zůstanu až do /konec/.
59. Za /Josef II./ měl několik /jména/.
60. S /dítě/ má moc /starosti/.
61. Zabývám se pořád /letadla/ a /letiště/.
62. Kolik /lodě/ vidíš na /moře/?
63. Stačíš se naučit /mluvnice/ nazpaměť?
64. Omluv se /Honza/, /Kateřina/!
65. Večeřeli jste před /představení/ nebo po /představení/?

2. Omit the italicized word and rewrite:

    1. Co to je v kapse *vašeho* žáka?

    2. Zdraví *tety* Vlasty už není to nejlepší.

    3. Sedí v kanceláři *pana* profesora.

    4. Jak se jmenuje dcera Věry *Zapletalové*?

    5. Četl jste dílo *Vladislava* Vančury?

3. Choose the forms necessary to complete the sentences below. Sometimes both forms will be acceptable.

    1. Ani snídani mu /nedali - nedávali/.

    2. Potkal jsem ho, když jsem /odcházel - odešel/ z domova.

    3. Každý den se /vrátí - vrací/ ve tři čtvrtě na šest.

    4. Za tak krátkou dobu jí to nestačil /vysvětlit - vysvětlovat/.

    5. Z toho, co jsem četl, jsem jen málo /zapomněl - zapomínal/.

    6. Na novou práci jsem si skoro /zvykal - zvykl/.

    7. Nejradši si /sednu - sedám/ dozadu.

4. Translate into idiomatic Czech (Time Expressions §§11.1-31)

    1. I've been in Prague three times—for the first time as a child twenty-five years ago.

    2. Our uncle came for fourteen days, but stayed the whole winter.

    3. In several weeks I learned how to swim and now we often swim together.

    4. After the exhibition there will be an excursion, after the excursion a dinner and after dinner a performance of Smetana's *Prodaná nevěsta*. You will be there from morning to evening.

    5. What is today's date?
       Wait, I'll have a look. Today is May 23rd.

    6. All the children—except Honza—were born in February. Honza was born in July. My sister's sons were both born on November 19th—the older one in 1967, the younger in 1972.

    7. Fifteen minutes ago somebody took the last chair. He said he would return it in twenty minutes.

    8. He has two jobs: in the afternoon he works in a store and in the evening he translates scientific articles.

    9. This is the main street. Keep going for about five minutes. When you see a tall building on the left, turn to the right.

   10. On Monday, Wednesday, and Friday I have sociology and the history of art, but on Tuesday and Thursday I have only French.

REVIEW LESSON 9

VOCABULARY

barva[1]	color
bílý §14.6	white
černý	black
červený[6]	red
dovolená[2]	vacation, holiday
chybět komu čemu[3]	to lack, be missing
modrý	blue
opravovat, opravit	to correct
patro[4]	floor
plný (pln) čeho[5]	full of sth
pospíchat, pospíšit si	to hurry
právo §14.3141	law, right
prázdniny *(f.pl.)*[2]	vacation, holiday
přízemí	ground floor
rudý[6]	red
stránka	page
světlý	bright, light
temný	dark
vedle koho čeho	next to sby, sth
vedlejší	1. adjoining 2.secondary
zelený	green
známka	1. stamp 2. grade, mark
žlutý	yellow

VOCABULARY NOTES

1.   Jakou barvou má tvůj nový   What color is your new coat?
     kabát? Černou.   Black.

2.   *dovolená* means "vacation from work"; *prázdniny* means "vacation from school."

     dovolená is an adjective used as a noun:
     Nejsem ještě na dovolené.   I'm not on vacation yet.
     Jdu na dovolenou až ve čtvrtek.   I'm not going on vacation until
                                      Thursday.

     prázdniny is always plural. Note the special temporal use of *o*:
     Co budeš dělat o prázdninách?   What are you going to do during
                                          the vacation?

3. Nic mi nechybí, jsem spokojen.   I lack nothing; I am satisfied.
    Kdo chybí?   Who is missing?

4. In Czechoslovakia stories are numbered "ground floor," *přízemí*, and then first, second, third, etc.: *v druhém patře/on the third floor.*

5. The Russian *полный* can also take the instrumental: *Ulice jsou plné lidí/ Улицы полны народом.*

6. *rudý* denotes a deeper hue of red than *červený*. It also means the "Communist" shade of red:
    Rudé právo   (the Czechoslovak Party daily)

EXERCISES

1. Adjust the words between slash marks to their context:
    1. Na výlet šlo i několik /cizí studenti/.
    2. Kluci se smáli /nové holky/, že chodí pěšky.
    3. V /který měsíc/ jste přijel do /Praha/?
    4. Mluvil jen o /svoji žáci/.
    5. V /kostel/ jsem se divil /velká okna/.
    6. Bratr konečně odjel na /dovolená/.
    7. Nemůžu najít /černá tužka/, musím tedy psát /červená/.
    8. Ta povídka je z /Horákův výbor/.
    9. Do /příští týden/ se určitě vrátí.
    10. Snad bydlí ve /vedlejší ulice/.
    11. Hodně cestoval po /různé země/.
    12. Měl jsi to hledat mezi /Věřiny sešity/.
    13. V /některé společnosti/ s tím mají /velké potíže/.
    14. Na /Národní třída/ jsme potkali několik /známí/.
    15. /Stejná kniha/ můžete koupit ve /všechna větší knihkupectví/.
    16. Navštívil jsem ho před /několik dnů/, bydlí v /první patro/.
    17. Jde o /vážná zpráva/.
    18. Zabývají se /moji oblíbení spisovatelé/.
    19. Některé části /Turgeněvova První láska/ zná nazpaměť.
    20. Maso nejím bez /kus/ /černý chléb/.

2. Rewrite the following sentences in the singular:
    1. Sešity nemáme, a tak jsme si nechali doma i tužky.
    2. Psi a kočky běhali po ulicích.
    3. Ani na snídaně, ani na večeře nechodíme.
    4. Unavené matky prostě zapomněly dávat pozor na děti.
    5. Popište nám zase ty ptáky, které jste viděli za domy na stromech.
    6. Vždyť v několika mluvnicích chyběly stránky.
    7. Malí kluci si lehli pod stromy.

8. Měli bychom poslat domů dopisy, ale chybějí nám známky.
9. Jeli jsme poli a vesnicemi.
10. V úlohách jsme udělaly nějaké chyby.
11. Teprve nedávno jsme se dozvěděli o spisovatelích, kteří nás mají navštívit.
12. Potom, co učitelé opravili zkoušky a cvičení, dali studentům známky.

3. Rewrite the following sentences in the plural:
    1. Soudružka učitelka mi opravil úlohu.
    2. Projel jsem nejenom hlavním městem, ale i celou zemí.
    3. Vede ho po úzké ulici.
    4. Stůj před oknem a hezky se na mě usmívej.
    5. Nový názor pokládá za správný.
    6. Můj známý sedí na Národním výboru.
    7. Nemáš náhodou korunovou známku?
    8. Na představení budu v neděli.
    9. Bavila se s nějakou přítelkyní.
    10. Bojí se přejít širokou třídu.
    11. Ani tetě, ani strýci se to nelíbilo.
    12. Ten hoch se stal dobrým fotbalistou.
    13. Ze staré knihy se nic nedovíš.
    14. Drahé auto jezdí rychle.
    15. Pojedeš malým modrým a bílým autobusem.
    16. Paní běhala po městě.
    17. Na letišti bylo dost čisto.
    18. Černý kufr leží tam někde na stole nebo pod postelí.
    19. Ten Čech pořád bydlí na koleji.
    20. Američan by se chtěl jít podívat na výstavu.
    21. Rus byl mlád, Němec byl mladší a Slovák byl nejmladší.
    22. Příteli mám dát krátký dopis od syna a dcery.
    23. Pospěš si, abys měl čas na snídani.
    24. Večeře po přednášce se zúčastnil, ale na samé přednášce nebyl.
    25. Zahni doleva a jdi až do široké ulice s vysokou, moderní budovou.

4. Fill in the blanks with the appropriate forms of *on, ona,* and *oni.*
    1. Dalo by se s _____ chvíli mluvit?
    2. Nemohu se o _____ nic bližšího dozvědět.
    3. Zajímám se o _____.
    4. Jinak tam půjdeme bez _____.
    5. Setkáme se u _____.
    6. Nesmějte se tak před _____.
    7. Proč ses _____ ještě neomluvil?
    8. Nedávno jsem od _____ dostal kabát.
    9. Jsou ty peníze pro _____?

10. Poděkoval jste _____?

11. _____ jste poděkoval?

12. Jsem na _____ opravdu zvědav.

13. Seděli jsme naproti _____.

14. Náhodou se zabývám právě _____.

15. Kdy jste _____ poznal?

5. Replace the third person pronouns with first person pronouns. If the pronoun is singular, use the appropriate form of *já*; if plural, the appropriate form of *my*.

1. Něco mu padlo do oka.
2. Jemu jsi tentokrát nic nenavrhl.
3. Podaří se jim to?
4. Sedla se mezi ně.
5. Nač se ho chceš zeptat?
6. Přišlo jich hodně?
7. Nepoletíš s nimi?
8. Přál jsi jim dobrou noc?
9. Líbí se mu váš přízvuk.
10. Úplně jsi na ně zapomněla.
11. Kdo z nich se zúčastní schůze?
12. Teprve dnes se na něj usmála.
13. Bydlí vedle nich v přízemí.
14. Pošli ji zpátky.
15. Seděla mezi nimi.

6. Translate into idomatic Czech. (Time Expressions §§11.4-11.51)

1. Your new black shoes will be ready at the end of the week, on Saturday morning at nine thirty. The hat won't be ready until Monday afternoon.

2. Honzík, it is two o'clock. What time will it be in five hours?

3. It's so beautiful here. At one o'clock the sun is white and the sea green; at three o'clock the sun is yellow and the sea blue; at six o'clock the sun is red and the sea black.

4. What should I do? All summer I had an earache. At the beginning of September I began to have a headache too.

5. At twenty after four the room was full of students and professors even though the meeting didn't begin until ten minutes later.

6. I get up at half past six. In fifteen minutes I am washed and dressed. Then I run or exercise and do my homework assignments, so I don't have breakfast until eight.

7. The day before yesterday he arrived at the office at a quarter to ten, yesterday at five to ten, today at five after ten.
   And when is he supposed to come?
   Exactly at nine.

8. In the afternoon it is very hot, but in the evening—from six—it is nice. Mother asked me to ask you whether you would be ready at six.

9. We have breakfast at eight, lunch at noon or twelve thirty and dinner at seven.

10. Every day when the weather is pleasant grandmother and grandfather take a walk with Aunt Milada. When it rains, they stay inside, drink coffee and chat.

REVIEW LESSON 10

VOCABULARY

dávat, dát[1]	to put
kolem koho čeho	around, about sby, sth
lístęk	ticket
místo koho čeho	instead of sby, sth
nemocný (nemocęn)	ill, sick
odpověď *(f.)* §14.451	answer
otvírat, otevřít §14.72	to open
podobný komu čemu[2]	similar to sby, sth
pohlednice *(f.)* §14.34	picture postcard
pozdravovat koho od koho[3]	to give sby sby's regards
prodávat, prodat	to sell
rodiče *(m.pl.)* §14.541	parents
rodina	family
srdce	heart
továrna	factory
učebnice *(f.)* §14.34	textbook
umírat, umřít/zemřít §14.72	to die
zavírat, zavřít §14.72	to close
zdravit, pozdravit	to greet

VOCABULARY NOTES

1. *dávat, dát* can mean "to put" as well as "to give":
    Dej tu knihu do stolu.   Put that book in the desk.

2. Note the expression *a podobně (apod.)/and so on, etc.* and its synonym *a tak dál(e) (atd.).*

3. Pozdravuj ode mě rodiče.   Give your parents my regards.

EXERCISES

1. Adjust the pronouns between slash marks to their context:
    1. Proč s /ona/ nesmí jít?
    2. Nač se /oni/ mám zeptat?
    3. Počkejte na /já/ chvíli!
    4. Přes pěkné počasí s /my/ nechtěl jít na výlet.
    5. Představil jsem ti /on/?
    6. Pospícháme kvůli /on/.
    7. Je podobnější /já/ nebo /ty/?

8. Jejich cvičení opravím bez /oni/.
9. Byl jsem k /oni/ nedávno pozván.
10. Sedni si vedle /já/.
11. Pořád jsme se /ona/ smáli.
12. Kromě /já/ nepřišel nikdo včas.
13. Zpíval před /vy/ nebo po /vy/?
14. Tak já /oni/ to ukážu.
15. Budeme obědvat u /já/.
16. Zdá se /já/, že jsem /oni/ někde už viděl.
17. Ani se na /já/ nepodíval.
18. Asi /ty/ nevěří.
19. To pro /on/ nic neznamená.
20. Nic o /ona/ v Rudém právě nepíšou.
21. To chceš prodat /já/?
22. Půjdu na nádraží místo /on/.
23. Jsem rád, že /ty/ vidím.
24. Dovolte /já/ to.
25. Nevíš o /on/ něco nového?

2. Fill in the correct forms of *ten*:

1. Znám oba _____ spisovatele.
2. Nějak se přestali o _____ lidech bavit.
3. Zavřete, prosím, _____ dveře.
4. Proč ses _____ výstavy nezúčastnil?
5. S _____ člověkem se setkávám už několik týdnů.
6. V _____ slovech je mnoho pravdy.
7. Chodil jsem do _____ školy.
8. O _____ lidi se nezajímám.
9. Vyprávěli svoji historku _____ umělci?
10. Co si máme z _____ učebnice vybrat?
11. Neotvírej přece _____ skříň!
12. Při _____ příležitosti se na to zeptej!
13. Nech si _____ pera.
14. Dej to na _____ stůl.
15. _____ slovům nevěřím.
16. _____ ženě nic neříkej.
17. Ztratils všechny _____ peníze?
18. Musím se _____ Slovence omluvit.
19. Jedete tam někdy _____ tramvají?
20. _____ červené šaty se mi moc nelíbí.
21. _____ Němcům jsem našel krásný byt ve čtvrtém patře.
22. _____ lidé mi to opravili.
23. S _____ hochy běhal černý pes.

24. _____ hle stoly jsou mnohem nižší než tam _____.
25. _____ píseň jsi už určitě někde slyšel.
26. Jenže bez _____ papírů ho stejně nepřijmou.
27. Byl jste už někdy v _____ městě?
28. Od _____ doby je nemocen.
29. Na _____ léta už dávno zapomněl.
30. Proč _____ vodu vaříš?

3. Insert *to* whenever possible:

1. Na poli je _____ horko.
2. _____ je opravdu dobré, že tě _____ napadlo včas.
3. Je _____ tady tepleji než kdekoliv jinde.
4. Zdá se _____ zajímavé.
5. Je _____ pravda, žes poslal rodině jenom pohlednici?
6. Když piju pivo, je _____ horší.
7. _____ je skutečně velká škoda!
8. Je _____ vůbec možné?
9. Vadí vám _____, že tady kouřím?
10. _____ není pravda, že ne?

4. Change the personal pronouns between slash marks to the appropriate possessive pronouns:

1. Rusové tam pospíchali s /oni/ rodinami.
2. Při /ona/ slovech se ani nedivili.
3. Pozdravujte všechny /vy/ bratry!
4. V /já/ pokoji to určitě není.
5. Musím opravit /ty/ odpověď na /on/ dopis.
6. Však jim dalas /ty/ slovo!
7. Přál bych si poznat /ty/ rodiče.
8. Naučím se to z /já/ sešitu.
9. V /my/ městě jsou různé továrny.
10. Prodává lístky /my/ příteli.
11. Konečně přišel s /ty/ penězi.
12. Těšíme se na /vy/ pohlednice.
13. Povídali si o /oni/ práci.
14. Nezapomeň na /my/ známé.
15. Často jezdím kolem /ona/ domu.
16. Z /on/ učebnice jsem skoro nic nepochopil.
17. Půjdu se podívat k /my/ dědečkovi.
18. Nechám tu lístek pro /ty/ rodiče.
19. Podle /já/ názoru by to prodávat neměl.
20. Jsou to vlastně /ty/ myšlenky?
21. Podle /ona/ posledních zpráv to tak je.
22. Dozvěděli jste se o /vy/ známkách?

23. Hledám to v /já/ posteli.
24. Všichni /já/ přátelé umřeli za války.
25. Přes /oni/ rozdíly mají mnoho společného.
26. Hoch je podobný /on/ rodičům.
27. Zapomněl na /on/ minulost.
28. Vyprávěl o mnoha /ona/ přátelích a známých.
29. /Vy/ kluci tráví hodně času s /my/.
30. Mám to někde tady mezi /já/ papíry.
31. /On/ vliv na /my/ národ je velký.
32. Zmínili se o /já/ rodičích?
33. Kolik stojí ty /vy/ pěkné známky?
34. Už dávno nebydlí u /on/ rodičů.
35. Spisovatelé prý dostávají hodně za /oni/ romány.

5. Translate into idiomatic Czech. (Sequence of Tenses, Word Order §§8.6-8.7)

1. He wrote that it depended on his health.
2. We asked him whether all those people were his friends. He answered that they were only acquaintances.
3. If you meet your friend the writer at the exhibition, tell him I want to make his acquaintance.
4. What kind of postcard did his parents send to grandmother? And what kind of postcard did his *friends* send to grandmother?
5. One of my friends said that Miroslav lived near the airport. Or maybe he said near the main square. It doesn't matter. Sooner or later we'll find him.
6. Glad to meet you. Before you travel farther, give me a call. As far as I know, I'll be at the office all week.
7. Hi, Karel! You're looking good! Where have you been?
   I've been abroad, in southern Italy by the sea. I've just come back. But now I'm in a hurry. Give my regards to Blanka. See you.
8. They told me there would be eleven of you. Is that so?
9. Their parents will live on the first floor, their sons and daughters on the second.
10. He once knew both Czech and German. He says that he forgot both languages when he began speaking English.

REVIEW LESSON 11

VOCABULARY

běžný	common
cena	1. price, value 2. prize
cítit se[1]	to feel
čest §14.59	honor
hloupý	silly, stupid
hrdý na koho co	proud of sby, sth
chuť §14.45	taste
chytrý	smart, intelligent, clever
název	title
nutit, donutit	to force
odpočívat, odpočinout si	to rest
okamžik	moment
okolo	1. around 2. approximately
pochybovat o čem	to doubt sth
pošta	post office
na poště	at the post office
původní	original
seznam	list
směr	direction
kterým směrem	in what direction
srovnávat, srovnat	to compare
vlast (*f.* **-i**)	native country

VOCABULARY NOTES

1. Už nic necítím.

    I can't feel a thing anymore.

    Cítil, že udělal něco hloupého.

    He felt he'd done something foolish.

    Cítí hlubokou lásku k vlasti.

    They feel a deep love for their native country.

    Už v dvanácti letech se necítil dítětem.

    At the age of twelve he no longer felt he was a child.

    Jak se cítíte? Cítím se zdráv (zdravý).

    How do you feel? I feel healthy.

EXERCISES

1. Put the adjectives and adverbs between slash marks into the comparative or superlative as the context dictates:
    1. Váš případ se mi zdá /jasný/ ze všech.
    2. Běžel ještě /pomalu/ než já.
    3. Je z nás /rychlý/.
    4. Dnes jsem vstal /pozdě/ než včera.
    5. Nemohl byste číst trochu /hlasitě/?
    6. Je tvůj bratr /starý/ nebo /mladý/ než ty?
    7. Odpoledne má být /dobře/ než dopoledne.
    8. Nikdo nemá /velký/ srdce než on.
    9. Nesměj se tolik a mluv /tiše/.
    10. Doufám, že tahle cesta je /příjemná/ než tamta.
    11. Voda by měla být /teplá/!
    12. Nemocnému je dnes /špatně/.
    13. Vaše známky z dějin jsou /dobré/ než naše.
    14. To je /hluboký/ sníh, jaký jsem v životě viděl.
    15. Kde je /krásně/: na jihu nebo na severu?

2. Provide prepositions if necessary:
    1. Zůstal stát _____ místnosti.
    2. _____ mně přišla skupina vědců.
    3. Bydlím _____ té pěkné, nové budovy.
    4. Přijali ho _____ univerzitu.
    5. Vrátím se _____ pět minut.
    6. Šli jsme se projít _____ moři.
    7. Strom leží _____ cestě.
    8. Píšeš _____ tužkou nebo _____ perem?
    9. Nebyl jsem tam _____ rok.
    10. Přijedu _____ dva dny.
    11. Vrátí se _____ polednem.
    12. Umře _____ středy.
    13. Trvalo to víc než _____ pět týdnů.
    14. Povídku přečtu _____ několik minut.
    15. Skončíte všechnu práci _____ pátku?
    16. Budu _____ vás čekat _____ šesti hodin.
    17. Jsem tady už _____ rána.
    18. Už _____ několik měsíců se na to těším.
    19. _____ hodinou nám změnili místnost.
    20. _____ pět minut tam budu pokračovat.
    21. _____ čem _____ mnou chcete mluvit?
    22. _____ kolik hodin obyčejně pracuje průvodce?
    23. _____ psaní dopisu jsem poslouchal _____ rozhlas.

24. _____ koho jsi dostal tu pohlednici _____ Londýna?
25. _____ mě je to těžké.
26. _____ kterém roce jste se narodil?
27. _____ Václavské náměstí jsem šel pěšky.
28. Uvidíte ho _____ soboty?
29. _____ kterou tramvají mám jet _____ Národnímu divadlu?
30. _____ neděli pojedu _____ výlet _____ venkov.
31. _____ spaním rád čtu.
32. Nemohl byste tam jít _____ mě?
33. _____ mého názoru je všechno v pořádku.
34. Jaký význam stojí _____ jeho slovy?
35. _____ příštího týdne se mám rozhodnout.
36. Setkáváme se _____ nádraží _____ osm ráno.
37. Jsi taky pozván _____ nim _____ večeři?
38. Dělám rád všechno _____ psaní dopisů.
39. Co kdybys _____ ní šla _____ nás.
40. _____ obědě mi přineste kávu.
41. Udělám všechno _____ vašeho přání.
42. _____ těch bílých nenašel jsem žádné šaty.
43. Otevři _____ mi svoje srdce.
44. Její otec prý _____ prázdninách zemřel.
45. Vždycky zapomínám doma _____ sešity.

3. Adjust the words between slash marks to their context:

1. Proč se bojíš /taková odpověď/?
2. Počkejte na /já/, přijdu za /chvíle/!
3. V /náš dům/, v /naše patro/ bydlí několik /známí umělci/.
4. Jeho strýc je podobný /jeden můj kolega/.
5. /Tahle pohlednice/ jsem poslal /vaše rodina/.
6. Dnes nějak /nic/ nerozumím, i když jsem /všechno/ ještě včera rozuměl.
7. Potkal jsem /jeden přítel/ a chvíli jsme se o /něco/ bavili.
8. Otec řekl /synové/, že to musí mít hotové do /listopad/.
9 .Chtěl jsem /Němci/ něco vyprávět, ale zapomněl jsem to.
10. Neber si jeho /láska/ k /srdce/.
11. O /ta města/ a o /ta země/ vůbec jen málo vím.
12. /Jeho název/ najdeš hned na /první nebo druhá stránka/.
13. Pozdravujte ode /já/ /všichni moji staří kamarádi/.
14. O /ty věci/ nevím, o /ony/ se už dávno nezajímám.
15. Po /tahle cesta/ nechoď, hledej radši /tamta/.
16. Naproti /kino/, do /které/ /ty/ vezu, se prodávají /pohlednice/.
17. Dobře, koupím tam /moji učitelé/ /ruština/ několik /pohlednice/ /Rudé náměstí/.

18. V /ten kostel/ není nic zvlášť /zajímavé/.
19. Před /takoví lidé/ bych se vyjadřoval jinak.
20. Vím to z /mnoho/ /podobné články/.
21. Pojďte si sednout k /větší stůl/.
22. Musím si pospíšit kvůli /otec a matka/.
23. O /prázdniny/, tj. v /červen, červenec a srpen/, jsme se výborně bavili v /krásná bulharská vesnice/ u /Černé moře/.
24. Přijďte po /tento pán/, ale před /tamten/.
25. Zatím se setkal jen s /její rodiče/.
26. Otec nekouří před /děti/.
27. Je věda v /naše společnost/ vůbec možná?
28. Nedávno odjel do /stará vlast/ na /dovolená/.
29. Přejeme /vy/ /dobrá noc/.
30. /Miloš/, co jsi udělal se /všechny naše lístky/?

4. Complete the following sentences:

1. Na tohle se ho budu muset _____.
2. Můžeš si _____ tu knihu?
3. Ty haléře už nemůžu _____, asi jsem je _____.
4. _____ mu to, až ho _____.
5. _____ tam, až _____ hezky.
6. _____ jsem v rozhlase zprávy a _____ jsem jim docela dobře.
7. _____ hlad, chce se mi _____. Kdybych _____ žízeň, _____ by se mi _____.
8. _____ pozdě, protože tramvaj _____ moc pomalu.
9. _____ mi to někdy ukázat, moc mě to _____.
10. _____ bych _____ na dovolenou, ale bohužel _____ čas.
11. Rádi _____ pěšky.
12. Co si o něm _____?
13. Knihu jsem ne _____ celou, ale _____ se mi.
14. Buď před divadlem v _____ deváté.
15. _____ si tím jisti?

5. Copy the following sentences writing out all the numerals:

1. Najděte si 68. stránku!
2. Ti spisovatelé žili v 1. polovině 19. století.
3. Stalo se to před celými 40 lety.
4. Chybí nám 34. číslo vašeho časopisu.
5. Do školy začal chodit v 7 letech, do 5. třídy tedy chodil ve 12 letech.
6. Narodil se 20. března r. 1892 a zemřel 13. dubna r. 1949.
7. Bydlíš v 5. nebo v 6. patře?
8. Básně jsou z konce 14. a ze začátku 15. století.
9. Kvůli 45 haléřům se přece nebudu zlobit.
10. Z 36 učitelů přišlo na schůzi jen kolem 25.

6. Translate into idiomatic Czech. (Indefinite Pronouns §§5.6, 10.8)
    1. After the first half of the performance you may leave at any time.
    2. They say he left some kind of suitcase and a little money for you.
    3. He won't rest even for a moment. He is constantly hurrying somewhere.
    4. Very few people would recognize her. Her speech has somehow changed.
    5. Whenever I visit them, I find a doctor at their place. They are constantly ill.
    6. I don't want to go just any old place. I don't want to go somewhere where there will be a lot of people.
    7. He rarely sings, even though he knows I like to listen to music, any kind of music.
    8. How can you eat that? After all, it doesn't have any taste.
        When I am hungry, I can eat anything.
    9. It's not any old title, but the title of your book.
    10. Isn't it silly? Somehow I feel tired.
        Everybody feels tired after eight hours of work at the factory.

REVIEW LESSON 12

VOCABULARY

děvče §14.42	girl
doporučovat, doporučit	to recommend
důvod §14.313	reason
hlas	voice
láhev (*f.* -e)	bottle
manžel §§14.3311, 14.3324	husband
manželka	wife
mezinárodní	international
mír	peace
nábytek	furniture
naopak	on the contrary
plakat (pláčou)	to cry
snadný §14.631	easy
sotva	scarcely
souhlasit	to agree
soused §14.3311	neighbor
vánoce[1] (*f.pl.*)	Christmas
vdávat se, vdát se za koho[2]	to marry sby (of a woman)
velikonoce[1] (*f.pl.*)	Easter
zvíře §14.42	animal
ženit se, oženit se s kým[2]	to marry sby (of a man)

VOCABULARY NOTES

1. o vánocích/o velikonocích   at Christmastime/at Easter

2. Za koho se vdala Jana?   Whom did Jana marry?
    S kým se oženil Václav?   Whom did Václav marry?

    When "to get married" refers to a couple, Czech uses ***brát se, vzít se***:

    Jana a Václav se vzali loni.   Jana and Václav got married
                                         last year.

EXERCISES

1. Form second person imperatives from the following:
    Given: Ať mi Vašek napíše!
            Vašku, napiš mi!
    1. Ať Karel nepláče!
    2. Ať mě to děvče nezlobí!

3. Ať mě Honza a Mařenka nechají spát!
4. Ať mi dědeček dá aspoň kousek!
5. Ať se babička nediví!
6. Ať je pan profesor tak laskav!
7. Ať jde soused pryč!
8. Ať mi milí přátelé dovolí několik slov!
9. Ať ho strýček vezme s sebou!
10. Ať se chlapec umyje!
11. Ať si Jarda vybere číslo!
12. Ať mi děti přinesou kousek chleba!

2. Supply conjunctions for the following sentences:

1. Myslím, _____ je to pravda.
2. Zeptej se ho, _____ má dost peněz.
3. _____ mu bylo pět let, naučil se číst.
4. Řekni jim, _____ na nás počkali.
5. Chtěl bych přestat kouřit, _____ nevím jak.
6. _____ bude pršet, zůstanu doma.
7. Musíte si pospíšit, _____ se tam dostal včas.
8. Mléko nepiju, _____ ho nemám rád.
9. Víš, _____ zemřel?
10. Napadlo mě, _____ bych to mohl udělat jinak.
11. Nevím přesně, _____ je místnost číslo dvě stě sedmnáct.
12. Nevěřil mi, _____ jsem mu to říkal.
13. Mám se učit, _____ mám jít spát?
14. Přijď k nám, _____ budeš mít čas!
15. Neusmála se na něj, _____ se s ním nebavila.
16. Doufám, _____ podobné starosti mít nebudeš.
17. Vezmi si teplé šaty, _____ ti nebylo zima!
18. Řeknu vám, _____ začne představení.
19. Dávám přednost českým známkám, německé se mi _____ taky docela líbí.
20. Pili jsme mnoho různých piv, _____ blízko fakulty byly výborné hospody.

3. Rewrite the following sentences as questions by asking about the italicized words:

1. Zkoušku z češtiny budu dělat *o velikonocích*.
2. Bylo tam *hodně* lidí.
3. Pes běhá *venku*.
4. Teta bude vařit *celý den*.
5. Letadlo letí *pomalu*.
6. V zimě se koupu *dvakrát týdně*.
7. Právě přiletěl *z Prahy*.

8. Dozvěděl jsem se o tom *dávno.*

9. Dnes je *třiadvacátého.*

10. Trvá to *moc* dlouho.

4. Adjust the words between slash marks to their context, providing prepositions where necessary:

1. Zmínil se /to/ teprve /večer/.
2. Vrátím se /polovina/ měsíce.
3. /Čtení/ se smál.
4. Těším se /tvoje zprávy/.
5. /Vánoce/ jsem byl u tety.
6. Dozvěděli jsme se /to/.
7. Už si /ony/ nepamatuje.
8. Poznáme ji /přízvuk/.
9. Uděláš to samozřejmě /čisté ruce/.
10. /pátek/ jsem strávil celé odpoledne /postel/.
11. Vezmou se letos /velikonoce/.
12. Šel se projít /kabát/.
13. Číslo /místnost/ jistě najdeme.
14. Moc se /oni/ to nepodařilo.
15. Volal jsem /on/ celý den.
16. Nikdo se /vy/ nebude smát.
17. Nikdo se /vy/ nebude usmívat.
18. /ten dopis/ jsem ještě neodpověděl.
19. Volal jsem /oni/, ale neslyšeli /já/.
20. /tato otázka/ neodpovím.
21. Kdy se /vy/ mám setkat?
22. Prý přestane pršet až /týden/.
23. Snad /ona/ alespoň on bude mít vliv.
24. Vstal jsem ráno /čtyři hodiny/.
25. Co si /ten člověk/ myslíte?
26. Vůbec jsem /to/ nemyslel.
27. /co/ myslíš?
28. Další možnosti /my/ ani nenapadly.
29. /ty skutečnosti/ se nedověděl skoro nic.
30. Přijel /já/ /dva dny/.
31. Musím se /on/ jít podívat.
32. /půl hodiny/ jsem četl /nějaká zvláštní povídka/.
33. /představení/ jsem byl velmi unaven.
34. Nemohl jsem /on/ najít doma, musel jsem /on/ nechat dopis.
35. Proč /on/ nepozvala /večeře/?

5. Translate into idiomatic Czech. (General Review)

1. Pepík's German uncle always laughs at him because Pepík can't speak German. Now he cries whenever he finds out that Fritz is to visit us.
2. It seems that everything is in order. People are beginning to arrive, and Comrade Kalvoda has just received the first group of French writers.
3. Because he was terribly afraid of animals, his parents decided that they would allow him to stay in the city.
4. I can't actually tell you what happened at the pub. I know only that Mr. Skočdopole had difficulties with some soldiers.
5. I had completely forgotten you live so near the factory.
6. Leave all the windows open and close the door.
   But it's so hot that the children are crying!
7. I don't recommend these textbooks, but if you insist on it, I'll send them to you.
8. I asked him to sing with us at Christmas, but he said that he had a lot of work.
9. The girls like to play with the neighbor's dogs. I hope they don't bring them inside. Our furniture is still quite new.
10. Give me two bottles of milk, please.

REVIEW LESSON 13

VOCABULARY

bezpečný	safe
nebezpečný	dangerous
budit, probudit	to wake up (transitive)
budit se, probudit se	to wake up (intransitive)
dárek	gift
host §14.3311	guest
máslo	butter
mateřština	native language
obecný	common, general
objednávat, objednat	to order
očekávat	to expect
pomoc *(f.)* §14.45	help
prohrávat, prohrát §14.71	to lose
sledovat	to follow
stupeň	degree
téci §14.76	to flow
vejce §14.57	egg
vláda	government
vydělávat, vydělat	to earn
vyhrávat, vyhrát §14.71	to win
zadarmo	free

EXERCISES

1. Choose the forms necessary to complete the sentences below. Sometimes both forms will be acceptable.
    1. Neposlal jsem /mu - jemu/ nic.
    2. Jde o /jich - jejich/ dovolenou.
    3. /Jemu - Mu/ jsem to ještě neukázal.
    4. Čekal jsem na /nich - ně/ na cestě do školy.
    5. Našel jste /ji - je/ už?
    6. Byl v divadle kvůli /jeho - své/ nové hře.
    7. Přišel do /jejího - jeho/ pokoje.
    8. Pojedu k /jim - nim/ letos na podzim.
    9. Podle /její - jejího/ názoru je to možné.
    10. Dítě je podobné /svému - jeho/ otci.
    11. Objednala večeři /jeho - svému/ strýci.
    12. Blízko /svého - našeho/ města je široká řeka.

13. Chtěl bych se na /ní - ni/ někdy podívat.
14. O /jejich - jejích/ synech jsem nikdy neslyšel.
15. Není to pro /mě - mne/, že ne?
16. Lekci jsem připravil pro /něj - ně/.
17. Ani nám /tě - ti/ nebylo líto.
18. Nechte si to pro /vás - sebe/.
19. /Mně - Mi/ nemusíš radit.
20. Ten lístek s /mnou - sebou/ bohužel nemám.

2. Rewrite the following sentences by changing the italicized long pronouns into their short variants and making the necessary adjustments in word order:

   1. *Jemu* nerozumím.
   2. *Jim* se omlouvat nebudu.
   3. *Jím* se už přestali zabývat.
   4. *Vás* už známe.
   5. *Tobě* to jistě nedám.
   6. *Jeho* prý už dávno nemiluje.
   7. *Nám* se to nelíbí.
   8. *Mně* se nemusíš divit.
   9. *Vás* to skutečně zajímá, že?
   10. *Sobě* to nekupuj!
   11. *Ji* už nikdy nezměníš.
   12. *Vám* by nic neřekla?
   13. *Mne* už to přestává bavit.
   14. *Tebe* pozdravuje.
   15. *Jeho* pokládají za nejnebezpečnějšího.
   16. *Mně* se chce spát.
   17. *Jim* bys měl pěkně poděkovat.
   18. *Tebe* se nebojím.
   19. *Mně* ještě neopravil úlohu.
   20. *Jich* se zeptám příště.

3. Rewrite the following sentences in the singular:

   1. Přečtěte si třeba tyhle lekce!
   2. Jsou na prvních stránkách našich červených učebnic.
   3. O svých známých se ani nezmínili.
   4. Rády se s námi bavily o všem možném.
   5. Těšily se na večery s vojáky.
   6. Těm spisovatelům jsme moc nerozuměli.
   7. Přijali vaši přátelé ta nová místa?
   8. Moji bratři už zavřeli dveře i okna.
   9. Odpovědi na vaše otázky neznáme.
   10. Těm jejich myšlenkám se nedivte.

11. Takové věci radši neříkejte cizím lidem.

12. Tyhle rozhlasové hry jsou pro nás docela zajímavé.

4. Rewrite the following sentences in the plural:

1. Vaříš rád?
2. Co je to za muže?
3. Ruský básník si vybere jednu svou báseň.
4. Popsal jsem svoji cestu tomu Němci.
5. Těším se na tvoji návštěvu.
6. Nový průvodce se tomu turistovi moc nelíbil.
7. Kolik stojí cesta do té země?
8. Můj student určitě studuje pilněji v knihovně než na koleji.
9. Svůj lístek prodám levně.
10. Ten lehký bílý kabát už nepotřebuju, dám ti ho.
11. Čech se procházel se Slovenkou.
12. Američan byl na výstavě národního umělce, který nedávno zemřel.
13. Vezmi si moje pero!
14. Mého syna učitel opravil, tvého ne.
15. To byl tvůj známý?

5. Translate into idiomatic Czech. (General Review)

1. Her dear friends have just left for their daughter's. They are taking several eggs with them because they will be there at Easter.
2. Czechs often say: "A guest into the house, God into the house." What does it mean?
   It means that guests come in the name of God.
3. We spoke about money and about how translators earn so little that they work almost for nothing.
4. In what direction does the river flow?
   To the south, toward the sea.
5. I didn't doubt that I would lose. I never expected that I would win first prize.
6. Wake me up before you order dinner. I want to get up before dinner.
7. Watch out! Don't eat the bread! It's still very hot. Can't you wait five minutes!
8. Here is the list of names I mentioned. As you see, I must buy many gifts and send many postcards when I am in Czechoslovakia.
9. They were proud of their native language and native country, but they felt that the people did not agree with the government.
10. If you need help, call me on Saturday or Sunday. The Czech exam is on Monday morning, isn't it?

REVIEW LESSON 14

VOCABULARY

dít se §14.711, **udát se** §14.71	to happen, occur
dotýkat se, dotknout se koho, čeho §14.82	touch
herec §14.322	actor
herečka	actress
hrozný	terrible
král (-e) §14.332	king
kůň §§14.21, 14.541	horse
květina	flower
možná[1]	perhaps, maybe
obyčejný	usual, ordinary
opatrný	careful
patřit komu	to belong to sby
přímý[2]	straight, direct
různý	various
slušný	decent, proper
událost (*f.* **-i**)	event
viset (-í)	to hang (intransitive)
vítr §14.21	wind
vývoj	development
zahrada	garden
na zahradě	in the garden
zákon §14.31	law

VOCABULARY NOTES

1. At the beginning of a sentence *možná* is usually followed by *že*:

   Možná, že to bylo jinak/ Bylo to možná jinak.   Perhaps that's not the way it was.

2. The adverbial form is ***přímo***:

   Po schůzi jsme šli přímo domů.   After the meeting we went straight home.

   Proč nestojíš přímo?   Why aren't you standing up straight?

   Řekl svůj názor přímo.   He gave his opinion openly.

EXERCISES

1. Write a word commonly associated with each of the following words:

1. hlad	21. noha	41. teta
2. končit	22. stůl	42. bílý
3. lehnout si	23. zdravý	43. červený
4. ležet	24. dveře	44. temný
5. herec	25. holka	45. odpověď
6. sedat si	26. oko	46. otvírat
7. smát se	27. chlapec	47. narodit se
8. snídaně	28. pes	48. zapomínat
9. spát	29. záchod	49. hloupý
10. laciný	30. kabát	50. pracovat
11. vzít	31. padat	51. cizina
12. padnout	32. loď	52. válka
13. poledne	33. maso	53. těžký
14. pršet	34. obléci	54. velikonoce
15. studený	35. tužka	55. ženit se
16. čaj	36. učitel	56. zvíře
17. měsíc	37. vesnice	57. vyhrát
18. polovina	38. dědeček	58. viset
19. stát	39. moře	59. rodiče
20. mléko	40. pozítří	60. most

2. Decide which choices fit the context. If both fit, be able to explain the difference between them.

    1. Vždycky dávám přednost /mladým herečkám - mladým hercům/ před starými.
    2. Petře, hned /dej - dávej/ obě ruce na /stůl - stole/.
    3. /Zeptal ses - Poprosils/ mě, jestli se mi líbí její nové žluté šaty. Odpověděla jsem, že /mám - jsem měla/ ráda jenom temné barvy.
    4. Láďa chodí denně /hrát - hrát na/ tenis.
    5. Jenže hrdina tiše /seděl - seděla/ na svém koni a /sledoval - sledovala/ vývoj událostí.
    6. /Dva - Dvě/ díla z doby Karla IV. byla na výstavě v cizině.
    7. Vyhrát první cenu /bylo - byla/ pro něj veliká čest. Prý vůbec neočekával, že /ji - jí/ dostane.
    8. Právě jsme se o /sousedu - sousedovi/ /bavili - povídali/, když vešel do kanceláře.
    9. Cítím se /zdráv - dobře/.
    10. /Znáte - Víte/ profesora Kouřila?
        Ne, nemám tu čest.
        Tak /vám ho - ho vám/ po přednášce představím.

11. Velmi nám záleží na /to - tom/, aby řeka tekla přes naše pole. /Vždyť - Přece/ musíme mít vodu nedaleko.
12. /Díval - Podíval/ se jí přímo do /oči - očí/.
13. Máme květiny /v - na/ zahradě /i - a/ za oknem.
14. /Čekejte - Počkejte/ laskavě okamžik.
15. Bohužel se nemůžu /to - toho/ ani /dotýkat - dotknout/, hned bych musel k /lékaři - lékařovi/.
16. Navštívil nás /na velikonoce - o velikonocích/ a /poprvé - za prvé/ viděl naši krásnou, zelenou zahradu.
17. /Nemám - Chybí mi/ /tužka - tužku/. /Asi - Možná, že/ jsem ji zapomněl ve třídě.
18. Nejdřív /obleče - se obleče - si obleč/ Hana, potom /obleče - se obleče - si obleče/ své mladší sestřičky. A pak každá /obleče - se obleče - si obleče/ ještě zimní kabát, než vyjdou ven.
19. Chtěl si umýt ruce, tak jsem mu ukázal, kde máme /koupelnu - záchod/.
20. Však přijel /o vánocích - na vánoce/.
21. Bude to trvat nejméně týden, než se k tomu dopisu /dostává - dostane/.
22. Předevčírem nám sousedé /říkali - vyprávěli/ legrační historku.
23. Bohužel vydali seznam studentů bez /několik - několika/ jmen, která na /něj - něm/ měla být.
24. Je /to - —/ /možná - možné/, že nejsi na Hostovského poslední román vůbec /zvědavý - zvědav/?
25. Odpověděl /je - jim/ správnou češtinou.
26. Na schůzi jsem náhodou /potkal - poznal/ starého známého a od té doby často /jdeme - chodíme/ na kávu.
27. Mařenka jela /na dovolenou - o prázdninách/ na Moravu, zatímco její rodiče strávili /dovolenou - prázdniny/ ve Vysokých Tatrách.
28. Nechcete ještě trochu polévky? Děkuji, /to stačí - mám dost/.
29. Pomalu přestává /vyhrávat - vyhrát/.
30. Proč jsou okna zavřena? Vítr by jim byl /odnesl - odnášel/ klobouky a kabáty, které /visely - viseli/ u okna.
31. Doporučujeme, abyste přijeli /sem - tady/ do Kalifornie /dvacátého pátého - pětadvacátého/ března. /Když - Jestli/ přijdete včas, budete mezi hosty, /až - když/ se naše dcera bude vdávat.
32. Helena /hraje - si hraje/ na klarinet, když její strýc zpívá.
33. Já jsem /si lehl - ležel/ na posteli, zatímco on /stál - vstal/.
34. Nechal za sebou dveře /otevřeny - otevřené/.
35. Prodal úplně všechno, /co - které/ kdy měl.
36. /Děvče - Holka/, pojď sem.
37. Napiš něco /nové - nového/.

38. /Až - Když/ prohraje a nebude chtít platit, řekni mu, aby přestal hrát /na karty - karty/.
39. Lékař, /který - kdo/ pracuje se zvířaty, se nazývá zvěrolékařem.
40. /To je - Je to/ takhle, pane doktore. Už celý týden /mě - mi/ strašně bolí hlava, Bůh ví proč.
41. Pochybuji, že by /během války - za války/ byly ceny tak nízké, jak píše. Spíš bych řekl, že chytří platit vůbec nemuseli a hloupí zato byli /nucení - nuceni/ platit hrozné sumy.
42. /Nechoď - Nejdi/ k /němu - nim/. Jako spisovatel potřebuješ /lepšího, opatrnějšího - lepší, opatrnější/ překladatele.
43. Pozvali jsme z fakulty kolegy Nováka, Svobodu, Němce, Prokopa, atd. - všechny, /které - koho/ znáš.
44. Je sice člověk ne přímo starý, ale /už - již/ starší.
45. Možná, že ten chlapec /kdysi - jednou/ vypadal celkem /slušný - slušně/.
46. Na přímou otázku vždycky /dávám - dám/ přímou odpověď.
47. Úlohy /ve své mateřštině - ze sve mateřštiny/ dělá rychle a správně, ale když píše cizími jazyky, má jisté potíže.
48. Tady je /temno - temné/, tam je /světlé - světlo/.
49. Ačkoliv vydělává slušné peníze, není /rád - šťastný/.
50. Knihy patří /k - —/ /dítěti - dětem/.

APPENDIX A

CONSONANT ALTERNATIONS

Type 1

The labials **p b f v m** + *e become **pě bě fě vě mě**.

The dentals **t d n r** + *e become **tě dě ně ře**.

The velars **k ch h/g** + *e become **ce še ze**.

All other consonants remain unchanged.

Type 1 alternations accompany the formation of several hard declension (feminine, masculine-neuter, and adjective) cases (see 2.31, 2.45, 4.21, 4.23, 4.5), comparatives in *ejš- (see 12.1), and a limited number of past passive participles (see 14.81).

Type 2

The dentals **t d c s z n r sl st zd** become

c z č š ž ň ř šļ šť žď.

The velars **k ch h/g** become **č š ž**.

All other consonants remain unchanged.

Type 2 alternations accompany the formation of certain verb forms (see 8.2), comparatives in -š- (see 12.2, 12.22, 12.51), possessive adjectives (see 12.9), and past passive participles (see 10.52, 14.82).

APPENDIX B

VOWEL ALTERNATIONS

Qualitative

The following correspondences reflect some of the differences between the hard declensions (**most, student, slovo, kniha**) and the soft declension in **-e** (**pokoj, muž, moře, kolej, lekce**):

a - e: studenta - muže, slova - pole, kniha - země,
       knihami - zeměmi/kolejemi

á - í: knihám - zemím/kolejím, knihách - zemích/kolejích

o - e: slovo - pole, kniho - země

u - i: mostu - pokoji, slovu - poli, knihu - zemi

ou - í: knihou - kolejí

Quantitative

The following correspondences characterize alternations in length both within a paradigm and in the formation of diminutives:

á -a: práce - prací, obraz - obrázek, plakat - pláču

é - e: chléb - chleba

í - i, *e: navštívit - navštiv, sníh - sněhu, kniha - knížka, květ - kvítek

ů - o: dům - domu

ou - u: houba - hub, omlouvat - omluvit

APPENDIX C

CONTINENTS, COUNTRIES, CITIES

Continents

Africa	Afrika	Afričan[1]	africký
Antarctica	Antarktida	—	antarktický
Asia	Asie [áz-]	Asijec [-z-]	asijský [-z-]
Australia	Austrálie	Australan	australský
Europe	Evropa	Evropan	evropský
North America	Severní Amerika	Severoameričan	severoamerický
South America	Jižní Amerika	Jihoameričan	jihoamerický

Countries

Australia	Austrálie	Australan	australský
Austria	Rakousko	Rakušan	rakouský
Belgium	Belgie	Belgičan	belgický
Bulgaria	Bulharsko	Bulhar	bulharský
Canada	Kanada	Kanaďan	kanadský
China	Čína	Číňan	čínský
Czechoslovakia	Československo	Čechoslovák	československý
Bohemia	Čechy *(f.pl.)*	Čech	český
Moravia	Morava	Moravan	moravský
Silesia	Slezsko	Slezan	slezský
Slovakia	Slovensko	Slovák	slovenský
Denmark	Dánsko	Dán	dánský
England	Anglie	Angličan	anglický
Finland	Finsko	Fin	finský
France	Francie	Francouz	francouzský
Great Britain	Velká Británie	Brit	britský
Germany	Německo	Němec	německý

---

[1]Unless otherwise specified, all one-syllable nationalities form the nominative plural by adding **-ové** to the nominative singular and all nationalities in **-an** form the nominative plural by adding **-é** to the nominative singular.

Greece	Řecko	Řek	řecký
Holland	Holandsko	Holanďan	holandský
Hungary	Maďarsko	Maďar	maďarský
India	Indie	Ind[1]	indický[1]
Ireland	Irsko	Ir	irský
Italy	Itálie	Ital (-ové)	italský
Japan	Japonsko	Japonec	japonský
New Zealand	Nový Zéland	Novozélanďan	novozélandský
Norway	Norsko	Nor	norský
Poland	Polsko	Polák	polský
Portugal	Portugalsko	Portugalec	portugalský
Rumania	Rumunsko	Rumun	rumunský
Russia	Rusko	Rus	ruský
Scotland	Skotsko	Skot	skotský
Soviet Union	Sovětský svaz	Sovět	sovětský
Spain	Španělsko	Španěl (-é)	španělský
Sweden	Švédsko	Švéd	švédský
Turkey	Turecko	Turek	turecký
United States of America	Spojené státy americké	Američan	americký
Wales	Velšsko	Velšan	velšský
Yugoslavia	Jugoslávie	Jugoslávec	jugoslávský
Croatia	Charvátsko	Charvát	charvátský
Macedonia	Makedonie	Makedonec	makedonský
Serbia	Srbsko	Srb	srbský
Slovenia	Slovinsko	Slovinec	slovinský

[1] **Indián** and **indiánský** refer to American Indians.

Cities

Cities ending in **-ia** in English end in **-ie** in Czech: *Filadelfie, Sofie*. Cities in **-burg** have **-burk**: *Hamburk*. Most other cities are spelled as in English: *Chicago* (*v Chicagu*), *Dublin* (*v Dublinu*), *Glasgow* (*v Glasgow*), *Leningrad* (*v Leningradě*), *Los Angeles* (*v Los Angeles*), *Madrid* (*v Madridu*), *Montreal* (*v Montrealu*), *New York* (*v New Yorku*), *Oslo* (*v Oslu*), *San Francisco* (*v San Francisku*), *Sydney* (*v Sydney*), *Toronto* (*v Torontě*). Some exceptions follow.

Amsterdam	Amsterodam	London	Londýn[1]
Athens	Atény *(f.pl.)*	Ljubljana	Lublaň *(f. -e)*
Belgrade	Bělehrad	Munich	Mnichov[1]
Berlin	Berlín[1]	Moscow	Moskva
Brussels	Brusel	Paris	Paříž *(f. -e)*
Budapest	Budapešť *(f. -i)*	Pilsen	Plzeň *(f. -e)*
Bucharest	Bukurešť *(f. -i)*	Prague	Praha
Copenhagen	Kodaň *(f. -e)*	Rome	Řím[1]
Dresden	Drážďany *(f.pl.)*	Vienna	Vídeň *(f. -e)*
Geneva	Ženeva	Warsaw	Varšava *(f. -e)*
Kiev	Kyjev[1]	Zagreb	Záhřeb
Leipzig	Lipsko	Zurich	Curych
Lisbon	Lisabon		

---

[1]Geographical names in **-ov, -ev, -ýn,** and **-ín** have **-a** in the genitive and **-e** in the prepositional (cf. 14.311). *Řím* is also included in this category.

APPENDIX D

NOUN DECLENSIONS

kniha §§2.3,4.1	*most* §§2.4,4.2	*student* §§2.4,4.2	*slovo* §§2.4,4.2
1. kniha	most	student	slovo
2. knihy	mostu	studenta	slova
3. knize	mostu	studentovi	slovu
4. knihu	most	studenta	slovo
5. kniho	moste	studente	slovo
6. knize	mostě	studentovi	slově
7. knihou	mostem	studentem	slovem
1. knihy	mosty	studenti	slova
2. knih	mostů	studentů	slov
3. knihám	mostům	studentům	slovům
4. knihy	mosty	studenty	slova
5. knihy	mosty	studenti	slova
6. knihách	mostech	studentech	slovech
7. knihami	mosty	studenty	slovy

pokoj §§2.5,4.3	*muž* §§2.5,4.3	*moře* §§2.5,4.3	*kolej* §§2.5,4.3
1. pokoj	muž	moře	kolej
2. pokoje	muže	moře	koleje
3. pokoji	muži	moři	koleji
4. pokoj	muže	moře	kolej
5. pokoji	muži	moře	koleji
6. pokoji	muži	moři	koleji
7. pokojem	mužem	mořem	kolejí
1. pokoje	muži	moře	koleje
2. pokojů	mužů	moří	kolejí
3. pokojům	mužům	mořím	kolejím
4. pokoje	muže	moře	koleje
5. pokoje	muži	moře	koleje
6. pokojích	mužích	mořích	kolejích
7. pokoji	muži	moři	kolejemi

náměstí §10.1	*země* §10.2	*část* §10.3	*hrdina* §10.4
1. náměstí	země	část	hrdina
2. náměstí	země	části	hrdiny
3. náměstí	zemi	části	hrdinovi
4. náměstí	zemi	část	hrdinu
5. náměstí	země	části	hrdino
6. náměstí	zemi	části	hrdinovi
7. náměstím	zemí	částí	hrdinou
1. náměstí	země	části	hrdinové
2. náměstí	zemí	částí	hrdinů
3. náměstím	zemím	částem	hrdinům
4. náměstí	země	části	hrdiny
5. náměstí	země	části	hrdinové
6. náměstích	zemích	částech	hrdinech
7. náměstími	zeměmi	částmi	hrdiny

APPENDIX E

ADJECTIVE DECLENSIONS

nový §4.5

	m.inan.	*m.anim.*	*n.*	*f.*
1&5.	nový	nový	nové	nová
2.	nového	nového	nového	nové
3.	novému	novému	novému	nové
4.	nový	nového	nové	novou
6.	novém	novém	novém	nové
7.	novým	novým	novým	novou
1&5.	nové	noví	nová	nové
2.	nových	nových	nových	nových
3.	novým	novým	novým	novým
4.	nové	nové	nová	nové
6.	nových	nových	nových	nových
7.	novými	novými	novými	novými

hlavní §4.6

1&5.	hlavní	hlavní	hlavní	hlavní
2.	hlavního	hlavního	hlavního	hlavní
3.	hlavnímu	hlavnímu	hlavnímu	hlavní
4.	hlavní	hlavního	hlavní	hlavní
6.	hlavním	hlavním	hlavním	hlavní
7.	hlavním	hlavním	hlavním	hlavní
1&5.	hlavní	hlavní	hlavní	hlavní
2.	hlavních	hlavních	hlavních	hlavních
3.	hlavním	hlavním	hlavním	hlavním
4.	hlavní	hlavní	hlavní	hlavní
6.	hlavních	hlavních	hlavních	hlavních
7.	hlavními	hlavními	hlavními	hlavními

Karlův §12.91

	m. inan.	*m. anim.*	*n.*	*f.*
1&5.	Karlův	Karlův	Karlovo	Karlova
2.	Karlova	Karlova	Karlova	Karlovy
3.	Karlovu	Karlovu	Karlovu	Karlově
4.	Karlův	Karlova	Karlovo	Karlovu
6.	Karlově	Karlově	Karlově	Karlově
7.	Karlovým	Karlovým	Karlovým	Karlovou
1&5.	Karlovy	Karlovi	Karlova	Karlovy
2.	Karlových	Karlových	Karlových	Karlových
3.	Karlovým	Karlovým	Karlovým	Karlovým
4.	Karlovy	Karlovy	Karlova	Karlovy
6.	Karlových	Karlových	Karlových	Karlových
7.	Karlovými	Karlovými	Karlovými	Karlovými

matčin

1&5.	matčin	matčin	matčino	matčina
2.	matčina	matčina	matčina	matčiny
3.	matčinu	matčinu	matčinu	matčině
4.	matčin	matčina	matčino	matčinu
6.	matčině	matčině	matčině	matčině
7.	matčiným	matčiným	matčiným	matčinou
1&5.	matčiny	matčini	matčina	matčiny
2.	matčiných	matčiných	matčiných	matčiných
3.	matčiným	matčiným	matčiným	matčiným
4.	matčiny	matčiny	matčina	matčiny
6.	matčiných	matčiných	matčiných	matčiných
7.	matčinými	matčinými	matčinými	matčinými

APPENDIX F

PRONOUN DECLENSIONS

Personal Pronouns
§§5.1, 5.2, 5.3

1&5.	já	ty	
2.	mne/mě	tebe/tě	sebe/se
3.	mně/mi	tobě/ti	sobě/si
4.	mne/mě	tebe/tě	sebe/se
6.	mně	tobě	sobě
7.	mnou	tebou	sebou

1&5.	my	vy
2.	nás	vás
3.	nám	vám
4.	nás	vás
6.	nás	vás
7.	námi	vámi

1&5.	on	ono	ona
2.	jeho/něj/ho	jeho/ho	jí
3.	jemu/mu	jemu/mu	jí
4.	jeho/něj/ho	je/ho	ji
6.	něm	něm	jí
7.	jím	jím	jí

1&5.	oni/ona/ony
2.	jich
3.	jim
4.	je
6.	nich
7.	jimi

Possessive Pronouns
  §§6.3, 6.4

můj	*m. inan.*	*m. anim.*	*n.*	*f.*
1&5.	můj	můj	mé/moje	má/moje
2.	mého	mého	mého	mé
3.	mému	mému	mému	mé
4.	můj	mého	mé/moje	mou/moji
6.	mém	mém	mém	mé
7.	mým	mým	mým	mou
1&5.	mé/moje	mí/moji	má/moje	mé/moje
2.	mých	mých	mých	mých
3.	mým	mým	mým	mým
4.	mé/moje	mé/moje	má/moje	mé/moje
6.	mých	mých	mých	mých
7.	mými	mými	mými	mými

náš

1&5.	náš	náš	naše	naše
2.	našeho	našeho	našeho	naší
3.	našemu	našemu	našemu	naší
4.	náš	našeho	naše	naši
6.	našem	našem	našem	naší
7.	naším	naším	naším	naší
1&5.	naše	naši	naše	naše
2.	našich	našich	našich	našich
3.	našim	našim	našim	našim
4.	naše	naše	naše	naše
6.	našich	našich	našich	našich
7.	našimi	našimi	našimi	našimi

Miscellaneous Pronouns
  §§4.8, 6.7, 8.5

ten

1&5.	ten	ten	to	ta
2.	toho	toho	toho	té
3.	tomu	tomu	tomu	té
4.	ten	toho	to	tu
6.	tom	tom	tom	té
7.	tím	tím	tím	tou

	m. inan.	*m. anim.*	*n.*	*f.*
1&5.	ty	ti	ta	ty
2.	těch	těch	těch	těch
3.	těm	těm	těm	těm
4.	ty	ty	ta	ty
6.	těch	těch	těch	těch
7.	těmi	těmi	těmi	těmi

jeden

	m. inan.	*m. anim.*	*n.*	*f.*
1&5.	jeden	jeden	jedno	jedna
2.	jednoho	jednoho	jednoho	jedné
3.	jednomu	jednomu	jednomu	jedné
4.	jeden	jednoho	jedno	jednu
6.	jednom	jednom	jednom	jedné
7.	jedním	jedním	jedním	jednou

1&5.	jedny	jedni	jedna	jedny
2.	jedněch	jedněch	jedněch	jedněch
3.	jedněm	jedněm	jedněm	jedněm
4.	jedny	jedny	jedna	jedny
6.	jedněch	jedněch	jedněch	jedněch
7.	jedněmi	jedněmi	jedněmi	jedněmi

všechen

	m. inan.	*m. anim.*	*n.*	*f.*
1&5.	všechen	všechen	všechno	všechna
2.	všeho	všeho	všeho	vší
3.	všemu	všemu	všemu	vší
4.	všechen	všeho	všechno	všechnu
6.	všem	všem	všem	vší
7.	vším	vším	vším	vší

1&5.	všechny	všichni	všechna	všechny
2.	všech	všech	všech	všech
3.	všem	všem	všem	všem
4.	všechny	všechny	všechna	všechny
6.	všech	všech	všech	všech
7.	všemi	všemi	všemi	všemi

APPENDIX G

VERBS

The paradigms below contain only those forms needed for active use: the present tense, the imperative (represented here by the second-person singular), the *l*-participle, and past passive participle. The appendix is divided into two sections: regular patterns (as introduced in Lessons 3 and 8) and irregular patterns (as introduced sporadically throughout Part One). No paradigms are given for verbs from §§14.7-14.82; they deviate from the regular patterns in one or two forms only.

Regular Verbs: First Conjugation

dělat §3.11	**rozumět** §3.11
dělám	rozumím
děláš	rozumíš
dělá	rozumí
děláme	rozumíme
děláte	rozumíte
dělají	rozumějí
dělej	rozuměj
dělal	rozuměl
dělán	rozuměn

Regular Verbs: Second Conjugation

mluvit §3.12	**slyšet** §3.12
mluvím	slyším
mluvíš	slyšíš
mluví	slyší
mluvíme	slyšíme
mluvíte	slyšíte
mluví	slyší
mluv	slyš
mluvil	slyšel
mluven	slyšen

Regular Verbs: Third Conjugation

pracovat §3.13	*prominout* §3.13
pracuji/pracuju	prominu
pracuješ	promineš
pracuje	promine
pracujeme	promineme
pracujete	prominete
pracují/pracujou	prominou
pracuj	promiň
pracoval	prominul
pracován	prominut

poslat §8.2	*žít* §8.3	*vézt* §8.4
pošlu	žiji/žiju	vezu
pošleš	žiješ	vezeš
pošle	žije	veze
pošleme	žijeme	vezeme
pošlete	žijete	vezete
pošlou	žijí/žijou	vezou
pošli	žij	vez
poslal	žil	vezl
poslán	žit	vezen

Irregular Verbs

být §2.7	*mít* §2.8	*vědět* §6.9
jsem	mám	vím
jsi	máš	víš
je	má	ví
jsme	máme	víme
jste	máte	víte
jsou	mají	vědí
buď	měj	věz
byl	měl	věděl
-byt	—	-věděn

moci §6.9	*chtít* §7.8	*jíst* §11.7
mohu/můžu	chci	jím
můžeš	chceš	jíš
může	chce	jí
můžeme	chceme	jíme
můžete	chcete	jíte
mohou/můžou	chtějí	jedí
-moz	chtěj	jez
mohl	chtěl	jedl
-možen	chtěn	jeden

CZECH-ENGLISH GLOSSARY

a and **2**
aby (see §§7.6-7.61) **7**
ačkoli(v) although **9**
ahoj 1. Hi! 2. See you! **7**
ale but **2**
alespoň/aspoň at least **10**
ani ..., ani neither ... nor **6**
  ani ne not even
ano yes **1**
antikvariát [-ty-] second-hand bookstore **10**
asi 1. probably 2. about, approximately
ať 1. (see §7.2) 2. whether **7**
atd. (a tak dále) and so on **R3**
až (see Vocabulary for Lesson 7) **7, 9**
babička grandmother **R7**
barva color **R9**
báseň (f. -e) poem **6**
básník poet **6**
bát se koho čeho §14.71 be afraid of **R3**
bavit, pobavit amuse **R3**
  bavit se, pobavit se 1. have a good time 2. chat **R3**
běhat (indeterminate) run **9**
během čeho during, in the course of **11**
-běhnout (prefixed perfective verb of motion) run **9**
bez koho čeho without **2**
bezpečný safe **R13**
běžet (-í) (determinate) run **9**
  běží o koho co it is a matter of **13**
běžný common **R11**
bída §14.23 poverty, misery
-bíhat (prefixed imperfective verb of motion) run **9**
bílý §14.6 white **R9**
blahopřát §14.71 **komu k čemu** wish sby a happy sth, congratulate sby on sth
bledý §14.61 pale
blízko koho čeho near **12**
blízký §§14.61, 12.51 nearby, near **12**
bohatý čím §14.63 rich in **12**
bohužel unfortunately **10**
bolet (-í) hurt **R4**
bota shoe **R6**
brát (berou), vzít §14.74 take **R2**
  brát se, vzít se get married
bratr §14.321 brother **2**

bratranec §14.322 cousin (m.)
brzo/brzy early, soon **7**
březen §10.9 March **10**
buď ..., nebo either ... or **6**
budit, probudit/vzbudit wake up (transitive); **budit se, probudit se** wake up (intransitive) **R13**
budoucí future (adj.) **13**
budoucnost (f. -i) the future **13**
budova building **R6**
Bůh §§14.21, 14.323 God **R8**
by (see §7.41) **7**
bydlet (-í) live **8**
byt apartment **11**
být §2.7 be **2**
celý whole **6**
cena 1. price, value 2. prize **R11**
cesta 1. road, path, route 2. trip **9**
cestovat travel **9**
cítit §14.8 feel **R11**
cítit se feel **R11**
cizina foreign countries, abroad **9**
cizinec §14.322 foreigner
cizí foreign **4**
co what **2**
cvičit exercise **5**
  cvičit se v čem practice sth **5**
čaj tea **R3**
čas time **2**
časopis magazine **8**
část (f. -i) part **10**
často often **4**
čekat, počkat na koho co wait for **11**
černý black **R9**
červen §10.9 June **10**
červenec §10.9 July **10**
červený red **R9**
čest §14.59 honor **R11**
čí whose **6**
čin §14.313 feat, act
číslo number **R6**
číst §8.41, **přečíst** §10.54 read **8**
čistý §14.63 1. clean 2. pure **12**
článek article **7**
člen §14.3323 member
člověk §14.51 man (in the general sense) **10**
čtvrt (f.) §14.315 quarter **11**

čtvrť (f.) §14.315 neighborhood, quarter, district

čtvrtek Thursday 11

daleký §§14.61, 12.51 far off, distant 5

dárek gift R13

dařit se, podařit se (see Vocabulary for Lesson 12)

dávat, dát 1. give 2. put, place 3, R10
dejme tomu let's say
dát se do čeho begin to do sth
dá se (co dělat) it is possible (to do sth) 13

dávno a long time ago R8

dcera §14.55 daughter R7

dědeček grandfather R7

dědit, zdědit §14.81 inherit

dějiny (f. pl.) history 5

děkovat, poděkovat komu za co thank sby for sth 7

dělat, udělat do, make 3

den §14.412 day 11

děvče §14.42 girl R12

dílo §14.23 1. work (of art) 2. (the works of an artist taken as a whole) work, œuvre R7

díra §14.22 hole

dít se §14.711, udát se §14.71 happen, take place, go on R14

dítě §14.421 child R4

divadlo theater 6

dívat se, podívat se na koho co look at 6

divit se, podivit se komu čemu be surprised at R1

dívka girl 5

divoký §14.6 wild

dlouhý §§12.4, 12.51 long 5

dnes(ka) today 2

do- (motion up to) §9.71

do čeho 1. to, into 2. until 3. in, within, by (a certain time limit) 9

doba time, period 11

dobrý §§12.4, 12.51 good 5

dobrý den hello 1

dobře fine, good, all right 1

docela quite, entirely 7

dojímat, dojmout §14.73 touch, move

dokonce even 3

dole down, downstairs 9

doleva to the left 9

dolů down, downstairs (with verbs of motion) 9

doma at home 2

domov §14.31 1. home 2. native country

domů home (with verbs of motion) 9

donutit (see nutit)

dopis letter 8

dopoledne (in the) late morning 11

doporučovat, doporučit recommend R12

doprava 1. to the right 9 2. transportation

dopředu forward 9

dost/dosti 1. enough 2. rather 11

dostávat, dostat (dostanou) receive 8
dostávat se, dostat se kam get somewhere

dotýkat se, dotknout se koho čeho §14.82 touch R14

doufat hope 8

dovídat se, dovědět se (see dozvídat se)

dovnitř inside (with verbs of motion) 9

dovolená (adjective used as a noun) vacation R9

dovolovat, dovolit komu allow, permit 7

dozadu backward 9

do(z)vídat se, do(z)vědět se §6.6 learn, find out R3

dráha §14.22 1. course, line, trail 2. railroad

drahý §§14.61, 12.51 1. expensive 2. dear 11

družstvo §14.314 cooperative

dřív(e) sooner 12

duben §10.9 April 10

duch §14.312 spirit

důkaz §14.313 proof

důležitý important 4

dům §§14.21, 14.3131 house R8

důraz §14.313 emphasis

důvod §14.313 reason R12

dvůr §§14.21, 14.31 court

dveře §14.52 door R5

fakulta school, division 7

haléř heller 6

hebký §14.63 fine, soft

herec §14.322 actor R14
herečka actress

hezký §14.62 1. pretty 2. nice 5

historka story, anecdote 3

hlad §14.313 hunger R1

hlas voice R12

hlasitý loud, noisy 12

hlava head R4

hlavní main, principal 4

hledat, vyhledat look for 3

hledisko §14.314 point of view

hloupý silly, stupid R11

hluboký §14.61 deep 12

hmyz §14.312 insect

hned immediately 7
hned ... hned now ... now, first ... then

hodina 1. hour 2. lesson, class 2

hodiny (f. pl.) clock 6
hodinky (f. pl.) watch 6

hodně 1. many, a lot 2. very 7

hoch boy 5

holka (colloquial) girl R5

horký §14.61 hot **11**
horší worse **12**
hořký §14.61 bitter
hospoda (Czech variety of pub) **9**
host §14.3311 guest **R13**
hotový (hotov) ready **R3**
hra 1. game 2. play **6**
hranice (f.) §14.34 border
hrát §14.71 play **R2**
  hrát co play (a game)
  hrát na co play (an instrument)
hrdina (m.) hero **10**
hrdý na koho co proud of **R11**
hrob §14.3131 tomb
hrozný terrible **R14**
hrubý §14.63 coarse
hřát §14.71 heat, warm
hudba music **5**
hůl (f. -e) §14.21 stick
hustý §14.63 thick, dense
chápat (chápou), pochopit understand, grasp **8**
-cházet (prefixed imperfective verb of motion) go (on foot) **9**
chladný cool **11**
chlapec §14.322 boy **R5**
chléb §§14.21, 14.31 bread **R8**
chodit (indeterminate) go (on foot) **9**
chtít §7.8 want to **7**
  chce se mi (dělat něco) I feel like (doing sth) **R2**
chudý §14.61 poor **12**
chuť (f.) §14.45 1. taste 2. appetite **R11**
chvíle (f.) §§14.23, 14.341 a while **R2**
chyba mistake **4**
chybět komu (see Vocabulary for Review Lesson 9)
chytrý 1. smart 2. crafty, cunning **R11**
i and, even, also **3**
  i ... i both ... and
jak how, as **5**
jak ..., tak both ... and **9**
jakmile as soon as **12**
jako as, like **5**
jaký what sort of **4**
jaro §14.3141 spring **9**
jasný clear **12**
jazyk §14.31 1. language **4** 2. tongue
jediný sole, only **R3**
jednoduchý §14.61 simple, plain
jednou once **9**
jen/jenom only **4**
  jenže but, only **8**
jestli/jestliže if **6**
ještě still, yet, more **3**
jet §9.1 (determinate) go (by vehicle) **9**
jeviště §14.34 stage
jezdit (indeterminate) go (by vehicle) **9**

jídlo 1. food 2. meal **R7**
jih south **8**
jinak 1. otherwise 2. differently **R2**
jinam elsewhere (with verbs of motion) **9**
jinde elsewhere **9**
jiný other, different **5**
jíst, sníst §11.7 eat **11**
jistý čím (jist) certain, sure of sth **6**
jít §9.1 (determinate) go (on foot) **9**
  jde o koho co it is a matter of **13**
již already **13**
-jíždět (prefixed imperfective verb of motion) to go (by vehicle) **9**
jméno §§14.3141, 14.23 name **R7**
jmenovat se be called **5**
k (ke, ku) komu čemu 1. toward, in the direction of 2. to the house/office of **9**
kabát coat **R6**
kalhoty (f. pl.) trousers **R6**
kam where (with verbs of motion) **9**
kamarád good friend **7**
kámen §§14.21, 14.41 stone
kancelář (f. -e) office **R2**
kapsa pocket **R6**
katedra (university) department **7**
káva coffee **R3**
každý every **5**
kde where **2**
kdežto whereas **2**
kdo who **2**
kdy when **2**
kdyby (see §§7.5-7.51)
když 1. when 2. if **5**
kino cinema, movies **9**
klenot §14.313 jewel
klid §14.313 peace and quiet, calm
klobouk hat **R6**
kluk (colloquial) boy, kid **R5**
kluzký §14.62 slippery
kmen §14.41 1. (tree) trunk 2. tribe 3. stem (of a word)
kněz §14.542 priest
kniha book **2**
knihkupectví bookstore **10**
knihovna library **2**
kníže (m.) §14.42 prince
kočka cat **R5**
kolega (m.) colleague **10**
kolej (f. -e) dormitory **2**
kolem koho čeho 1. around 2. past 3. approximately **R10**
kolik how much, how many **4**
-kolik (see §10.82)
končit, skončit finish, end **R1**
konec end **12**
koruna crown **6**
kořen §14.41 root
kostel §14.31 church **R6**

košile (f.) §14.341 shirt R6
koupat se (koupou se), vykoupat se 1. take a bath 2. go swimming R5
koupelna bathroom R5
koupit (see kupovat)
kouřit smoke R7
kout §14.31 corner (of a room, drawer)
krabice (f.) §14.34 box
král (-e) §14.3323 king R14
krásný beautiful 9
-krát time(s) 9
krátký §14.61 short 8
kromě koho čeho 1. except 2. besides, in addition to 5
krotký §14.63 tame
křehký §14.62 fragile
křepký §14.62 nimble, sprightly
křesťan §14.3311 Christian
který who, that, which 4
kufr suitcase R4
kůň §§14.21, 14.541 horse R14
kupovat, koupit buy 3
kupředu forward 9
kurs §14.313 course
kus piece R8
květen §10.9 May 10
kvůli komu čemu because of R7
laciný inexpensive, cheap R2
láhev (f. -e) bottle R12
láska ke komu čemu love for R8
laskavý (laskav) kind 6
lec- (see §10.83)
leda- (see §10.83)
leden §10.9 January 10
legrace (f.) fun R3
legrační funny R3
lehat si, lehnout si lie down R1
lehký §14.61 1. light 2. easy 12
lehnout si (see lehat si)
lékař doctor, physician R4
lekce (f.) lesson (in a book) 10
lepší better 12
les §14.31 woods, forest
letadlo airplane R6
létat (indeterminate) fly 9
letět (-í) (determinate) fly 9
letiště airport R6
léto summer 9
letos this year 9
levný inexpensive R2
levý left 9
lež (f.) §14.45 lie
ležet (-í) lie R1
-li if, whether 13
líbit se (see §6.21)
lid §14.313 the people, folk 7
lidový folk, people's 7
list §14.313 1. leaf 2. sheet (of paper)

lístek ticket R10
listopad §10.9 November 10
literární literary 4
literatura literature 4
líto (see Vocabulary for Lesson 13)
lítost (f. -i) sorrow 13
litovat be sorry for 13
loď (f.) §14.315 ship R6
loni last year 9
málo not much, few, little 4
málo- (see §10.85)
malý §§12.4, 12.51 small 4
manžel (-e) §§14.3311, 14.3324 husband R12
manželka wife R12
máslo butter R13
maso meat R6
mateřština native language R13
matka mother 2
měkký §14.63 soft 12
mělký §14.62 shallow
měnit, změnit change 12
měsíc 1. moon 2. month 11
město city 9
mezi kým čím between, among 9
mezi koho co between (with verbs of motion) 9
mezinárodní international R12
milovat love 6
milý dear 13
mimo koho co 1. except 2. besides, in addition to 3. outside of R3
mimochodem by the way 13
minulost (f. -i) the past 13
minulý last, past 13
minuta minute 11
mír peace R12
míra §14.23 measure
místnost (f. -i) room R6
místo 1. place 2. job 3
místo koho čeho instead of R10
mít 1. have 2 2. have to, be supposed to §7.7
    mít se feel, be getting along 1, 5
mladý §14.61 young 12
mlčet, odmlčet se be/fall silent R2
mléko §14.314 milk R4
mluvit speak, talk 3
mluvnice (f.) §14.34 grammar R3
mnoho many, much 4
moc (f.) §14.45 power
moc 1. very 2. many 3. too much R1
moci §6.9 be able to 6
modrý blue R9
moře sea 2
most bridge 2
možná maybe R14
možnost (f. -i) possibility 13

možný possible **13**
muset (-í) have to, must **4**
muž 1. man 2. husband **2**
mysl §14.45 1. mind 2. spirit, mood
myslet (-í) 1. think 2. mean
 myslet na koho co think about, have
 in mind; **myslet o kom čem** think
 about, have an opinion of **5**
myšlenka thought **8**
mýt (myjou), umýt (umyjou) wash **R4**
 mýt se, umýt se get washed
na koho co 1. on (with verbs of motion)
 2. to (with verbs of motion) 3. for
 (purpose, a certain amount of time) **9**
na kom čem 1. on 2. at **2**
na shledanou [-sch-] good-bye **1**
nábytek furniture **R12**
nad (nade) koho co over, above (with
 verbs of motion) **9**
nádraží railroad station **10**
náhoda chance **12**
nahoru up, upstairs (with verbs of
 motion) **9**
nahoře up, upstairs **9**
nacházet, najít §9.1 find **9**
najednou all of a sudden **9**
najímat, najmout §14.73 rent out
 najímat si, najmout si §14.73 hire, rent
najíst se čeho §11.7 (perfective) eat
 (one's fill of sth)
najít (see **nacházet**)
najmout (see **najímat**)
nakladatelství publishers, publishing
 house **10**
nalevo on/to the left **9**
náměstí square **10**
naopak on the contrary **R12**
nápad §14.313 idea **8**
napadat, napadnout komu §14.82
 enter sby's mind **8**
napravo on/to the right **9**
naproti komu čemu opposite, across the
 way from **2**
např. (= **například**) for example, e.g. **12**
napsat (see **psát**)
národ §14.31 nation **7**
narodit se (see **rodit se**)
-nášet (prefixed imperfective verb of
 motion) carry (on foot) **9**
naštěstí fortunately **10**
naučit (se) (see **učit (se)**)
návrh suggestion **11**
navrhovat, navrhnout §14.82 suggest **11**
návštěva visit **6**
navštěvovat, navštívit 1. visit 2. attend **6**
název title **R11**
názor opinion, view **7**
nazpaměť by heart **R5**

ne 1. no 2. not **1**
ne- not **3**
nebezpečný dangerous **R13**
nebo or **2**
něco something **5**
nedávno recently **R8**
neděle (f.) §14.341 1. Sunday 2. week **11**
nechávat, nechat let, leave
 nechávat, nechat čeho stop, give up, drop
 nechávat si, nechat si keep **12**
nějak somehow **5**
nějaký some sort of, a **5**
někde somewhere **5**
někdo someone **5**
někdy 1. sometimes 2. once (in the
 future) **5**
několik a few, several **4**
nemoc §14.45 illness
nemocný (nemocen) ill **R10**
není is not **3**
nepřítel §14.54 enemy
nést (nesou) (determinate) carry (on
 foot) **9**
než 1. before 2. than **9**
nic nothing **5**
nijak in no way **5**
nikde nowhere **5**
nikdo no one **5**
nikdy never **5**
nit (f.) §14.315 thread
nízký §§14.61, 12.51 low **12**
noc (f.) §14.45 night **11**
noha §14.43 1. leg 2. foot **R4**
nosit (indeterminate) 1. carry (on foot)
 2. wear **9**
noviny (f. pl.) newspaper **8**
nový new **4**
nutit, donutit/přinutit force **R11**
nůž §14.21 knife
o kom čem 1. about 2. during (with
 plural holiday words)
o koho co up against **2**
ob- (motion around) §9.71
oba, obě §14.431 both **R4**
občan §14.3311 citizen (m.) **R7**
 občanka citizen (f.) **R7**
obecenstvo §14.314 audience
obecný common, general **R13**
oběd §14.31 noonday meal (the main
 meal of the day)
obědvat have *oběd* **R1**
obejmout (see **objímat**)
obchod 1. business, trade 2. store **R5**
objednávat, objednat order **R13**
objímat, obejmout §§14.73, 14.83 embrace
oblékat, obléci §14.76 dress **R6**
 oblékat se, obléci se get dressed
 oblékat si, obléci si put on

oblíbený 1. popular, well-liked 2. favorite 9
obor branch of study, field 2
obraz §14.312 picture, painting 3
obsazený occupied, taken 11
obyčejný ordinary R14
očekávat expect R13
od- (motion away from) §9.71
od koho čeho 1. (away) from 2. since 3. by (an author, composer, etc.) 9
odevšad from everywhere 9
odjinud from elsewhere 9
odkud from where 9
odmlčet se (see mlčet)
odpočívat, odpočinout si rest R11
odpoledne (in the) afternoon 11
odpověď (f.) §14.451 answer R10
odpovídat, odpovědět komu na co answer §6.9
   odpovídat, odpovědět čemu correspond to 6
odsud from here 9
odtamtud from there 9
odtud from here 9
okamžik moment R11
okno window R5
oko §14.43 eye R5
okolo koho čeho 1. around 2. past 3. approximately R11
omlouvat, omluvit excuse
   omlouvat se, omluvit se komu apologize to R5
onen that 13
opakovat repeat 4
opatrný careful R14
opírat, opřít §14.62 co o co lean sth against sth
opravdu really 7
opravovat, opravit 1. correct 2. fix, repair R9
opřít (see opírat)
ostrov §14.31 island
osud §14.313 fate
ošklivý ugly 11
otázka question 3
otec §14.322, 14.3323 father 2
otvírat, otevřít §14.72 open R10
ovšem 1. of course 2. however 11
oženit se (see ženit se)
pád 1. (grammar) case 2. fall, ruin 5
padat, padnout fall R2
pak then 7
pamatovat si, zapamatovat si remember 5
pán §14.3323 1. Mr., sir 2. gentleman 3. lord 2
paní 1. Mrs. 2. woman, lady 4
papír paper R8
pátek Friday 11

patro floor, story R9
patřit komu belong to, be sby's
péci §14.76, upéci 1. bake 2. roast
pěkný pretty, nice, fine 11
peníze (m.pl.) §14.53 money R4
pero §14.3141 pen R6
pes dog R5
pěšky on foot 9
píseň (f.) song 2
písmo §14.3141 print
pít (pijou), vypít (vypijou) drink 8
pivo beer 8
plakat (pláčou) cry R12
plamen §14.41 flame
platit, zaplatit komu za co pay sby for sth 6
plavat (plavou) swim R5
plný full 11, R9
plyn §14.313 gas
po čem 1. after 2 2. along, all over 9
pobavit (see bavit)
pobyt §14.313 stay, sojourn
pocit §14.313 feeling
počasí weather 11
počet §14.313 quantity, number
počkat (see čekat)
pod(e) koho co under (with motion) 9
pod(e) kým čím under, below 9
podařit se (see dařit se)
poděkovat (see děkovat)
podívat se (see dívat se)
podivit se (see divit se)
podle koho čeho according to 7
podmět §14.313 (grammatical) subject
podobný komu čemu similar to R10
podzim fall, autumn 9
pohled na co §14.314 sight, look, view of
pohlednice (f.) §14.34 picture postcard R10
pochopit (see chápat)
pochybovat o čem doubt sth R11
pojmenovat (see jmenovat)
poklad §14.313 treasure
pokládat koho co za koho co consider sby/sth to be sby/sth 13
pokoj 1. room (in a house or apartment), bedroom 2. peace and quiet 2
pokračovat v čem continue sth 12
pokrok progress 5
pokrokový progressive 5
pokud as far as, as long as 13
pokus o co §14.313 attempt at
pole field R7
poledne noon R2
polévka soup R7
polovina half R3
pomáhat, pomoci komu §6.9 help 6
pomalu slowly 12

pomalý   slow **12**
pomoc (f.)   §14.45   help, aid
pondělí   Monday **11**
popírat, popřít (popřou)   §14.72   call into question, contest, deny
popisovat, popsat (popíšou)   describe **8**
popovídat si   (see povídat si)
poprosit   (see prosit)
popřít   (see popírat)
popsat   (see popisovat)
poradit   (see radit)
porozumět   (see rozumět)
pořád   1. all the time, constantly   2. still **R3**
pořádek   order **8**
posílat, poslat (pošlou)   send **8**
poslední   last **4**
poslouchat, poslechnout   1. listen to   2. obey **3**
pospíchat, pospíšit si   hurry **R9**
postel (f. -e)   bed **R8**
pošta   1. post office   2. mail **R11**
potěšit   (see těšit)
potíž (f. -e)   difficulty, trouble **9**
potkávat, potkat   meet **12**
potok   §14.31   brook
potom   then **7**
potřebovat   need **4**
používat, použít (použijou) co/čeho   use **8**
povídat (si), popovídat (si)   have a talk **5**
povídka   short story **3**
pozdě   late (adv.) **12**
pozdní   late (adj.) **12**
pozdravit   (see zdravit)
pozdravovat koho od koho   give sby sby's regards **R10**
pozítří   the day after tomorrow **R7**
poznávat, poznat   1. recognize   2. meet, make the acquaintance of **12**
pozor   attention **8**
pozvat   (see zvát)
práce (f.)   §14.22   work **R5**
pracovat   work **3**
práh   §14.2   doorstep, threshold
pramen   §14.41   spring, source
prase   §14.42   pig
pravda   truth **7**
právě   (see Vocabulary for Lesson 7)
pravidlo   rule **R4**
právo   §14.3141   1. the law   2. right **R9**
pravý   1. right (opp. *left*)   2. authentic, genuine **9**
prázdniny (f.pl.)   vacation **R9**
   o prázdninách   on vacation
pro-   (motion through)   §9.71
pro koho co   1. for   2. because of **2**
problém   problem **2**
proč   why **2**

prodávat, prodat   sell **R10**
profesor   professor **2**
prohrávat, prohrát   §14.71   lose **R13**
procházet se, projít se   take a walk **R1**
projít se   (see procházet se)
promíjet, prominout komu co   pardon sby for sth **3**
prosím   1. Don't mention it   2. Here you are   3. After you   4. At your service   5. Hello (on the telephone)   6. Pardon? Excuse me?   7. May I help you? **7**
prosinec   §10.9   December **10**
prosit, poprosit o co   ask for sth **7**
prostý   §14.63   simple **6**
proti komu čemu   1. against   2. opposite   3. as compared with **11**
protiklad   §14.313   contrast, divergence, opposite
proto   therefore **8**
protože   because **2**
proud   §14.313   current
pršet   rain **R2**
prudký   §14.61   violent, rash
průkaz   §14.313   permit, identity card, pass
průvodce (m.)   guide **10**
prý   (see Vocabulary for Lesson 8)
pryč   away, gone **9**
přát   §14.71   komu co   wish sby sth **R2**
   přát si   §14.71   want, desire **R2**
přece   (see Vocabulary for Lesson 9)
přečíst   (see číst)
před(e) koho co   before (with verbs of motion) **9**
před(e) kým čím   1. before   2. ago **2**
předevčírem   the day before yesterday **R7**
předmět   §14.313   1. object   2. subject (in school)   3. (grammatical) object
přednášet   lecture **3**
přednáška   lecture **3**
přednost (f. -i) komu čemu před kým čím   preference to sby/sth over sby/sth **R7**
představení   performance **R3**
představovat, představit   1. represent   2. present, introduce **5**
přehled   §14.313   survey
překlad   §14.313   translation **6**
překládat, přeložit   translate **6**
překladatel (-e)   §14.331   translator **R8**
přeložit   (see překládat)
přes koho co   1. across, via   2. throughout   3. in spite of **R8**
přesnost (f. -i)   accuracy **10**
přesný   exact, accurate, punctual **10**
přestávat, přestat (přestanou)   stop **R3**
při-   (arrival)   §9.71
při čem   close to, with, during, at **13**

příjemný   pleasant **11**
přijímat, přijmout §14.73 accept, take **R1**
příklad §14.313   example, instance **12**
příliš   too **6**
přímý   direct, straight **R14**
případ   case, instance **10**
připravovat, připravit na co   prepare for
    (transitive) **11**
    připravovat se, připravit se na co   pre-
    pare for (intransitive)
příští   next **8**
přítel (-e) §14.54   friend (m.) **7, R5**
    přítelkyně §14.34   friend (f.) **R5**
přízemí   ground floor **R9**
přízvuk   accent **6**
psát (píšou), napsat   write **8**
pták   bird **R8**
ptát se, zeptat se na koho co   ask about **5**
půlnoc (f.) §14.45   midnight **R2**
pustý §14.63   desolate, deserted
původ §14.313   origin, provenance
původní   original **R11**
rád   (see §§6.2-6.24)
rádio §14.3141   radio
radit, poradit komu §14.81   advise **7**
radost (f. -i) z čeho joy, pleasure out of **10**
ráno §14.3141   (in the) morning **4**
rodiče §14.541   parents **R10**
rodina   family **R10**
rodit se, narodit se   be born **11**
rok §14.58   year **11**
román   novel **2**
rozdíl   difference **4**
rozhlas   radio **6**
rozhodovat, rozhodnout decide (transitive)
    rozhodovat se, rozhodnout se decide
    (intransitive) **12**
rozumět, porozumět komu čemu   under-
    stand **3**
rozzlobit se   (see **zlobit se**)
rudý   (dark) red **R9**
ruka §14.43   1. arm   2. hand **R4**
rukopis §14.312   manuscript
různý   various, different **R14**
rychlý   fast **12**
rys §14.313   feature
řádek/řádka   line **11**
řeč (f. -i)   1. language   2. speech **10**
ředitel (-e) §14.331   director
řeka   river **R7**
říci   (see **říkat**)
řídký §14.61   rare **12**
říjen §10.9   October **10**
říkat, říci   (see Lesson 3, Vocabulary
    Note 6, §14.76)   say, tell
    říkat komu co   call sby sth
s kým čím   with **2**
s čeho   from, down from

sám   1. myself, yourself, etc.   2. alone **13**
samozřejmý   obvious **13**
samý   1. nothing but   2. very **13**
sedat si, sednout si/posadit se   sit down **R1**
sedět (-í)   sit **R1**
sednout si   (see **sedat si**)
sęn §14.314   dream
sestra   1. sister   2. nurse **2**
sešit   notebook **4**
setkávat se, setkat se s kým   meet **R4**
sever   north **8**
seznam   list **R11**
shora   from above **9**
schůze (f.)   meeting **12**
-si   (see §10.81)
sice   (see Vocabulary for Lesson 11)
síla §14.22   strength, power
silnice (f.) §14.34   road
silný   strong, powerful **12**
skála §14.22   rock
sklenice (f.) §14.34   glass, tumbler
sklep §14.31   cellar
skončit   (see **končit**)
skoro   almost **7**
skříň (f. -e)   wardrobe, cabinet **R4**
skupina   group **11**
skutečnost (f. -i)   1. reality **10**   2. fact
skutečný   real **10**
slabý §14.61   weak **12**
sladký §14.61   sweet
slečna   Miss, young lady **4**
sledovat   follow **R13**
slovník   dictionary **3**
slovo   word **2**
slunce   sun **R3**
slušný   1. proper, comme il faut   2.
    decent, moderately good **R14**
slyšet (-í), uslyšet   hear **3**
smát se §14.71, **zasmát se komu čemu**
    laugh at **R1**
směr   direction **R11**
směs (f.) §14.451   mixture
smět   be permitted to, may **4**
smutný   sad **11**
smysl   sense, meaning **11**
snad   perhaps **5**
snadný §14.631   easy, simple **R12**
snažit se   try **7**
snídaně (f.)   breakfast **R1**
snídat   have breakfast **R1**
sníh §14.21   snow **R2**
sníst   (see **jíst**)
sobota   Saturday **11**
sotva   scarcely **R12**
současný   1. contemporary   2. simulta-
    neous **13**
soudce (m.) §14.322   judge
soudruh   comrade (m.) **7**

soudružka comrade (f.) **7**
souhlasit agree **R12**
soused §14.3311 neighbor **R12**
spát (spí) sleep **R1**
spisovatel (-e) §14.331 writer, author **R8**
spíš(e) rather **13**
spokojený (spokojen) kým čím satisfied with **6**
společnost (f. -i) society **10**
společný common **10**
spolu together **11**
spolupráce (f.) §14.23 cooperation
správný correct **12**
srdce heart **R10**
srovnávat, srovnat compare **R11**
srpen §10.9 August **10**
stačit 1. be enough 2. have enough (time, money) **R5**
stále 1. more and more 2. still **12**
stálý constant **12**
starost (f. -i) worry, care **R5**
starý §14.61 old **4**
stát §14.71 1. stand 2. cost **R3**
  stát o co set great store by
  stát za co be worth
stát se (see **stávat se**)
stať (f.) §14.45 essay, article
stávat se, stát se (stanou se) kým čím become **8**
stejně all the same, nevertheless
stejný same **7**
stín §14.313 shadow, shade
století century **11**
strana 1. side 2. party 3. page **7**
stránka page **R9**
strávit (see **trávit**)
strom §14.3131 tree **R7**
strop §14.3131 ceiling
strýc §14.3323 uncle **R7**
střed §14.313 middle
středa Wednesday **11**
střední 1. middle 2. secondary (school) 3. neuter (gender) **4**
student student **2**
studený cold **R2**
studovat study **3**
stůl §§14.21, 14.312 table **R4**
stupeň degree **R13**
suchý §14.61 dry **12**
sůl (f. -i) §14.21 salt
svatý (adj.) §14.6 holy
  svatý (noun) saint
svět §14.31 world **9**
světlý light, bright **R9**
syn §§14.323, 14.3323 son **R7**
synovec §14.322 nephew
sýr §14.31 cheese
šaty (m.pl.) clothes **R4**

široký §14.61 wide **12**
škoda 1. damage 2. It's a pity **13**
škola school **2**
špatný bad **5**
šťastný (šťasten) happy **10**
štěstí 1. happiness 2. luck **10**
tábor §14.31 camp
tady here **2**
tak 1. so, then 2. yes **4**
také/taky also, too **3**
takový such, so, like this **4**
takže (see Vocabulary for Lesson 10)
tam there **2**
téci §14.76 flow **R13**
teď now **2**
tedy (see Vocabulary for Lesson 10)
tehdy at that time, then **8**
téma §14.12 theme, subject
temný dark **R9**
ten/tenhle/tento this, that **4**
tenký §14.62 thin
tentýž same (bookish) **13**
teplý warm **11**
teprve (see Vocabulary for Lesson 7)
těšit, potěšit make happy, give pleasure
  těšit se na koho co look forward to **11**
teta aunt **R7**
též also **13**
těžký §14.61 1. heavy 2. difficult **12**
tichý §14.61 quiet **12**
tím ... čím the more ... the **12**
tisknout, stisknout §14.82 press, squeeze
tisknout, vytisknout §14.82 print
tj. (to jest) that is (i.e.), in other words **10**
tlouci §§14.66, 14.74, **udeřit/uhodit** beat, strike
tlustý §14.61 thick, fat
tmavý §14.61 dark
tolik so much, so many **4**
totiž (see Vocabulary for Lesson 8)
továrna factory **R10**
tramvaj (f. -e) streetcar, tram **R2**
tráva §14.22 grass
trávit, strávit spend (time) **13**
trochu a little, a bit **4**
trpký §14.63 bitter
trvat to last **10**
  trvat na čem insist on
třeba(že) (see Vocabulary for Lesson 13)
třída 1. class (in school) 2. (social) class 3. avenue **8**
třít §14.72 rub
tu here **9**
tuhý §14.61 stiff
tužka pencil **R6**
tvrdý §14.61 hard, solid **12**
týden §14.411 week **2**

u koho čeho   1. close to   2. at the house/ office of **2**

účastnit se, zúčastnit se čeho   participate in **12**

učebnice (f.) §14.34   textbook **R10**

účet §14.313   bill, account

učit, naučit koho čemu/co   teach sby sth
  učit se, naučit se čemu/co   study, learn sth **5**

učitel (-e) §14.331   teacher (m.) **R6**

učitelka   teacher (f.) **R6**

událost (f. -i)   event **R14**

udát se   (see dít se)

udělat   (see dělat)

udeřit   (see tlouci)

uhodit   (see tlouci)

ucho §14.43   ear **R5**

ukazovat, ukázat (ukážou)   show, indicate **8**

ulice (f.) §14.34   street **R6**

úloha   1. role   2. function   3. exercise, homework assignment **3**

umělec §14.322   artist (m.) **R7**

umělkyně (f.) §14.34   artist (f.) **R7**

umění   art **10**

umět   know how to **5**

umírat, umřít §14.72   die **R10**

umýt   (see mýt)

unavený (unaven)   tired **R4**

univerzita [-ny-]   university **4**

únor §10.9   February **10**

úplný   complete **10**

určitý   definite **R2**

usmívat se, usmát se na koho §14.71 smile at **R4**

ústa (n.pl.)   mouth **R4**

ústav   institute **4**

úterý   Tuesday **11**

utíkat, utéci §14.76   run away, escape

úzký §14.61   narrow **12**

už   already **3**
  už ne   no longer

v-   (motion into) §9.71

v (ve) co   into (with verbs of motion) **9**

v (ve) čem   in **2**

-vádět   (prefixed imperfective verb of motion)   take (sby somewhere) **9**

vadit komu   (see Vocabulary for Lesson 11)

válka   war **11**

vánoce (f.pl.) §14.44   Christmas **R12**
  o vánocích   at Christmastime

vařit   1. boil   2. cook **R10**

-vážet   (prefixed imperfective verb of motion)   carry, transport (by vehicle) **9**

vážný   serious **13**

včas   on time **R1**

včera   yesterday **3**

vdávat se, vdát se za koho   marry sby (of a woman) **R12**

věc (f. -i)   1. thing   2. matter, cause **10**

večer §14.312   1. (in the) evening   2. party, get together **4**

večeře (f.)   supper (a light evening meal) **R1**

večeřet   have supper **R1**

věda   science **10**

vědět §6.9   know **6**

vedle koho čeho   beside **R9**

vejce §14.57   egg **R13**

velikonoce (f.pl.) §14.44   Easter
  o velikonocích   at Eastertime **R12**

veliký/velký §§12.4, 12.51   large, big **4**

velmi   very **4**

ven   outside (with verbs of motion) **9**

venkov §14.31   country (as opposed to city) **9**

venku   outside **9**

věrný   faithful **12**

věřit komu čemu   believe **3**
  věřit v koho co   believe in

ves (f.) §14.45   village

veselý   cheerful **11**

vesnice (f.)   village **R6**

vést (vedou)   (determinate)   take (sby somewhere), lead **9**

věta   sentence **3**

většina   the majority
  většinou   mostly **11**

vevnitř   inside **9**

vézt (vezou)   (determinate)   carry, transport (by vehicle) **9**

vchod §14.313   entrance

vid §14.313   aspect

vidět (-í), uvidět   see **3**

víra §14.22   faith

viset (-í)   hang (intransitive) **R14**

vítr §14.21   wind **R14**

vkus §14.313   taste

vláda   government **R13**

vlak   train **9**

vlast (f. -i)   native country **R11**

vlastenec §14.322   patriot

vlastně   actually, anyway **13**

vlastní   1. own   2. actual, genuine **13**
  vlastní čemu   characteristic of

vlevo   on/to the left **9**

vlhký §14.62   1. damp, moist   2. humid **12**

vliv na koho co   influence on **13**

voda   water **R2**

vodit   (indeterminate)   take (sby somewhere) **9**

voják   soldier **13**

vojsko §14.314   army, troops

volat, zavolat na koho   call out to
   volat, zavolat komu/koho   call (on
   the telephone) **4**
volný   free, vacant **11**
vozit   (indeterminate)   carry, transport
   (by vehicle) **9**
vpravo   on/to the right **9**
vpředu   in front **9**
vracet, vrátit   to return (transitive), take
   back, bring back
   vracet se, vrátit se   return (intransi-
   tive), go back, come back **9**
vstávat, vstát (vstanou)   get up **R3**
však   1. but   2. after all **R8**
všechen   §8.5   all **8**
všímat si, všimnout si koho čeho   notice **8**
všude   everywhere **9**
vůbec   (see Vocabulary for Lesson 7)
vůz   §14.21   car
vy-   (motion out of)   §9.71
vybírat, vybrat (vyberou)   choose **12**
výbor   1. committee, board   2. anthol-
   ogy **12**
výborný   excellent **12**
vybrat   (see vybírat)
vydávat, vydat   put out, publish **8**
vydělávat, vydělat   earn **R13**
vyhledat   (see hledat)
východ   §14.313   1. east   2. exit **8**
vyjadřovat, vyjádřit   express **12**
výklad   §14.314   1. shop window   2.
   explanation
vykoupat se   (see koupat se)
výlet   excursion **R8**
vypadat   look **11**
vyprávět / vypravovat   tell **3**
výraz   §14.313   expression **8**
vyslovovat, vyslovit   pronounce **5**
vysoký   §§14.61, 12.51   tall, high **12**
výstava   exhibition **R8**
vysvětlovat, vysvětlit   explain **3**
vývoj   development **R14**
význam   meaning **7**
vzadu   in back **9**
vzhled   §14.313   appearance
vzít   (see brát)
vzpomínat (si), vzpomenout (si) na koho
   co   §14.75   think back on
vždy/vždycky   always **2**
vždyť   (see Vocabulary for Lesson 10)
z čeho   1. from, out of   2. made of **9**
za koho co   1. behind (with verbs of mo-
   tion)   2. (in exchange) for   3. after **7, 9**
za koho čeho   in the course of **11**
za kým čím   behind, beyond **2**
za prvé   in the first place **11**
zabývat se kým čím   deal with, be con-
   cerned with **5**

začátek   beginning **12**
začínat, začít   §14.74   begin **R1**
zadarmo   free, gratis **R13**
zahnout   (see zahýbat)
zahrada   garden **R14**
zahýbat, zahnout   turn (to the right, left)
   R8
záchod   lavatory, W.C. **R5**
zájem o koho co   interest in **5**
zajímat   interest **5**
   zajímat se o koho co   be interested in **5**
zajímavý   interesting **5**
zákon   §14.31   a law **R14**
záležet (-í) na kom čem   (see Vocabu-
   lary for Lesson 11)
   záležet v čem   consist in **11**
západ   west **8**
zapamatovat si   (see pamatovat si)
zapírat, zapřít   §14.72   deny
zaplatit   (see platit)
zapomínat, zapomenout   §14.75   1. forget,
   leave behind   2. forget, let slip one's
   mind.
   zapomínat, zapomenout na koho co
   forget, stop thinking about **R3**
zapřít   (see zapírat)
září   §10.9   September **10**
zase   1. again   2. on the other hand **7**
zasmát se   (see smát se)
zatím   1. for the time being   2. however **13**
   zatímco   while **13**
zaujímat, zaujmout   §14.73   1. occupy
   2. captivate
zavírat, zavřít   §14.72   close **R10**
zavolat   (see volat)
zavřít   (see zavírat)
zda(li)   whether **13**
zdát se komu   §14.71   seem **R2**
zde   here **9**
zdědit   (see dědit)
zdola   from below **9**
zdraví   health **R4**
zdravit, pozdravit   greet **R10**
zdravý (zdráv)   healthy **R4**
zelený   green **R9**
země (f.)   1. the earth   2. country, land **10**
zemřít   §14.72   (perfective)   die **R10**
zeptat se   (see ptát se)
zevnitř   from inside **9**
zezadu   from behind **9**
zima   1. winter   2. cold **9**
zítra   tomorrow **3**
zkouška z čeho   examination in **11**
zkušenost (f. -i)   experience **10**
zleva   from the left **9**
zlo   §14.314   evil
zlobit se, rozzlobit se na koho   be angry
   with, get angry with **R1**

změnit (see měnit)
zmiňovat se, zmínit se o kom čem mention 13
znalec §14.322 expert
znamenat to mean 4
známka 1. stamp 2. grade, mark R9
známý 1. well-known 2. acquaintance (noun) 12
znát know, be acquainted with 6
zpátky back R1
zpívat to sing 11
zprava from the right 9
zpráva 1. piece of news, piece of information 2. report R8
zpředu from the front 9
zřídka seldom, rarely 13

ztrácet, ztratit lose, waste 3
ztratit (see ztrácet)
zúčastnit se (see účastnit se)
zůstávat, zůstat (zůstanou) stay, remain 9
zvát (zvou), pozvat (pozvou) invite 8
zvědavý (zvědav) curious 6
zvenčí from outside 9
zvíře §14.42 animal R12
zvlášť/zvláště especially 4
zvláštní special, particular, strange 4
zvykat si, zvyknout si na koho co get used to 8
žádný no, no one 5
žák pupil, schoolchild R3
že 1. that 3 2. Isn't that right? 8
židle (f.) chair R4

ENGLISH-CZECH GLOSSARY

able (be ~) moci §6.9
about 1. o kom čem **2** 2. asi **9**
above 1. nad (nade) kým čím 2. (with verbs of motion) nad (nade) koho co
  from above shora **9**
abroad cizina **9**
accent přízvuk **6**
accept přijímat, přijmout §§14.73, 14.83 **R1**
according to podle koho čeho **7**
accuracy přesnost (f. -i) **10**
accurate přesný **10**
acquaintance známý (noun) **12**
acquaintance (make the ~ of) poznávat, poznat **12**
across přes koho co **R8**
actually vlastně **13**
advise sby radit, poradit komu §14.81 **7**
afraid (be ~ of) bát se koho čeho §14.71 **R3**
after po kom čem **2**
  after all vždyť **10**
  After you! Prosím! **7**
afternoon (in the) odpoledne **11**
again zase **7**
against proti komu čemu **11**
agree souhlasit **R12**
airplane letadlo **R6**
airport letiště **R6**
all 1. všechen §8.5 2. (with expressions of time) celý **6**
  all night celou noc
allow dovolovat, dovolit komu **7**
almost skoro **7**
alone sám **13**
already už **3**, již **13**
also také/taky **3**, i **3**, též **13**
although ačkoli(v) **9**
always vždy/vždycky **2**
among 1. mezi kým čím 2. (with verbs of motion) mezi koho co **2**
amuse bavit, pobavit **R3**
and a **2**, i **3**
  and so on (etc.) a tak dále (atd.) **R3**
anecdote historka **3**
angry (be/get ~ with) zlobit se, rozzlobit se na koho **R1**
animal zvíře §14.42 **R12**

answer (n.) odpověď §14.451 **R10**
answer sby (v.) odpovídat, odpovědět komu §6.9
  answer sth odpovídat, odpovědět na co §6.9
anthology výbor **12**
anyway vlastně **13**, stejně **7**
apartment byt **11**
apologize to omlouvat se, omluvit se komu **R5**
appetite chuť (f.) §14.45 **R11**
approximately asi **9**, kolem koho čeho **R10**, okolo koho čeho **R11**
April duben §10.9 **10**
arm ruka §14.43 **R4**
around 1. kolem koho čeho **R10**, okolo koho čeho **R11** 2. po **9**
arrive (see verbs with **při-** prefix) §9.71
art umění **10**
article článek **7**
artist 1. (m.) umělec §14.322 **R7** 2. (f.) umělkyně §14.34 **R7**
as jako **5** (with nouns), jak **5** (with verbs)
  as far as pokud **13**
  as long as pokud **13**
ask about ptát se, zeptat se na koho co **5**
  ask for prosit, poprosit o co **7**
at na čem **2**, v čem **2**
  at the house/office of u koho **2**
  at least alespoň/aspoň **10**
  At your service. Prosím. **7**
attack napadat, napadnout §14.82 **8**
attend navštěvovat, navštívit **6**
attention pozor **8**
August srpen §10.9 **10**
aunt teta **R7**
author spisovatel (-e) §14.331 **R8**
autumn podzim §14.313 **9**
avenue třída **8**
away pryč **9**
back zpátky **R1**
  in back vzadu **9**
backward dozadu **9**
bad špatný **5**
bath, take a koupat se, vykoupat se **R5**
bathroom koupelna, záchod **R5**
be být §2.7
beautiful krásný **9**

because protože **2**
  because of kvůlu komu čemu **R7**
become stávat se, stát se (stanou se) kým čím **8**
bed postel (f. -e) **R8**
beer pivo **8**
before 1. před(e) kým čím **2** 2. (with verbs of motion) před(e) koho co **9** 3. než **9**
begin začínat, začít §14.74 **R1**
beginning začátek **12**
behind 1. za kým čím **2** 2. (with verbs of motion) za koho co **9**
  from behind zezadu **9**
believe věřit komu čemu **3**
  believe in věřit v koho co
belong to patřit komu **R14**
below 1. pod(e) kým čím **2** 2. (with verbs of motion) pod(e) koho co **9**
  from below zdola **9**
beside vedle koho čeho **R9**
besides kromě (koho čeho) **5**, mimo (koho co) **R3**
better lepší **12**
between 1. mezi kým čím **9** 2. (with verbs of motion) mezi koho co **2**
beyond za kým čím **2**
big veliký/velký §§12.4, 12.51 **4**
bird pták **R8**
black černý **R9**
blue modrý **R9**
boil vařit **R10**
book kniha **2**
bookstore 1. knihkupectví **10** 2. (second-hand) antikvariát [-ty-] **10**
born, be rodit se, narodit se **11**
both oba, obě §14.43 **R4**
  both ... and jak ..., tak **9**, i ... i **3**
bottle láhev (f. -e) **R12**
boy 1. chlapec §14.322 **R5**, hoch **5** 2. (kid) kluk (colloquial) **R5**
branch (of study) obor **5**
bread chléb §§14.21, 14.31 **R8**
breakfast snídaně (f.) **R1**
  have breakfast snídat **R1**
bridge most **2**
bright světlý **R9**
bring (see verbs with *při-* prefix) §9.71
brother bratr §14.321 **2**
building budova **R6**
but ale **2**, však **R8**, jenže **8**
butter máslo **R13**
buy kupovat, koupit **3**
by 1. (near) u koho čeho 2. (an author, etc.) od koho čeho **9**
cabinet skříň (f. -e) **R4**
call sby sth (name) říkat komu co **9**
call (telephone) volat, zavolat komu **4**
  call out to volat, zavolat na koho **4**

called (be ~) jmenovat se **5**
can moci §6.9
careful opatrný **R14**
carry (by vehicle) vozit (indeterminate), vézt (vezou) (determinate) **9**
carry (on foot) nosit (indeterminate), nést (nesou) (determinate) **9**
case 1. případ **10** 2. (grammar) pád **9**
cat kočka **R5**
cause věc (f. -i) **10**
century století **11**
certain jistý **6**
  certain of jist si čím **6**
chair židle (f.) **R4**
chance 1. (occasion) příležitost (f. -i) 2. (accident) náhoda **12**
change měnit, změnit **12**
characteristic of vlastní čemu **13**
chat povídat si, popovídat si **5**; bavit se, pobavit se **R3**
cheap laciný, levný **R2**
cheerful veselý **11**
child dítě §14.421 **R4**
choose vybírat, vybrat (vyberou) **12**
Christmas vánoce (f.pl.) §14.44 **R12**
  at Christmastime o vánocích
church kostel §14.31 **R6**
citizen (m.) občan §14.3311, (f.) občanka **R7**
city město **9**
class 1. hodina **2** 2. třída **8**
clean čistý **12**
clear jasný **11**
clock hodiny (f.pl.) **6**
close zavírat, zavřít §14.72 **R10**
clothes šaty (m.pl.) **R4**
coat kabát **R6**
coffee káva **R3**
cold 1. studený **R2** 2. zima **9**
colleague kolega (m.) **10**
color barva **R9**
come (see verbs with *při-* prefix) §9.71
committee výbor **12**
common 1. (mutual) společný **10** 2. (general) obecný **R13** 3. (ordinary) běžný **R11**
compare srovnávat, srovnat **R11**
complete úplný **10**
completely docela **7**, úplně **10**
comrade (m.) soudruh, (f.) soudružka **7**
concerned (be ~ with) běžet o koho co **13**, jít o koho co **13**
consider sby sth to be sby sth pokládat koho co za koho co **13**
constant stálý **12**
constantly stále **12**, pořád **R3**
contemporary současný **13**
continue sth pokračovat v čem **12**, dělat co dál(e)

contrary (on the ~) naopak **R12**
cook (v.) vařit **R10**
cool chladný **11**
correct (v.) opravovat, opravit **R9**
correct (adj.) správný **12**
correspond to odpovídat čemu **6**
cost stát §14.71 **R3**
country 1. země (f.) **10** 2. (native) vlast (f. -i) **R11** 3. (vs. city) venkov §14.31 **9**
couple manželé §14.3324 **R12**
crafty chytrý **R11**
cross (see verbs with *pře-* prefix) §9.71
crown koruna **6**
cry plakat (pláčou) **R12**
curious zvědavý (zvědav) **6**
damp vlhký §14.62 **12**
dangerous nebezpečný **R13**
dark temný **R9**
daughter dcera §14.55 **R7**
day den §14.412 **11**
deal with zabývat se kým čím **5**
dear milý **13**, drahý §14.61 **12**
December prosinec §10.9 **10**
decent slušný **R13**
decide 1. (transitive) rozhodovat, rozhodnout 2. (intransitive) rozhodovat se, rozhodnout se **12**
deep hluboký §14.61 **12**
definite určitý **R2**
degree stupeň **R13**
department (university) katedra **7**
describe popisovat, popsat (popíšou) **8**
desire přát si §14.71 **R2**
development vývoj **R14**
dictionary slovník **3**
die umírat, umřít §14.72 **R10**, zemřít (perfective)
difference rozdíl **4**
different 1. jiný **5** 2. (various) různý **R14**
differently jinak **R2**
difficult těžký §14.61 **12**
difficulty potíž (f. -e) **9**
dinner (heavy noonday meal) oběd §14.31 **R1**
    have dinner obědvat
direct přímý **R14**
direction směr **R11**
    in what direction jakým směrem
do dělat, udělat **3**
doctor lékař **R4**
dog pes **R5**
door dveře (f.pl.) §14.52 **R5**
dormitory kolej (f. -e) **2**
doubt pochybovat o čem **R11**
down 1. dole **9** 2. (with verbs of motion) dolů **9**
    downstairs 1. dole **9** 2. dolů **9**

dress oblékat, obléci §14.76 **R6**
    get dressed oblékat se, obléci se
drink pít (pijou), vypít (vypijou) **8**
drive jezdit (indeterminate), jet (determinate) **9**
    drive sby somewhere vozit (indeterminate), vézt (vezou) (determinate) **9**
dry suchý §14.61 **12**
during za koho čeho **11**, během koho čeho **11**
ear ucho §14.43 **R5**
early brzo **7**
earn vydělávat, vydělat **R13**
earth země (f.) **10**
east východ §14.313 **8**
Easter velikonoce (f.pl.) §14.44 **R12**
    at Easter o velikonocích
easy lehký §14.61 **12**, snadný §14.631 **R12**
eat jíst, sníst §11.7
egg vejce §14.57 **R13**
either ... or buď ..., nebo **6**
elsewhere 1. jinde **9** 2. (with verbs of motion) jinam **9**
    from elsewhere odjinud **9**
end konec **12**
enough dost **11**
    be enough stačit **R5**
    have enough (time, money) stačit komu **R5**
enter (see verbs with *v(e)-* prefix) §9.71
enter one's mind napadat, napadnout §14.82 **8**
entirely docela **7**
especially zvlášť, zvláště **4**
even dokonce, i **3**
    even though i když **5**
    not even ani ne **6**
evening večer §14.313 **4**
    evening (adj.) večerní §4.61
    in the evening večer **4**
event událost (f. -i) **R14**
every každý **5**
everyone všichni §8.5, kdekdo §10.84
everything všechno §8.5
everywhere všude **9**
    from everywhere odevšad **9**
exact přesný **10**
examination in zkouška z čeho **11**
example příklad §14.313 **12**
    for example (e.g.) například (např.) **12**
excellent výborný **12**
except kromě koho čeho **5**, mimo koho co **R3**
excursion výlet **R8**
excuse promíjet, prominout komu **3**, omlouvat, omluvit **R5**
    Excuse me? Prosím? **7**

exercise (n.) cvičení **10**
exercise (v.) cvičit **5**
exhibit výstava **R8**
exit východ §14.314 **8**
expect očekávat **R13**
expensive drahý §14.61 **12**
experience zkušenost (f. -i) **10**
explain vysvětlovat, vysvětlit **3**
express vyjadřovat, vyjádřit **12**
expression výraz §14.313 **8**
eye oko §14.43 **R5**
fact skutečnost (f. -i) **10**
factory továrna **R10**
faithful věrný **12**
fall (n.) pád **5**
fall (v.) padat, padnout **R2**
family rodina **R10**
far daleký §§14.61, 12,51 **5**
 far from daleko od koho čeho
fast rychlý **12**
father otec §§14.322, 14.3323 **2**
favorite oblíbený **9**
February únor §10.9 **10**
feel 1. mít se **1, 5** 2. cítit §14.8 **R11**
 3. cítit se **R11**
 feel like chce se (mi) **R2**
few málo **4**
field pole **R7**
 field of study obor **5**
find nacházet, najít §9.1 **9**
 find out do(z)vídat se, do(z)vědět se
 §6.6 **R3**
finish končit, skončit **R1**
floor (story) patro **R9**
 ground floor přízemí **R9**
flow téci §14.76 **R13**
fly létat (indeterminate), letět (deter-
 minate) **9**
folk (adj.) lidový **7**
folk (n.) lid §14.313
follow sledovat **R13**
foot noha §14.43 **R4**
 on foot pěšky **9**
for 1. pro koho co 2. za koho co **7, 9**
 3. na koho co **9**
force nutit, donutit/přinutit **R11**
foreign cizí **4**
forget (leave behind, let slip one's mind)
 zapomínat, zapomenout §14.75 **R3**
 forget (stop thinking about) zapomí-
 nat, zapomenout na koho co **R3**
fortunately naštěstí **10**
forward kupředu, dopředu **9**
free 1. zadarmo **R13** 2. volný **11**
Friday pátek **11**
friend 1. (m.) přítel (-e) §14.54 **6, R5**
 2. (f.) přítelkyně §14.34 **R5** 3. (close)
 kamarád **7**

from 1. od koho čeho **9** 2. z koho čeho **9**
front, in vpředu **9**
 from the front zpředu **9**
full plný **11, R9**
fun legrace (f.) **R3**
funny legrační **R3**
furniture nábytek **R12**
future (adj.) budoucí **13**
future (n.) budoucnost (f. -i) **13**
game hra **6**
garden zahrada **R14**
general obecný **R13**
genuine vlastní **13**
get along mít se **1, 5**; dařit se, podařit se
 komu **12**
gift dárek **R13**
girl dívka **5**, děvče §14.42 **R12**, holka
 (colloquial) **R5**
go (by vehicle) jezdit (indeterminate), jet
 (determinate) **9**
go (on foot) chodit (indeterminate), jít
 (determinate) **9**
God Bůh §14.21, 14.323 **R8**
gone pryč **9**
good dobrý §§12.4, 12.51 **5**
good-bye na shledanou [-sch-] **1**
government vláda **R13**
grade známka **R9**
grammar mluvnice (f.) §14.34 **R3**
grandfather dědeček **R7**
grandmother babička **R7**
grasp chápat (chápou), pochopit **8**
green zelený **R9**
greet zdravit, pozdravit **R10**
group skupina **11**
guest host §14.3311 **R13**
guide průvodce (m.) **10**
half polovina **R3**
hand ruka §14.43 **R4**
hang (intransitive) viset (-í) **R14**
happen stávat se, stát se (stanou se) **8**;
 dít se §14.711, udát se §14.71 **R14**
happiness štěstí **10**
happy šťastný (šťasten) **10**
hard tvrdý **12**; těžký §14.61 **12**
hat klobouk **R6**
have mít **2**
 have to mít **7**, muset (-í) **4**
head hlava **R4**
health zdraví **R4**
healthy zdravý (zdráv) **R4**
hear slyšet (-í), uslyšet **3**
heart srdce **R10**
 by heart nazpaměť **R5**
heavy těžký §14.61 **12**
heller haléř **6**
hello 1. dobrý den **1** 2. (on telephone)
 prosím **7**

help (n.) pomoc (f.) §14.45 R13
help sby (v.) pomáhat, pomoci komu §6.9
here tady 2, zde 9, tu 9
   from here odsud, odtud 9
   Here you are. Prosím. 7
hero hrdina (m.) 10
hi ahoj 7
high vysoký §§14.61, 12.51 12
history dějiny (f.pl.) 5
home 1. doma 2 2. (with verbs of motion) domů 9
homework assignment úloha 3
honor čest §14.59 R11
hope doufat 8
horse kůň §§14.21, 14.541 R14
hot horký §14.61
house dům §§14.21, 14.3131 R8
how jak 5
   how much, how many kolik 4
however ovšem 11, však R8
humid vlhký §14.62 12
hunger hlad §14.313 R1
   be hungry mít hlad
hurry pospíchat, pospíšit si R9
hurt bolet (-í) R4
husband muž 2, manžel §14.3324 R12
idea nápad §14.313 8
i.e. tj. (to jest) 10
if jestli(že) 6, když 5, -li 13
ill nemocný (nemocen) R10
immediately hned 7
important důležitý 4
in v (ve) čem 2
   in other words tj. (to jest) 10
   in spite of přes koho co R8
indicate ukazovat, ukázat (ukážou) 8
inexpensive levný R2, laciný R2
influence on vliv na koho co 13
information, piece of zpráva R8
inside 1. vevnitř 2. (with verbs of motion) dovnitř 9
   from inside zevnitř 9
insist on trvat na čem 10
instance příklad §14.313 12, případ 10
instead of místo koho čeho R10
institute ústav 4
interest in (n.) zájem o koho co 5
interest (v.) zajímat 5
interested (be ~ in) zajímat se o koho co 5
interesting zajímavý 5
international mezinárodní R12
into 1. do koho čeho 2. v (ve) koho co 9
introduce představovat, představit 5
invite zvát (zvou), pozvat (pozvou) 8
January leden §10.9 10
job místo 3
July červenec §10.9 10
June červen §10.9 10

just jen 4, právě 7
keep nechávat si, nechat si 12
   keep doing dělat dál(e) 12
kind laskavý 6
kind (what ~ of) co za koho co 7
king král (-e) §14.3323 R14
know vědět §6.9, znát 6
   know how to umět 5
lady paní 4
   young lady slečna 4
land země (f.) 10
language 1. řeč (f. -i) 10 2. jazyk §14.31 4
   native language mateřština R13
large veliký/velký §§12.4, 12.51 4
last (adj.) 1. poslední 4 2. minulý 13
last (v.) trvat 10
late (adj.) pozdní 12
late (adv.) pozdě 12
laugh at smát se, zasmát se §14.71 komu čemu R1
law 1. právo §14.3141 R9 2. zákon §14.31 R14
lead vodit (indeterminate), vést (vedou) (determinate) 9
learn učit se, naučit se čemu/co 5
leave 1. (see verbs with od(e)- prefix) §9.71 2. nechávat, nechat 12
lecture (n.) přednáška 3
lecture (v.) přednášet 3
left levý 9
   on/to the left vlevo, nalevo, doleva 9
   from the left zleva 9
leg noha §14.43 R4
lesson 1. lekce (f.) 10 2. hodina 2
letter dopis 8
library knihovna 2
lie ležet (-í) R1
   lie down lehat si, lehnout si R1
life život §14.31 7
light 1. světlý R9 2. lehký §14.61 12
like jako 5
line (of print) řádek, řádka 11
list seznam R11
listen to poslouchat, poslechnout 3
literary literární 4
literature literatura 4
little 1. málo 4 2. trochu 4
live 1. žít (žijou) 8 2. bydlet (-í) 8
long dlouhý §§12.4, 12.51 5
   no longer už ne 3
look at dívat se, podívat se na koho co 6
   look for hledat, koho co 3
   look (seem) vypadat 11
   look forward to těšit se na koho co 11
lose 1. (misplace) ztrácet, ztratit 3 2. (vs. win) prohrávat, prohrát §14.71
loud hlasitý 12
love for (n.) láska ke komu čemu R8

love (v.) milovat **6**
low nízký §§14.61, 12.51 **12**
luck štěstí **10**
lunch (heavy midday meal) (n.) oběd §14.31 **R1**
  have lunch obědvat **R1**
made of z čeho **9**
magazine časopis **8**
mail pošta **R11**
main hlavní **4**
majority většina **11**
make dělat, udělat **3**
man 1. (person) člověk §14.51 **10** 2. (vs. woman) muž **2**
many mnoho **4**, moc **R1**, hodně **7**
March březen §10.9 **10**
marry sby 1. (of women) vdávat se, vdát se za koho **R12** 2. (of men) ženit se, oženit se s kým **R12**
  get married brát se, vzít se **R12**
matter (n.) věc (f. -i) **10**
  it is a matter of jde/běží o koho co **13**
matter (v.) vadit **11**
  It doesn't matter. To nevadí.
May květen §10.9 **10**
may smět **4**
  May I help you? Prosím. **7**
maybe možná **R14**
meal jídlo **R7**
mean 1. znamenat **4** 2. myslet (-í) **5**
meaning 1. význam **7** 2. smysl **11**
meat maso **R6**
meet 1. potkávat, potkat **12** 2. setkávat se, setkat se s kým **R4** 3. poznávat, poznat **12**
meeting schůze (f.) **12**
mention zmiňovat se, zmínit se o kom čem **13**
  Don't mention it Prosím **8**
middle střední **4**
midnight půlnoc (f.) §14.45 **R2**
milk mléko §14.314 **R4**
minute minuta **11**
Miss slečna **4**
mistake chyba **4**
moment okamžik **R11**
money peníze (m.pl.) §14.53 **R4**
month měsíc **11**
moon měsíc **11**
more víc **12**
  the more ... the čím ... tím **12**
  no more už ne **3**
morning (n.) ráno §14.3141 **4**
morning (adj.) ranní §4.61
  in the morning ráno **4**
  late morning dopoledne **11**
mostly většinou **11**
mother matka **2**

Monday pondělí **11**
mouth ústa (n.pl.) **R4**
movies kino **9**
Mr. pán **2**
Mrs. paní **4**
much mnoho **4**, moc **R1**, hodně **7**
  so much tolik **4**
  too much moc **R1**
music hudba **5**
must muset (-í) **4**
name jméno §§14.3141, 14.23 **R7**
narrow úzký **12**
nation národ §14.31 **7**
near (adj.) blízký §14.61 **12**
near blízko koho čeho **12**, u čeho **2**
need potřebovat **4**
neighbor soused §14.3311 **R12**
neither ... nor ani ..., ani **6**
neuter (gender) střední **4**
never nikdy **5**
nevertheless stejně **7**
new nový **4**
news (piece of ~) zpráva **R8**
newspaper noviny (f.pl.) **8**
next příští **8**
nice 1. pěkný **11** 2. hezký §14.62 **5**
night noc (f.) §14.45 **11**
no ne **1**
  no longer už ne **3**
no (adj.) žádný **5**
  no one nikdo **5**
noisy hlasitý **12**
noon poledne **R2**
north sever **8**
not ne- **3**
notebook sešit **4**
nothing nic **5**
  nothing but samý **13**
notice všímat si, všimnout si koho čeho **8**
novel román **6**
November listopad §10.9 **10**
now teď **2**
nowhere nikde **5**
number číslo **R6**
nurse sestra **2**
obey poslouchat, poslechnout **3**
obvious samozřejmý **13**
occasion příležitost (f. -i) **10**
occupied obsazený **11**
October říjen §10.9 **10**
of (expressed by the genitive case)
of course ovšem **11**, samozřejmě **13**
office kancelář (f.) **R2**
often často **4**
old starý §14.61 **4**
on 1. na kom čem **2** 2. (with verbs of motion) na koho co **9**

once 1. jednou **9** 2. (in the future)
někdy **5** 3. (in the past) kdysi
only (adj.) jediný **R3**
only (adv.) jen/jenom **4**, jenže **8**
open otvírat, otevřít §14.72 **R10**
opinion názor **7**
opportunity příležitost (f. -i) **10**
opposite naproti komu čemu **2**
or nebo **2**
order 1. pořádek **8** 2. objednávat,
objednat **R13**
ordinary obyčejný **R14**
original původní **R11**
other druhý **5**
otherwise jinak **R2**
out of z čeho **9**
outside 1. venku **9** 2. (with verbs of
motion) ven **9**
from outside zvenčí **9**
over 1. nad (nade) kým čím 2. (with
verbs of motion) nad (nade) koho co **9**
own vlastní **13**
page strana **7**, stránka **R9**
painting obraz §14.312 **3**
paper papír **R8**
pardon sby for sth promíjet, prominout
komu co **3**
parents rodiče §14.541 **R10**
part část (f. -i) **10**
participate in účastnit se, zúčastnit se
čeho **12**
party 1. (political) strana **7** 2. (social)
večer §14.312 **4**
past (adj.) minulý **13**
past (n.) minulost (f.-i) **13**
past (prep.) kolem koho čeho **R10**,
okolo koho čeho **R11**
pay sby for sth platit, zaplatit komu za
co **6**
peace mír **R12**
pen pero §14.3141 **R6**
pencil tužka **R6**
people 1. (plural of *člověk*) lidé §14.51 **10**
2. (the folk) lid §14.313 **7**
performance představení **R3**
perhaps snad **5**, možná **R14**
period doba **11**
permit dovolovat, dovolit komu **7**
permitted (be ~ to) smět **4**
phone volat, zavolat komu **4**
piece kus **R8**
pity škoda **13**
It's a pity. Škoda.
place místo **3**
in the first place za prvé **11**
play (n.) hra **6**
play (v.) hrát §14.71 **R2**
pleasant příjemný **11**

pleasure out of radost (f. -i) z čeho **10**
give pleasure těšit, potěšit **11**
pocket kapsa **R6**
poem báseň (f. -e) **6**
poet básník **6**
poor chudý **12**
popular oblíbený **9**
possibility možnost (f. -i) **13**
possible možný **13**
it is possible (to do sth) dá se (co
dělat) **13**
post office pošta **R11**
postcard, picture pohlednice (f.) §14.34
R10
powerful silný **12**
practice sth cvičit se v čem **5**
preference for sby sth over sby sth před-
nost komu čemu před kým čím **R7**
prepare for 1. (transitive) připravovat,
připravit na co 2. (intransitive) při-
pravovat se, připravit se na co **11**
pretty 1. hezký §14.62 **5** 2. pěkný **11**
price cena **R11**
principal hlavní **4**
prize cena **R11**
probably asi **4**
problem problém **2**
professor profesor **2**
progress pokrok **5**
progressive pokrokový **5**
pronounce vyslovovat, vyslovit **5**
proper (comme il faut) slušný **R13**
proud of hrdý na koho co **R11**
pub hospoda **9**
publish vydávat, vydat **8**
publishers nakladatelství **10**
punctual přesný **10**
pupil 1. (m.) žák 2. (f.) žačka **R3**
pure čistý §14.63 **12**
put (place) dávat, dát **3**, **R10**
put on oblékat si, obléci si §14.76 **R6**
question otázka **3**
quiet tichý §14.61 **12**
quite docela **7**
radio rozhlas **6**
rain pršet **R2**
rare řídký **12**
rarely zřídka **13**, málokdy §10.85
rather 1. spíš(e) **13** 2. dost/dosti **11**
read číst §8.41, přečíst §§8.41, 10.54 **8**
ready hotový (hotov) **R3**
real skutečný **10**
reality skutečnost (f. -i) **10**
really opravdu **7**, skutečně **10**, vlastně
13
reason důvod §14.313 **R12**
receive 1. dostávat, dostat (dostanou) **8**
2. přijímat, přijmout §14.73 **R1**

recently nedávno **R8**
recognize poznávat, poznat **12**
recommend doporučovat, doporučit **R12**
red 1. červený **R9** 2. rudý **R9**
regards (give sby's ~ to) pozdravovat koho od koho **R10**
relate vyprávět **3**
remain zůstávat, zůstat (zůstanou) **4**
remember pamatovat si, zapamatovat si **5**
repair opravovat, opravit **R9**
repeat opakovat **4**
represent představovat, představit **5**
rest odpočívat, odpočinout si **R11**
return vracet, vrátit (transitive); vracet se, vrátit se (intransitive) **9**
rich bohatý §14.63 **12**
right (adj.) 1. (correct) správný **12** 2. (vs. left) pravý **9**
   on/to the right vpravo, napravo, doprava **11**
   from the right zprava **9**
right (n.) právo §14.3141 **R9**
rise vstávat, vstát (vstanou) **R3**
river řeka **R7**
road cesta **9**
room pokoj **2**, místnost (f. -i) **R6**
rule pravidlo **R4**
run běhat (indeterminate), běžet (determinate) **9**
sad smutný **11**
same stejný **7**, tentýž **13**
satisfied with spokojený (spokojen) s kým čím **6**
Saturday sobota **11**
say říkat, říci **3**, Note 6; §14.76, **3**
scarcely sotva **R12**
school škola **2**
science věda **10**
sea moře **2**
secondary 1. vedlejší **R9** 2. (school) střední **4**
see vidět (-í), uvidět **3**
   See you! Ahoj! **7**
seem zdát se komu §14.71 **R2**
seldom zřídka **13**
-self sám **13**
sell prodávat, prodat **R10**
send posílat, poslat (pošlou) **8**
sense smysl **11**
sentence věta **3**
September září §10.9 **10**
serious vážný **13**
several několik **4**
ship loď (f.) §14.341 **R6**
shirt košile (f.) §14.341 **R6**
shoe bota **R6**

short krátký §14.61 **8**
show ukazovat, ukázat (ukážou) **8**
side strana **7**
silent (be/fall ~) mlčet, odmlčet se **R2**
silly hloupý **R11**
similar to podobný komu čemu **R10**
simple 1. snadný §14.631 2. prostý §14.53 **6**
since (prep.) od čeho **9**
sing zpívat **11**
sister sestra **2**
sit sedět (-í) **R1**
   sit down sedat si, sednout si **R1**
sleep spát (spí) **R1**
slow pomalý **12**
   slowly pomalu
small malý §§12.4, 12.51 **4**
smart chytrý **R11**
smile at sby usmívat se, usmát se na koho §14.71 **R4**
smoke kouřit **R7**
snow sníh §14.21 **R2**
so 1. tak **4** 2. takový **4**
society společnost (f. -i) **10**
soft měkký §14.63 **12**
soldier voják **13**
sole jediný **R3**
somehow nějak **5**
someone někdo **5**
something něco **5**
sometimes někdy **5**
somewhere někde **5**
son syn §§14.323, 14.3323 **R7**
song píseň (f.) **2**
soon brzo/brzy **7**
   as soon as jakmile **12**
sooner dřív(e) **12**
sorry (be ~ for) litovat koho co **13**
sort (some ~ of) nějaký **5**
   what sort of jaký **4**, co za koho co **7**
soup polévka **R7**
south jih **8**
speak mluvit **3**
special zvláštní **4**
speech řeč (f. -i) **10**
spend (time) trávit, strávit **13**
spring jaro §14.3141 **9**
square náměstí **10**
stamp známka **R9**
stand stát §14.71 **R3**
station (railroad ~) nádraží **10**
stay zůstávat, zůstat (zůstanou) **9**
still stále **12**, ještě **13**, pořád **R3**
stop přestávat, přestat (přestanou) **R3**
store obchod **R5**
story 1. (floor) patro **R9** 2. (short ~) povídka **3** 3. (anecdote) historka
straight přímý **R14**

strange   zvláštní **4**
street   ulice (f.) §14.34 **R6**
streetcar   tramvaj (f. -e) **R2**
strong   silný **12**
student   student **2**
study   studovat **3**, učit se, naučit se
čemu/co **5**
succeed   dařit se, podařit se komu **12**
such a   takový **4**
suddenly   najednou **9**
suggest   navrhovat, navrhnout §14.82 **11**
suggestion   návrh **11**
suitcase   kufr **R4**
summer   léto **9**
sun   slunce **R3**
Sunday   neděle (f.) **11**
supper (light evening meal)   večeře (f.) **R1**
   have supper   večeřet **R1**
sure of   jistý (jist si) čím **6**
surely   přece **9**
surprised (be ∼)   divit se, podivit se **R1**
swim   plavat (plavou) **R5**
swimming, go   koupat se (koupou se),
   vykoupat se (vykoupou se) **R5**
take   brát §14.74, vzít **R2**
   take sby somewhere   vodit (inde-
   terminate), vést (vedou) (determinate)
   9
taken   obsazený **11**
talk to   mluvit s kým **3**
   have a talk   povídat (si), popovídat
   (si) **5**
tall   vysoký §§14.61, 12.51
taste   chuť (f.) §14.45, **R11**
tea   čaj **R3**
teach sby sth   učit, naučit koho co/čemu
teacher   (m.) učitel (-e) §14.331 **R6**
   (f.) učitelka **R6**
tell   1. (a story) vyprávět   2. (say) říkat,
   říci (3, Note 6) §14.76 **3**
terrible   hrozný **R14**
textbook   učebnice (f.) §14.34 **R10**
than   než **9**
thank sby for sth   děkovat, poděkovat
   komu za co **7**
that (demonstrative pronoun)   1. ten,
   tamten **4**   2. onen **13**
that (conjunction)   že **3, 8**
theater   divadlo **6**
then   1. potom **7**, pak **7**   2. tehdy **8**
therefore   proto **8**
thing   věc (f. -i) **10**
think   myslet (-í) **5**
   think about (have in mind)   myslet na
   koho co
   think about (have an opinion of)
   myslet (si) o kom čem
thirst   žízeň (f. -e) **R1**

this   ten, tenhle, tento **4**
thought   myšlenka **8**
throughout   přes koho co **R8**
Thursday   čtvrtek **11**
ticket   lístek **R10**
time   1. čas **2**   2. doba **11**   3. -krát **9**
   a long time ago   dávno **R8**
   all the time   pořád **R3**
   at that time   tehdy **8**
   for the time being   zatím **13**
   have a good time   bavit se, pobavit se
   R8
   on time   včas **R1**
tired   unavený (unaven) **R4**
title   název **R11**
to   1. do čeho **9**   2. na koho co **9**   3.
   ke komu **9**
today   dnes(ka) **2**
together   spolu **11**
toilet   záchod **R5**
tomorrow   zítra **3**
   day after tomorrow   pozítří **R7**
too   příliš **6**
touch   dotýkat se, dotknout se koho čeho
   §14.82 **R14**
toward   ke komu čemu **9**
train   vlak **9**
translate   překládat, přeložit **6**
translation   překlad §14.313 **6**
translator   překladatel (-e) §14.331 **R8**
transport (by vehicle)   vozit (indetermi-
   nate), vézt (vezou) (determinate) **9**
travel   cestovat **9**
tree   strom §14.3131 **R7**
trip   cesta **9**
trouble   potíže (f.pl.) **9**
trousers   kalhoty (f.pl.) **R6**
truth   pravda **7**
try   snažit se **7**
Tuesday   úterý **11**
turn (left, right)   zahýbat, zahnout **R8**
ugly   ošklivý **11**
uncle   strýc §14.3323 **R7**
under   1. pod (pode) kým čím   2. (with
   verbs of motion) pod (pode) koho co **9**
understand   rozumět, porozumět komu
   čemu **3**; chápat (chápou), pochopit **8**
unfortunately   bohužel **10**
university   univerzita [-ny-] **4**
until   až do **9**
   not until   až, teprve **7**
up   1. nahoře   2. (with verbs of motion)
   nahoru **9**
upstairs   1. nahoře   2. (with verbs of
   motion) nahoru **9**
use   používat, použít (použijou) co/čeho **8**
used (get ∼ to)   zvykat si, zvyknout si na
   koho co **8**

vacant volný **11**
vacation 1. dovolená (adj. used as noun) **R9** 2. prázdniny (f.pl.) **R9**
on vacation na dovolené, o prázdninách
various různý **R14**
very 1. velmi **4**, hodně **7**, moc **R1** 2. samý **13**
via přes koho co **R8**
village vesnice (f.) **R6**
visit (n.) návštěva **6**
visit (v.) navštěvovat, navštívit **6**
voice hlas **R12**
wait for čekat, počkat na koho co **11**
walk chodit, jít (pěšky) **9**
take a walk procházet se, projít se §9.1 **R1**
want to chtít §7.8 **7**
wardrobe skříň (f. -e) **R4**
warm teplý **11**
wash mýt (myjou), umýt **R4**
get washed mýt se, umýt se
watch hodinky (f.pl.) **6**
Watch out! Pozor! **8**
water voda **R2**
way cesta **9**
by the way mimochodem **13**
in no way nijak **5**
on the way cestou §14.61 **12**
weak slabý §14.61 **12**
weather počasí **11**
Wednesday středa **11**
week týden §14.411 **2**
welcome (you're ~) Prosím **8**
well-known známý **12**
west západ **8**
what co **2**
when 1. kdy **2** 2. když **5**
where 1. kde **2** 2. (with verbs of motion) kam **9**
from where odkud **9**

whereas kdežto **2**
whether 1. jestli **6**, zda(li), -li **13** 2. ať **7**
which který **4**
while 1. chvíle (f.) §§14.23, 14.341 **R2** 2. (conjunction) zatímco **13**
white bílý §14.6 **R9**
who 1. kdo **2** 2. který **R4**
whole celý **6**
why proč **2**
wide široký §§14.61, 12.51 **12**
wife 1. manželka **R12** 2. žena **2**
win vyhrávat, vyhrát §14.71 **R13**
wind vítr §14.21 **R14**
window okno **R5**
winter zima **9**
wish sby sth přát komu co §14.71 **R2**
with s kým čím **2**
without bez koho čeho **2**
woman 1. žena **2** 2. paní **4**
wonder být zvědav **6**
word slovo **2**
work (n.) 1. práce (f.) §14.22 **R5** 2. (art) dílo §14.23 **R7** 3. (œuvre) dílo 14.23 **R7**
work (v.) pracovat **3**
world svět §14.31 **9**
worry starost (f. -i) **R5**
worst horší **12**
worth (be ~ sth) stát za co **R3**
write psát (píšou), napsat **8**
writer spisovatel (-e) §14.331 **R8**
year rok §14.58 **11**
last year loni **9**
this year letos **9**
yellow žlutý **R9**
yes ano **1**
yesterday včera **3**
day before yesterday předevčírem **R7**
yet ještě **3**
young mladý §14.61 **12**

BIBLIOGRAPHY

Bauernöppel, Josef, Hermann Fritsch, and Bernhard Bielefeld. *Kurze tschechische Sprachlehre.* Berlin 1968.

Havránek, Bohuslav, and Alois Jedlička. *Česká mluvnice.* Prague 1963.

Jelínek, Jaroslav, Josef V. Bečka, and Marie Těšitelová. *Frekvence slov, slovních druhů a tvarů v českém jazyce.* Prague 1961.

Poldauf, Ivan, and Karel Šprunk. *Čeština jazyk cizí.* Prague 1968.

Příruční mluvnice ruštiny pro Čechy. Ed. Bohuslav Havránek. 2 vols. Prague 1966.

Šára, Milan, J. Šárová, and A. Bytel. *Čeština pro cizince (Czech for English-Speaking Students).* Prague 1970.

Townsend, Charles. *Czech through Russian.* Columbus 1981.

Vey, Marc. *La Morphologie du tchèque parlé.* Paris 1946.

INDEX